岩波現代文庫

社会 76

尾崎秀実
今井清一［編］

新編
愛情はふる星のごとく

岩波書店

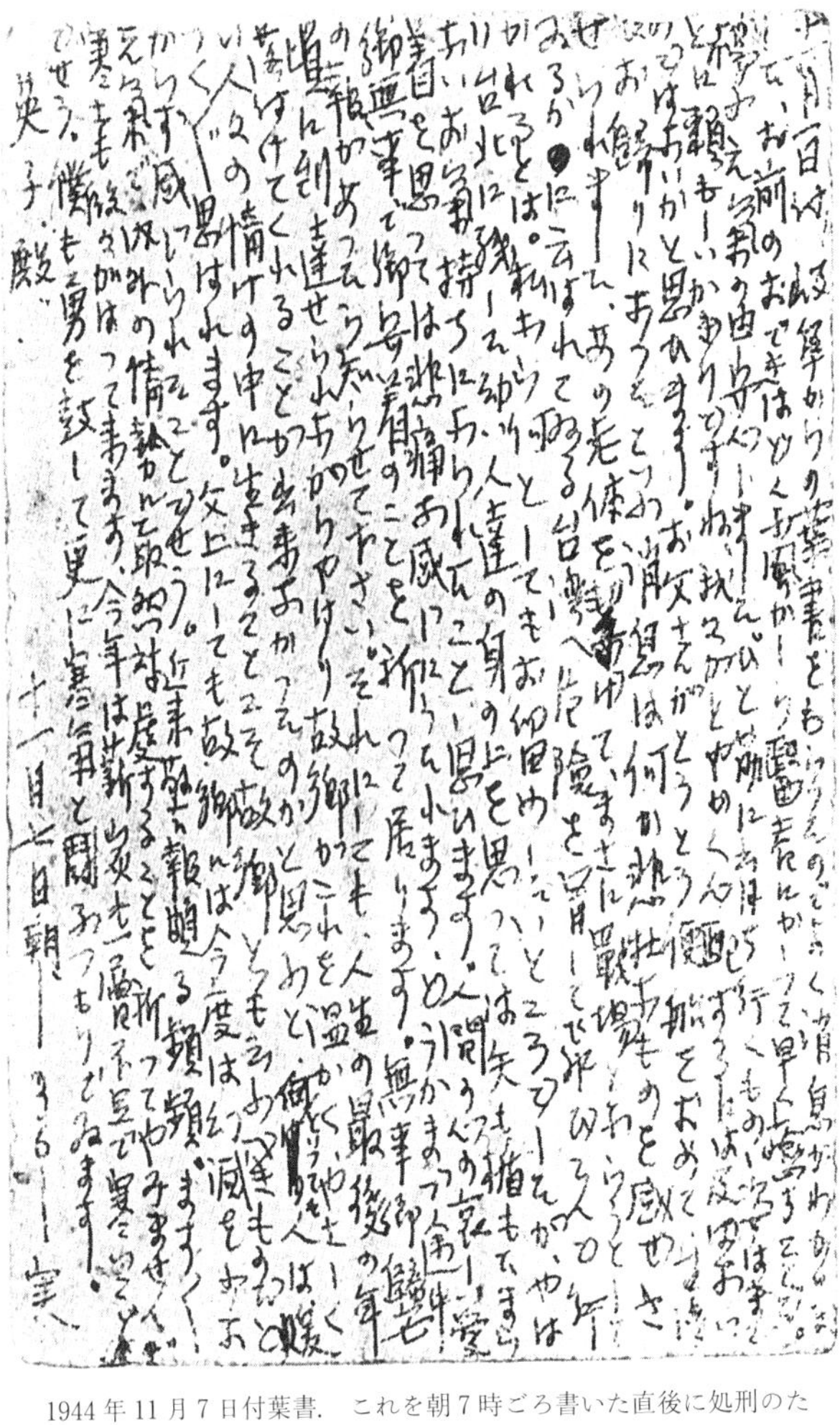

十一月七日朝　　実

英子殿

1944年11月7日付葉書．　これを朝7時ごろ書いた直後に処刑のため呼び出され，はからずも絶筆となった．

目　次

昭和十六（一九四一）年

一九四一（昭和一六）年　四〇歳

三月　七日　国防保安法公布。

一〇日　治安維持法改正公布。

一〇月一五日　祐天寺の自宅（東京市目黒区上目黒五丁目二四三五番地）で逮捕される。目黒警察署に留置され取り調べ（高橋与助警部）。一〇月三一日まで六回。

一六日　第三次近衛内閣総辞職。一八日、東条内閣成立。

一八日　ゾルゲ逮捕される。

一一月　一日　東京拘置所に移送。

五日　御前会議、帝国国策遂行要領を決定。

七日　はじめて自宅宛て私信を許される。

一二月　一日　御前会議、対米英蘭開戦を決定。

八日　日本軍、マレー半島上陸、ハワイ真珠湾空襲。対米英宣戦布告。

一二日　閣議、支那事変を含め、この戦争を大東亜戦争と呼ぶことを決定。

一

拝啓　今日始めて発信の許可を得、心嬉しく、かつは取いそぎ用事のみ申上候。[1]
おどろき、悲嘆お察し万感胸に迫り候。御健康祈り候。
一、来春四月頃までに、諸事処理し母娘が一生必要なる数箇のトランクに所持品をまとめあげるつもりで整理すること。まず不急品、贅沢品、小生のものなどより始め、大きな道具など一切。[2]
その上で人を下宿させること、或いは母娘が他の部屋借りに移る等決定すべきこと。但し以上のこと急ぐに及ばず着々実行のこと。例えば売る場合、
洋服上等は岩田［洋服店］に相談のこと、一考。

本は巌松堂若主人［波多野一氏、[3]第一高等学校（以下一高）の同期生］など相談いかが。

望遠鏡、写真器などおじちゃんに相談。

郵便切手は、面会が出来るようになって申すべし。

女中はしばらく置いておかるべし。
一、楊子の学校は電車の便よき、近き官公立の学校を第一志望とされよ、目黒［府立目黒

高女」もわるくないが、近所のうわさいかが。

一、身辺すべて不自由なし。差入れは衣類など一ぱいの由、一月に一ぺん下着など取換えるだけでよろしきが、この点、差入れ屋と相談あるべし。

一、今月終より未決中毎月四十円から五十円位入れてもらえると好都合、いかが。

一、今一ばん飢えているのは活字なり、本の差入れ至急頼む、創元社の選書など、その他お見立てにて何にてもよし。

一、楊子よ、どんな苦しいことがあってもいつも元気で、お母さんのいうことをきいて。

十一月七日　　　　　　　　　　　　　　　秀　実

私は元気で暮し居り候。

(1)　尾崎は昭和十六年十月十五日の早朝、上目黒の自宅から検挙された。警視庁特高課長を隊長に十数名がどかどかとなだれこみ、うむを言わさず、手錠をかけ、自動車にひきずりこんで、目黒署に連れて行った。捜索のために残った刑事たちはリヤカーに三ばい書物や書類を押収して引上げた。勤務先の満鉄の彼の部屋も捜索され、彼が主宰していた支那研究室の書籍も全部持っていかれた。それらの書物の全部がついに返ってこなかった。尾崎は目黒署に二週間ばかりいたが、その間に拷問を受けたらしい。面会や差入れは一切許されなかった。この書信は彼が西巣鴨の東京拘置所へ移って初めて許された第一信である。その日附が最後の書信、死刑執行当日の葉書と同様、十一月七日、ロシヤ革命の記念日であるのは、感慨深く感ぜられる(松本)。

(2)　最初の手紙のこの部分はいたく英子夫人を痛心させた。「尾崎はもう一生帰って来ないつもりなのだろうか」と彼女は私に訴えた。私は慰める言葉に窮した。確かに尾崎は、後には多少楽観的にもなったが、彼の事件が最悪の結果になることを予感していたのであった(松本)。

(3)　同盟通信社の吉田松治氏、吉田氏とは上海時代よりいつも近所に住い、終始お親しくしてきました。

二

拝啓　英子も楊子も元気で暮していることと想像して居ます。

私も健康を保って居ます、御安心下さい。

この前書いた手紙が不許可になった(1)のでたよりがおくれました。一般に内［獄中のこと］からのたよりはなかなか困難ですから御承知下さい。用事のみ書きます。

一、楊子の学校は電車の便のよい官公立の学校を第一志望で受けてみたらいいと思います。目黒高女もわるくはありませんが、近すぎるので近所の噂などかえってどうでしょうか。

一、家事のいろいろ、直接面会の出来るようになるまで待って下さい。勿論今後留守中英子の創意独断にまつことは多いでしょうが。

一、差入れの心づくし、身に沁みて有難いです。すべて事足りております。着換えと書物を明日あたり許可を得て下げます、(差入れ屋まで)連絡して下さい。

一、私は持って来た金のうちから、朝パンと牛乳(二十五銭)、夜弁当(六十銭)を入れて居ます。弁当は六十銭ので充分です。夜食は今一番楽しみです。ところで其他菓子、雑品の購入、雑誌、一、二の書籍など加えると、月三十五円—四十円位かかります。この月末からその金額差入れて呉れませんか。

一、本に飢えています。次々に何でも入れて下さい。三百頁位一日で読んでしまいますので、一々英子が運んだのでは大へんです。差入れ屋との間に方法はないものでしょうか。一人六冊までは手許に置けるのですが、その他雑誌などで一、二冊ありますから、三冊は一時に入ると思います。

勝手なことばかり書きましたが、何よりも最大顧念〔懸?〕するものは親娘の健康です。御自愛祈ります。

実

十一月十八日

英子殿

(1) 実際は不許可になりませんでした。十一月七日附の手紙のこと。

三

拝啓　二十六日づけのお手紙只今見ました。何だか落ちついて元気そうに思われたので、嬉しく思いました。

今日までに十二日附の手紙、十七日づけのはがきとそしてこの二十六日の手紙と三本入手しました。

僕の身体の調子は上乗です、今後も期待にそうて健康を保って行きましょう。

差入れでは大へん手数をかけている様子で、僕には目に見えるようです。

本は「歴史大系」[世界歴史大系](1)の十九[西洋近世史第二編、阿武実・佐藤堅司著]、二十[西洋近世史第三編、長寿吉著]は不許可で読めなかったのをそのままかえしたのです。二十一巻[西洋近世史第四編、長寿吉著]は今日読み了りました。

本は中でも日曜毎に買えるのですが、(2)宅下げ(3)したような御覧のとおりのものです。今後なるべく買うのを少くするつもりです。本の差入れもあまり無理をしなくて結構です。少しゆっくり読むようにいたしましょう。

この次、シャツとジバンを下げます。

お金四十円有難う。本の購入を気をつければこれで充分です。家の都合でいつでも減らします。その順序も考えていますから、いつでもその場合はいって下さい。果物は時々買っていますが、菓子はある筈ですが、頼むといつも塩昆布ばかりで失望します。これは外も同じでしょうから贅沢は云えません。

楊子ちゃんに。

楊子ちゃん、元気で女学校やってごらんなさい。しかし失敗しても失望してはいけません。国民学校高等科も結構です。これからは女でもやはり働くことが大切です。そうして世の中に早く出て働くことは意味のあることです、この点はお母さんにもよく分っていただきたい。

楊子ちゃんは生れて始めて不幸にぶつかりました。しかし世の中には不幸は実に多いのです、それに戦って勝って行かねばならんのです。

人間の幸福はごく手近にあります。楊子ちゃんには慈愛深いお母さんが側にいるのです。この人と一緒に仲よく暮らすことが一番の幸福です。

私はこの頃夢の中ではよく家にかえって三人一緒に居ます。

では元気で。寒くなりました。僕は元気です。

十二月一日　実

(1)　差入れの書物の検閲は教誨師が担当しているが、許可不許可の標準はでたらめなもので、当番の教誨師の気紛れによることが多い。ドイツ語、ロシア語ものなどは手に負えぬので、被告中の然るべき人物の意見をきいてきめることもある。書入れや爪の痕があったりすれば、無論不許可になる。一般には被告人の思想、心理に悪影響を与える虞れがあるもの——教誨師の判断で——は不許可になる(松本)。

(2)　日曜毎に雑役が車に本をつんで各房を廻ってくる。大部分はいわゆる修養書か大衆小説だが、独房の被告人には、それを見るのが一つの楽しみである(松本)。

(3)　在監者の不用になった所持品を自宅へひきとらせること。

四

今年もおしつまりましたね。

この手紙が行く頃には年が改まっていることでしょう。私は元気で暮しています。今年の暮れは二人には淋しいことでしょう。しかし決して元気をおとしてはいけませんよ。人間の世の中にはそういつも悪いことばかりは無いのですから。大切なことは気もちを寛く強く持って行くことです。

本の差入れ、今日領置(1)しておいてもらった、ヘッケルの本が入る筈です。まだ後シェークスピアとドイツ語が一つ残って居ります。

「世界歴史大系」の二一二〔西洋最近世史、山脇重雄著〕と二一三〔現代史、村川堅固編〕とは残念ながら不許可でした。近世のものは書き方によってむつかしいかもしれません。ドイツ語のついでにヒットラーの「我が闘争」(Mein Kampf)が床の間の書棚の二段目か三段目に二冊本で赤い表紙のスベスベの本がありますから、見つかったら郵送でもしておいて下さい。だんだん随筆、紀行の類も結構です。飯島忠夫博士の「支那古代史」八畳の机の上にあったのもそのうち入れて下さい。

差入れのお金、もう朝の牛乳とパンがなくなりましたから毎月三十円で足りると思いますから、今月からそうして下さい。

なお、小林杜人氏〔三・一五事件に連座、のち思想犯保護の仕事を担当〕から山羊の本を入れてくれたらしいのです。これはそのうち手許に下げますから、その中に書いてある住所あてはがきでお礼を書いておいて下さい。

ハンドバックを売った由(アメリカから買って来たのは日本の金で二十二、三円位のものでした。勿論これはあちらの相場です)。

僕は親子の行動の自由のためにかさばる大きなものを処分する方式を注意したいのです。すべてしかし英子の智慧と意志とに信頼しきっています。元気で自由にやって下さい。

僕は一生懸命英子の笑った顔を想像しようとするがどうしても笑顔が浮ばず、思いつめた真剣なうつむき勝な顔ばかり浮んできます。

一つ気をかえて、あの亡くなった私のお母さん〔書簡一八参照〕のあきらめ——明日は明日の風が吹くというあの楽天的な考え方をとり入れてみてはどうですか。

僕たちはもう人生の大方を辿りつくしたのですが、楊子はこれからです。かりそめの不幸などにまけさせてはならないと思います。

英子に元気を出してもらいたいのです。書きたいことがたくさんありますが、要点は二人とも元気で暮していてくれという願いに尽きます。ではまた。

実

十二月二十三日

楊子はもう十四になる。スバラシイものだ。

(1)　拘置所で、入っている人の所持品や差入品を一時あずかっていること。

昭和十七（一九四二）年

一九四二（昭和一七）年　四一歳

二月　九日　東京拘置所での取り調べ（高橋与助警部）。三月一日まで計一三回。

一五日　日本軍、シンガポール占領。

三月　五日　検事訊問開始（玉沢光三郎検事）。四月一四日まで計八回。

三〇日　第二一回総選挙（翼賛選挙）。

五月一六日　予審請求。「国際諜報団事件」として公表。

六月　五日　ミッドウェー海戦。日本軍、空母四隻を失う。

一六日　東京刑事地方裁判所での予審訊問（中村光三判事）。一一月七日まで計二八回。

九月　満鉄調査部事件第一次検挙（四三年六月、第二次検挙）。

一一月一五日　予審終結決定。

一二月二一日　接見禁止解除。

二三日　大日本言論報国会創立。

五

拝啓　二人とも元気でお暮しのことと想像いたして居ります。世の中がますます窮屈困難になって行くうちに、私のいない親子の家庭もどんなに不自由、たよりなく感じて居るだろうと考えない時とてありませんが、考えても詮ないことです。英子に頑張ってもらうより他ありません。英子はシッカリしているが少し内気で引こみじあんです。元気を出して下さい。

玉沢さん［玉沢光三郎氏、東京刑事地方裁判所の係検事］からうかがいましたが、「家」の話[1]大英断でしたが、大出来だったと思います。やはり物を大切にする方がよろしいと考えます。

楊子の学校のことあまり迷わずに、もしいろいろきかれたら「お父さんは著述業で本を書いて居ます。代表作は岩波の「現代支那論」［岩波新書、昭和十四年刊］あたりをあげること。去年の暮れまで満鉄に居たが今はやめました」とでも答えておいたらいいでしょう。英子も楊子も気を大きくもつことです。

「碧巌集」［秋野孝道著「碧巌集講話」］は毎日一則ずつ読むことにしています。百日かかるわけです。「週報」「情報局編集」はやはり時々入れて下さい。

僕は元気です。いろいろ相談したいこともあろうと思いますが、しばらく時を待って下さい。

南天の葉はまだ青いです。雪竇《せっちょう》禅師の頌に次のような言葉があります。「千古万古空相憶、休相憶、清風匝《そうち》地有何極」

この頃封緘はがきが渡らなくなりました。元気で。

一月三十日　　　　　　　　　　　　　　　実

(1) 上目黒五丁目の家はもと借家であったが、事件後、立退きか買取りを要求され、思いきって買取った。尾崎はむしろ浪費家で入るものはすべて散じたが、夫人が危ぶんで、原稿収入等の一〇%は不時用として貯えることを承知させ、数年来実行してきた。それが家屋買取資金になった(松本)。

六

今年は寒さと取組んだので、英子学説――寒さに関する紀元節頂上説――が全く正しいことが分りました。

楊子の写真よく出来ていました。僅に四ケ月の間ですのに、何という大きな成長でしょう。全く驚異です。匂いやかな美しいお嬢さんになっていました。英子に実によく似ていることに［を?］今更ら感じました。

ゆうべはここに入ってから始めて少し涙を出しました。たしかにそれは嬉し涙でしょう。だが楊子たちへのおわびの涙でもありましょう(1)。僕は元気ですから御安心下さい。あの写真をいろんな人に送って上げなさい。

本の差入れは今一杯です。入らずに領置してもらっているのが四冊もあります。調べが忙しくて読書の時間が今少いのです。二月一杯は充分です。お金は三十五円あれば充分です(先月四十円入れてくれましたね)。お金といえば家で経常出費となることはなるべく切りすててしまうようにしたらよいと思います。

このごろいろいろ物を手に入れるのに不自由と思います。栄養によく気をつけて、牛乳は楊子にのますように。それから英子は病気に無理をしがちだから、去年みたいに肺炎をほって置くというようなことの無いようにして下さい。(標札、尾崎寓と変えてはいかが。)

寒さはひどいですが、流石にあらそわれぬ春の前ぶれの日の光です。もうやがて春がやって来るでしょう。元気で。

楊子の学校［女学校の入学試験のこと］がうまくゆけばよいが。

二月十三日　　実

（1）尾崎はずっと前から思想運動にはいっていたが、それを夫人には秘密にしていた。夫人を思想的に啓蒙し訓練することを彼はしていなかった。「やられたとき、そいつが心配だ」と彼は幾度も私に訴えたことがある。しかし夫人は立派に堪えることができた。思想によってではなく、夫に対する愛情と献身とによって（松本）。

七

楊子ちゃんおめでとう。入学の報知が私にとってどんなに嬉しいものであったかは想像がつきますまい。楊子はのんきなことを書いていましたが。私が外に居たらどんなお祝いでもしたでしょうに。私の集めた切手はやはり楊子さんが持っていて下さい。これは私が小学校の時に覚えた趣味をなつかしんで、地理の勉強に役立つと思って楊子のためにまた始めたものだったのですから、持てるかぎり持っていて下さい。(1)

それから親子の生活費の消極的な手助けとも思って弁当を四十銭のにしました。パンは入りませんし、来月から二十三円ずつの予算にしました。それだけ入れて下さい。これは私の楊子入学紀念のつもりですから、どうか。

私の地位について玉沢氏の配慮により、堀内氏(2)が伝えてくれることを引受けてくれた由、有難いと思って居ります。

美しいシクラメンの花有難う。だが花の色は眼に痛いです。修養によって喜びも悲しみもない境地に達せんとしつつあります。春になりましたね、下手な歌一つ。

金網の外なる庭の日の光いらだつ程にまばゆくあるも

差入れその他すべて満足して居ります。身体は非常に元気です。(お金四十円入りました。だいぶんたまっているのではないかと思います。ついでの時調べておいて下さい。)

僕の使っていた黒いジャグ付きのかばん、楊子の学校カバンにならないかしら。　実

三月三十日

(1) 尾崎は切手蒐集の趣味をもっていた。彼の集めたものは全世界にわたっていたが、支那及び日本の部は、彼が自ら誇るところであった(松本)。

(2) 堀内信之助氏、一高の同期生、司法省民事局第一課長、ついで東京民事地方裁判所部長判事。

八

四月三日と八日の英子のたよりを受けとりました。(その前は三月十日です。)二人とも元気の由何よりです。これからは三人が内外相応えて元気で新らしい生活を続けて行きましょう。何かと腑に落ちぬこと、合点の行かぬことが多いと思います。二人の生活の今後のことですが、勿論今のままで維持して行ければこれに越したことはないと思いますが、

よく考えてみると、一、私の立場が英子の想像しているより重大なこと。二、これから先、二、三年間の世の中のむつかしさ、を考えると、二人の生活を思い切って切りつめて、長期持久態勢に切りかえないとむつかしくはないかと思うのです。つまり生活力の有る人と一しょになって今の家に住む以外は、二人だけで間借りをするか、又は二人してしばらくどこかに身を寄せるかがよくはないかと考えています。勿論あわてるには及びませんが、英子の判断にまかせます。いつぞやの英子の手紙に、近年私の腰が浮いて苦言を呈して来たとありました。そのこと、英子の気持など私にも充分分っていたのです。僕の「政治」への関心がどうにもならなかったのです。お察し下さい。

大いなる時代なる哉。かく思い、かく行動《うご》きたる我なりしかな

足袋は一つしかありません。担当さん［係看守のこと］に話しました。ただし内で洗濯してもらいました。

本の中シェークスピアと「講和会議の内幕ばなし」は不許可でした。この次、座ぶとんが破れましたから下げますから、少し大きな風呂敷を持って来て下さい。

楊子に。女学生になったらいろいろ勉強をしなさい。学問は人を幸福にはしないかもしれませんが、人としてどうしても必要です。幸にしておじいさん以来の伝統があり、両親とも学問好きな家に生れたのですから。

私はとても元気です。

九

四月二十一日

元気ですか。僕も元気で暮して居ります。最近予審の方に移されました。まだ調べは始って居りませんが。

五月十四日附の手紙昨日受取りました。手紙によって楊子のことや英子の毎日の生活のことやいろいろ想像しました。この前の僕の手紙少しのんき過ぎたようですね。決して今のたよりない英子の立場が分らない筈はありません。

あどけなき吾子の寝顔を目守《まも》りつつ行く末思う独り居の妻

稲野時代(1)が一番なつかしかったとのこと、それから以後の私の生活が如何に家庭生活を犠牲にして来たかということを思わせます。私は豊中(2)も上海(3)もすべて過去はなつかしく思われます。

雨がよく降りましたね。狭い部屋にとじこめられる雨の日は一番苦手です。

今日もまた雨かと嘆く同囚の溜息きけばそぞろ憂鬱

雨の音二日ききつつ部屋の内にこもり居たれば物を思えり

二日二夜雨降りとざす房の中ゲーテの伝を読みて過ぎたり

ふだんの袷下げました。但上等の方は一度か二度しか着たことがありませんから、秋まで内に置いておきましょう。足袋⁽⁴⁾のことで気をもんで居ましたが、どうやら廃棄の手続きが出来たようです。今度はいいでしょう。

物を売るのは辛いでしょう。死んだお母さんがある時期の経験をよく話していたのを思い出します。英子はお母さん程楽天家でないから余計辛いでしょう。写真器は適当な値段です。望遠鏡はもっと高く売れるでしょう。

兄さん[秀波、二歳年上]のところ、赤ちゃんが産れたとのこと、ほほえまれます。秀束《ほっか》[三歳年下の弟]の二十年忌、お母さんの十年忌、今更ながら時の流れの早いことを思わせられます。ではまた。

僕大分痩せましたから、小さくて着られなくなったようなものまた役に立ちましょう。

五月二十三日　　　　　　　　　　　　　　実

(1) 一九三二年二月から一九三四年九月まで伊丹市の近郊稲野住宅地に居住、当時大阪朝日新聞社支那部勤務。

(2) 一九二六年に朝日新聞社(東京)に入社、翌年(昭和二年)大阪へ転勤、十一月に結婚いたしました。そして翌年上海支局へ転勤になるまでの一年間、大阪市の北郊、当時の豊中町の新免に住いました。

(3) 一九二八年十一月より一九三二年二月まで上海に居住。

（4） 規則で足袋は二足しか入りません。帳面間違いで二足になっていてどうしても代りのが入らないので、廃棄などという面倒な手続きをしました。

一〇

今日は朝から爽涼とした初夏の風が吹きます。高原を思わせます。楊子は学校かしら、英子は洗濯かしらなどと考えて居ります。

私のこと発表[1]になった由、さぞ大きな心の打撃であったろうと考えると胸が痛くなります。でも玉沢さんの話ではかえって落ちついたように見受けたとのことで、私も安心しました。楊子もお父さんのためにどんなに肩身の狭い思いをしなくてはならないかと思います。でもどうか元気で決して不幸に負けないで進んで下さい。苦しみに勝つためには逃げたり身をかわしたりしてはかえって駄目です。卑屈になることは一番いけません。誰に何といわれても、黙って笑って勉強して組中第一番のお嬢さんになれば誰も何とも言わなくなるものです。私も今では火にも焼けない心もちになって居ます。そして英子たちに対する信愛の情はますます加わるだけです。この前の手紙に書いたこと、英子を不安にしたそうですが、あれはただ事務的な生活の仕方について云ったことに過ぎません。勿論英子の一身上のことについて云ったのではありません。言葉が足りなかったのでしょうが、英子ももっと落ちついていて下さい。

ゲーテの自伝、長いことかかってやっと終りに近づきました。この後、ルソーの「懺悔録」を仏文の原書で読みたいと思います。(La confession) 仮とじで二冊本になったのがありますが、もし丸善か、或いは神田の一誠堂(古本)、白水社あたりにありましたら、小型のフランス語字典(家にあり)と一しょに入れて呉れませんか——別にいそぐに及びません。

手紙がとどかぬ由ですが、私は十日おきに書いて居ます。おくれるのでしょう。　実

六月二日

(1)　昭和十七年五月十六日司法省より事件発表。翌十七日新聞に、国際諜報団云々のセンセーショナルな見出しで尾崎の事件が報道されました。

二

六月十六日付のお手紙見ました。何だかいつもより元気の無い様子が気になりました。ことに健康の具合がわるいように察せられ心配です。英子が我々三人の「生命綱」を握っていることを考えて元気を出して下さい。私が帰る日のことを少しも書いてないとのことですが、いつの日かそれを思わないことがあるでしょうか。ただあまりにも胸いたむ言葉

にわざとふれないだけです。決して希望を失わずに元気でいて下さい。

「花」のこと私の想像どおりでした。(1) また先日は食品の差入れを有難う。ただし、この頃は菓子も果物も何もありません。従って私の手許にとどいたものは恐らくは英子の志とは一致しないものでした。私は日常の生活に不満なく落ちついて暮していますからあまり心配しないで下さい。かつての我がままな贅沢屋の私ではありませんから。

さて、おたずねの件ですが物の値段は古物としてと、買った時のと、それから現在及び将来を含んだ時とで、今の場合は大ちがいでしょう。今まで買って呉れている人はよく物の値段を知って買ってくれているようですから、大体その値段に任せたらいいと思います。ただし参考までに申しますと、白いカバンは百円位(上海で日本金になおして)、べっ甲のシガーレット・ケースは百三十円位だったと思います。(2) しかし売る場合にはカバンの方が勿論高く売れるでしょう。それからモーニングはいい買手があれば売ってもいいでしょう。必要な時は私がまた買いましょう。今の私には英子と楊子二人以外には何の品物もいりません。

シャツは今一つしかありません。しかし下は二つ、足袋は二つあり、これらは一つ手許にとどいてから代りを入れて下さい。シャツはまた台帳の間違いがあるのではないでしょうか。

本のリスト有難う。あれを見て段々頼みましょう。「文明史」「現代日本文明史」の内、渡辺幾治郎の「一般史」、小野武夫の「農村史」、柳田[国男]さんの「海南小史[記]」、梁啓超の「飲冰室全集」(まず第一冊だけ)など適当な時入れて下さい。今手許には充分ありますが。

七月になりました。身体をくれぐれも大切に。

七月四日　実

(1) 拘置所内の売店で花を買って差入れる場合、白いばらの鉢を見立てて頼みましたのに、笹の鉢がとどいたり致しました。

(2) 尾崎は身の廻りのものは高級品を好み、金があるとぜいたくな靴や洋服などをつくっていた。それらが思いがけず遺族の生活を支える杖となった(松本)。

二

暑さはなかなか終りそうにもありませんが、それでもあらそわれぬ空の色です。しみじみと秋の色の深さに呼吸します。八月十四日付の絵はがき拝見、無事の由何よりです。楊子は伊豆山に行きましたか。私が伊豆のこちら側で最初に行ったのは伊豆山でした。高等学校の最後の年でした。相模屋という家にとまり、千人風呂の大きな湯で思う存分泳ぎましたっけ。宿の御馳走も当時はとてもおいしかったように覚えます。その頃は小田原から伊豆山まで、今の東海道線の走っている道を軽便が通って居りました。二十年の昔に

なりました。(1)

こちら別に変ったこともありません。差入れの本も皆それぞれ面白く読んで居ります。この間のリストの本のうち適宜お入れ下さい(中には既に読んだのもありますが)。フェノロサの「東亜美術史綱」、「日本庭園発達史」〔横井時冬著〕、「寧楽朝文化史」〔浅賀辰次郎著〕等まずお願いします。そのうち秋にもなれば、纏ったものを読む気力も出て来ると思います。官本では蘇峯の「近世日本国民史」も始めから読み進んで居ります。今二十冊位読みました。先日の「文明史」は二冊とも領置してありますが、渡辺氏の「一般史」の舎下げを願ったところ意外にも不許でした。これが許されないくらいでは他のはむつかしいだろうと思います。なお他の「農村史」を頼んでみていけなければ、宅下げ〔自宅へかえすこと〕(2)の手続をいたしましょう。

僕はこの頃、文学の価値と生命とをしきりに考えています。私の中指には今も大きなペンだこが出来て居ります。あれ程数多く物を書き、相当の苦心をしたものの、思えばそれは総べて一時の方便であり、目的のために歪められたものであったことを、多少淋しさを感じます。自由に再び筆をとり得る時がいつの日にかあるならば、筆のために専心力をこめてみたいものだなどと、感慨めいたものを覚えることもあります。元気で。

八月二十九日　　　　　　　　　　　　　　　実

(1)　尾崎は旅行好きで、一高時代からよく二、三泊旅行にでかけた。死んだ池谷信三郎、陸大教授だった篠田英雄、石炭庁次長の岡松成太郎、運輸省の職員局長富山清憲、翼賛会の文化部長だった高橋健二、控訴院部長判事の草鹿浅之介などが当時の相棒であった。私は金に余裕がなく、旅行をともにすることはめったに出来なかったが、旅行の話はしじゅう聞かされた。この最初の伊豆山旅行のことも、何度となく聞かされた(松本)。

(2) あずけてある私物を手許にもらうこと。自分の舎房へ下げてもらうという意味、その手続に二日も三日もかかるとのことでした。

一三

八月十六日付の楊子の手紙面白く読みました。実はお母さんから予告がありましたので心待ちにしていました。絵がお上手なのに感心しました。絵も音楽もお母さんの丹誠ですよ。何でも勉強しなくては上手になりません。ゲーテなどという天才でもそのお父さんの教育熱心のお蔭がどれ程強いかわかりません。——その晩赤い帽子をかぶった楊子に、泳ぎを教えている夢をみました。今お父さんはどんなに沢山のことを楊子に教えたがっているることでしょう。ともかくも楊子がのびのびと元気で大きくなりつつあることは大きな喜びです。みんなよそのおじさんやおばさんに親切にしてもらって有難いことです。しかし決して甘えてはいけませんよ。それはそうと楊子のお庭の絵をみて気がついたのですが、春に植えた果物の樹は植わりましたでしょうか。まだ実はならないでしょう。
秋らしくなりましたね。いつぞやの大風の夜から虫の音を聞いています。大風の吹き残したる虫の音――その夜の感想です。翁の「光り堂」の句［五月雨の降り残してや光り堂。芭蕉］が無いと相当なものですがね。虫の声といえば、郷里の一夏、休暇も終る頃にきいた虫の音の壮大なのを思い起します。中学の三年頃台北の郊外に野外演習をした夜きいた虫の声、その時私は始めて自分の頭の中でも虫が絶えず鳴きつづけていることを気がつきました。これは耳鳴りでしょう。今に到るまで続いています。正木［不如丘］氏の随筆、又「山と渓谷」［田部重治著］有難う。そこで思いついたのですが「旅行案内」を入れて下さい。英子はいつも私が暇になったら旅行をしようと楽しみにしていましたね。しばらくはそれも出来ますまい。私一人紙上旅行を企てることにしましょう。時は秋です。ではまた。僕頗る元気です。

九月八日　　　　　　　　　　　　　実

一四

八月二十八日付の手紙と九月四日付の葉書と受取りました。二人とも御無事の由、安心いたしました。

英子の手紙は私の心を衝き、また心からその心中を同情させました。淋しさと、不安とそうして時とすれば胸の底に湧き起る、うらみの感情——何故にあのやすらかな平和な家庭を突如としてこの不幸につき落す必要があったのだろうという私に対する気持ち、英子の立場からはまことにもっとも至極です。これに対して私として云うべき言葉はありません。とにかく英子の心をのぞくことは、私にとっては深淵をのぞくに等しい感じがあります。

今日久しぶりで封緘はがきを手に入れましたから、日頃考えていることを少し書きましょう。

家を現状のまま維持することは経済的に不可能でしょうから、適当な時に変更する必要はあると思います。その時期は私の刑の決定した時、楊子の学校の都合の学年の切れめの時、或いは適当な同居先、其の他確実な方途のついた時などがよろしかろうと思います。その時まで不用のものを少しずつ整理して身軽くしておく必要がありましょう。もっとも今は物はますます貴重になる時で、いろいろ惜しかったり判断に迷うことはあろうと思います。

私は心から二人の許にかえり、また一しょに仲よく暮らす日のことを考えています。どうかたとえ長くともそのつもりで待っていて下さい。これからの世の中がどんなに二人にとってつらくとも頑張って生きていて下さい。生きていてさえくれればきっとまた私が三人の生活を建てなおしますから。私もきっと元気で身体をいたわってその日を待ちましょう。英子は私が待っていろということを一度もいわないと云いますので、思い切ってはっきり申します。ただ菊池寛の「父帰る」の父の心の如きうしろめたさを多少覚えるのです。思えば私は働いている頃は後のことなど考えず、お金などすっかり費ってしまっていました。今こうして差入れに不自由ないことなども、わずかに英子の乏しい家計の中から始末しておいてくれたおかげだと考えると、すまない気がするのです。

今日のことは別に感傷で云っているのではありません。事務として静かに聞いておいて下さい。

ふとんはまだがまんが出来ます。一度襟を洗濯しかえました。草履はこの中では麻裏ぞうりです。だから家から持って来たのは預けてあるのです。差入れの必要はありません。十日程前調べてもらいましたら、差し入れ金が百四十二円七十六銭もありました。毎月数円ずつ溜っている勘定です。溜める必要はありませんから、これから少しずつ入れて下さって結構です。

二、三日前、玉沢さんが来られ満洲に転任されるとのことでした。私はこの人の親切な気持ちを知っています。名残惜しくさえ感じます。

昨日から二日間まことに蕭条たる雨が降りつづいて居ます。夏も漸く完全に去ったようです。これから御飯をたくさん喰って大いに元気になりましょう。実はこの夏は始めて暑

さというものの辛さを味わったわけです。(1)

遠い空を眺めて居ります。僕は元気です。二人も大いに元気を出してよき秋の日を胸一杯吸い込んで下さい。ではまた。　九月十九日　実

英子よ、あまり淋しがるな。

(1)　この夏尾崎はひどく健康を害していた。それをすっかりよくなるまで夫人にかくしていた(松本)。

一五

涼しい秋風が吹きます。二人とも元気でお暮しのことと思います。私も変りなくその日を送って居ります。

早いもので私が家を出てから丁度明日で一年になります。思えばいろいろの感慨のあることです。何よりも不自由をかけて相すみません。長い旅です、この旅はまだしばらく続くことでしょう。

この頃毎日裁判所へ通って居ります。それで手紙なども少しおそくなったのです。

差入れについて。暖かい袷が手に入りましたので不自由はありませんが、領置になった浴衣が「制限外不許」でなかなか手に入らず、ねまきの着換えが出来かねています。お前

の云うように手持ちの数が誤りになっていると思いますが、ここの役人も用事が多いのであまりひつこくも頼めず、ぼちぼち解決するようにして行きましょう(1)。冬の間はまとめて二週間に一ぺんの差入れで事足ります。本はまず日本語の本を読んでしまった後で洋書を読みますので、なかなか読み上りません。もっともその方がいいのです。

読書のプランもありますが、それはも少し先に行って申します。

夕方裁判所から帰りの車窓から、街の灯をのぞきます。暗くはなりましたが「生活」をうかがうことは出来ます。眼を閉じるとあの家で親娘二人が淋しいが、しかし楽しい夕食の膳に向っている姿が浮びます。夕暮の街のにおいは、大根を煮るにおいと秋刀魚とおぼしき焼魚のにおいです。そこには、そこはかとなき秋を漂わせています。佐藤春夫の「さんまの歌」、「海潮音」の「秋の日のヴィオロンの……歌」、そして高等学校の時愛誦した堀口大学の「みすぎよすぎの是非もなくおどけたれどもわがピエロ、秋はしみじみ身に沁みて真実涙を流すなり、オーの形の口をして秋じゃ秋じゃと歌うなり」を思い出したりします。

ゲーテの「ウィルヘルム・マイスターの遍歴時代」を読んでいたら次のような文句がありました。「往々にして人の運命は冬枯れの日の果樹の姿にさも似ている。その冬枯れた枝の姿から何人かやがて来ん春に青葉し花咲き、実を結ぶことを想像し得るだろうか」、「しかし我々はそれを希み、それを知っているのだ」と。

あのことのあった時私が英子に一番告げたかったことは、「夢よ悲しむ勿れ、時の変改、七転八起これ人生」ということでした。(これは菅原のおとどの言葉をもじったのです。)ゲーテの言葉と一緒にこれを送ります。

秋風の身に沁みる時、身体に気をつけて風邪を引かないように。

十月十四日　　実

英子殿

並びに楊子へ

(1) 尾崎は獄中では模範的な囚徒として暮した。いわゆる獄中闘争を勇敢に闘って、できる限りの自由を獲得し、例えば教誨師と何度でも争論して、結局かなり自由に差入本が許可されるようになるものも少なくないのだが、彼はそういうやり方をしなかった。いわゆる要領で看守たちをまるめこんで幅がきくようになるものも多いが、彼はそれもしなかった。彼は終始従順な控え目な囚人として過ごした如くである。思想運動における特殊な経歴とその性格とが、かかる生き方を決定したものと思われる(松本)。

一六

先便の後、英子の十月一日付及び十九日付けの手紙を受取りました。私は引つづき毎日裁判所へ通っていましたので、便りがおくれています。読書のはかのゆかないのもそのためです。

十月一日付の英子の手紙は重要なものでした。それは私の心境に一転機を与えました。英子が私に「帰る」ということを云わせるのは、私に特別の意思表示を迫っているのだということをよく知りました。実は私も一年の間に徐々に色々と考え、そうして考え方も大よそ変って来ていたのです。しかし男には女のよく分らない義理もあり意地もあって今日までその心持の変化は誰にも話して無かったのです。しかし今は決心がついていますから、英子も安心して下さい。私は政治には完全に敗れました。しかし、これからは、純粋に三人だけの家庭の人として、よき夫として、よき親として生きて行きましょう。今からそんなことを云ってもおそいなどとは云わないで下さい。今僕の心は静かであり楽しくさえあります。

英子は僕がうそをついて来たことをとがめましたが、私は最もひどいうそをついている時でも、決してお前たちに対する愛情と信実とを失ったことはなかったと確信しています。だがこれからはうそと信実とが矛盾することはありますまい。

楊子の元気なニュース何より愉快です。御飯がたくさん喰べられることはいいことです。痩っぽちでも御飯のたくさん喰べられる児は丈夫です。

差入れについてはすべて満足しています。セーターも入って居ります。綿のたくさん入った羽織、それにはほのかないい香いがしていました。いい着物と羽織は裁判所から帰るとちゃんと畳みます。袴もたたみます。先日領置されていた単衣とセルとを、もはや不用になったのでそのまま宅下げ致しました。

本はこの頃あまり読めません。美しい地図や絵の入った地理書を楽しんでいます。もっとも私の頼んだのはお説のとおり英子愛読の案内記でした。「ガンジー自叙伝」〔金井為一郎訳〕も面白く読みました。先日差入れてくれたうち「清朝全史」が書入れのため不許となっていました。彼は多分に無知のようでありますが、その自信と信念は尊敬に値します。これは英子に直接下げられるのなら書き入れを消した上も一度入れて下さい。それでなければ私から宅下げの手続をとるのでしょうか。(1) 一度調べて下さい。

花を入れて呉れたのだと思います。青カードをとりに来ましたから。但しまだ現物はとどいてはいません。有難う。

明日は明治天皇祭〔明治節〕ですね。いいお天気らしいです。楊子はどこかに行くだろうかと考えています。この頃の気候と空の色をつくづく美しいと眺めました。

去年は大きなボタ餅が出ましたが、上のあんこを嘗めただけでした。そんなもったいないことをしましたが、今年は明日が今から楽しみです。秋になって食慾がうんと出て来ました。身体も元気、精神も極めて平静です。一頃ひどく懐古的だったことが思いかえされます。今はお前たちさえ元気なら私も平静に生き続けられる確信があります。しかも幸福に。

先日部屋の検査に来た担当の役人が突然「尾崎英子は変なつくり声を出すな」といいました。私は「あれは地声ですよ」といって腹から笑いました。久しぶりで英子の声を聞いたような気がしました。

ではまた、元気でかぜを引かないように。

十一月二日　　　　　　　　　　　　　　　　　　　　実

(1)　刑務所内で在監者が用ぅる売店物品購入用の通帳。

一七

だんだん寒くなります。二人とも元気なことと思います。寒さは暑さよりもずっと楽ですね。それに今年は夜湯タンポが入りますので有難いです。一日十銭です。上海の街の銅ペイ数枚の「開水」売りを思い出します。楊子から八日付けの絵はがきをもらいました。今年はボタ餅はなしでした。戦争一週年の日をあてにしています。滑稽でしょう。この頃は夢でもよく食物の夢をみます。人間の最も基本的な欲望でしょう。林檎のぜいたくも十日とは続きませんでした。外では果物は払底の由ですから当然のことです。しかしこの頃は牛乳とパンが毎朝手に入ります。

十八日は楊子のお誕生でしたね、満十四歳になったのですね、すばらしいことです。身体を大切にし眼をうんと開いて、大きな人生に広く深く入って行くように努力して下さい。人生にはいろいろ苦しみや悲しみがあっても、やはり生きて行く値うちのあるものです。お父さんみたような境遇にあっても、やはり人生を価値あるものと思っているのです。

差入れのことについて申します。「文明史」二冊と「東亜問題」十月号とは不許可でしたから一括して宅下げ致しました。ゲーテの「ファウスト」は官本でも貸出されている位で不許可の筈はありませんから、も一度頼んでみます。それから別にいそぎませんが、そのうちついでがあったら「オランダ語四週間」という初歩の語学書をみつけて入れて下さい。これは各国語の初歩を四週間で一通り自習させるものが叢書になって出ているのです、その和蘭陀語です。なお家にある岩波文庫の中に「塩鉄論」〔桓寛著、曾我部静雄訳註〕があったと思いますが、これもそのうち入れて下さい。今領置から「印度の抗戦力」〔綜合印度研究室編〕を下ろして読んでいます。綜合印度研究室の第一回の業績ですが見事なものと思います。印度を一応イギリスの抗戦力の支柱として規定したことは正しいと思います。しからばこれを如何にして日本の前線たらしめ得るか、それらのことを知りたいものです。その後の研究が発表されていると思いますから、得られたらお願い致します。なお清朝史研究に関連して「支那思想の欧洲西漸」〔後藤末雄著〕、「支那基督教史」〔比屋根安定著〕などお願いします。ぼつぼつ。

石鹸、前に入れて呉れたののように上等でなくて結構ですが、少し香のいいのがあったらお願いします。それから私の足袋は十文七分位でよくはないかと思います。十一文では大きすぎます。勿論特に買う必要はありませんし、今買えるかどうかも疑問ですが。要するに新らしく買う場合の参考までに申すのです。

前にシンガポールの記念切手、先日は鉄道七十年記念切手有難う、もしも気がむいたらあの時以来のものを一揃で買っておくといいですね、満洲国の十週年もきっと出ていることと思います。先日五十円差入れがありました。有難う。この頃は一文も収入が無いのに出るものは毎月きちんと出てさぞ心細いことでしょう。それに物価もじりじり高くなって行くことでしょうから、いろいろ思いやっています。

なお、兄さんが僕のことで憤慨したり、恐れをなしたり、絶交しているので無かったら、ついでの時秀彦《ほつひこ》君［兄秀波の長男］がもしまだ上の学校に入っていないのなら、来年高等を卒業したら岐阜の農業学校に入れるのがよくはないかと思います。そうして郷里の家と密接に結びついて居り、卒業したら先祖からの家に帰ることです。今後は旦那衆は村で不必要となるでしょうから、もしも兄さんが故郷を捨てたくないなら、そういう風に考えておく方がよくはないかと思います。もっとも都会で育った子供がどう考えるかは疑問です。こんなことをいうのも、結局私が年をとって人の生活というようなものを考えなおして見る気になったからでありましょう。

まだまだいろいろいいたいことがありますが、それはまた次に致しましょう。手紙を書くのは楽しみなのです。それからもう一つ、楊子は「巣」の字をいつも間違って「巣」と書いています。すがぐらぐらして木から落ちるといけませんから注意なさい。

十一月二十五日　　　　実

一八

十七日付の英子の手紙読みました。——僕は楊子の誕生を十八日と書きましたね。二週間目にはきちんと英子が来て差入れてくれる。今日はいい天気だなと思い、あの長い塀に添って風呂敷包みをかかえた、英子の特徴のある歩き方を想像したりしています。そうすると、あたたかい綿入れや、石鹸や、シャツや、本やいろいろと入って来て、いい香いまではこんで、身辺をあたたかく包んでくれるのです。この前の手紙の返事ですが、綿入れが入ったらドテラは不用です。去年も着ずにしまいました。旅行用の膝かけは入りません。毛布を昼間はまさしくその用に使って居りますから。とかくここでは上等のものはもったいないです。足袋などもどんなにつぎが当っていても結構ですから暖い方が結構です。私の予審も先月でほぼ一段落つきまして、裁判所に行くこともしばらく無くなりましたから。なおいつぞや大連で買って来た茶色の趣味のわるい富士絹のハンケチ、鼻紙代りに使いますから入れてくれませんか。この頃紙が少なく、かつ痛くなくていいと思いますから。この間の本の中「タウト全集」は実に美事な出来ですね。桂離宮の懐古という絵は全く感心しました。私も筆で絵が書いてみたいと思いますよ。

ずっと以前の手紙に保険のことが意見を求められたままになっていましたね。千代田の分は楊子の生れた時妹尾政典師から、楊子のためにとすすめられて入ったのでしたね。あれからもう十二年もたちました。あの時危うくチブスで死ぬところでしたが、人の運などというものはしゃくな位偶然に支配されるものですね。――それで、毎年少しずつは掛金も減ることですし、もっと苦しくなる迄続けてみたらよかろうと思います。なお火災の方は、家には是非一口かけておいたらよかろうと思います。ただしこれは、気安めみたいなものですから金額など少なくてよかろうと思います。要するに、私の今日までの心配は英子の失費が多くならないようにというのが、第一の念願であったのです。

楊子は元気ですか。私はここへ来てから亡くなったお母さんのことをよく思います。なつかしく想い出しています。お母さんが死んだ頃の僕の気持が一番あたたか味が少なかったように思われて不思議です。

楊子、私は小さい時にはほんとにお母さん思いで、お母さんもそのことを僕が中学に入ってからまでも人前で云い出されて恥ずかしかった位です。台北の書院街にいた頃、夜お母さんが、昔のことをいい出して悲しがった時、私が、お母さんに「今に僕が、えらくなって孝行するからね」と力んだのです。その時の誓のような気もちを覚えています。

お母さんは下総の古河の人で徳川譜代の土井大炊頭の藩中の野村義長さんの妹［娘］です。あまり大身では無かったようですが、祐筆やまた、馬術や弓術の先生などもした家の出です。この間の「地理風俗大系」を見ていましたら川越に喜多院という有名な寺があるそうです。慈覚大師の開基で徳川氏と関係の深い天海僧正の居た寺です。それで思いついたのですが、お母さんの名「喜多」というのはこれからとったのだと思います。十四か十五の時一たん関宿の藩士の黒川という人のところにおよめに行き、ここで五人の子供を生んだのです。黒川という人は明治の初期の腕利の官吏で、群馬や福島、秋田などの警察署長や警部長(今の警察部長)などをつとめ最後に滋賀県の大書記官で死んだ人です。伊藤公にも眼をかけられていたといいますし、生きていたら出世をした人でしょう。そんなわけで、前の時代と今の私のお父さんのところに来てからの生活のへだたりがみじめに感ぜられて、時々嘆いて私にきかせたのです。前の子供たちのこともよく思い出していたようです。そんなことをきかされるものですから、私はお母さんに同情してほんとに孝行しようと思ったのです。その心は今まで少しも変りませんが、今もし生きていられたらどんなに考えられることでしょうか。

私は生れて(五月生れて十月)六ケ月振でお母さんの背中におぶわれて台湾行の船に乗りこんだのです。お父さんはもっと前に一人で台北に行っていました。その頃は今と違って船も小さく、しかも綱ばしごで上るのだったそうです。私は元気で丈夫なおとなしい子供だったそうで、近所の三等船客仲間にほめられたそうです。私の記憶の一番古い時は古亭庄の児玉［源太郎］総督別荘南菜園の中に住んでいた時のことです。ここの番人みたいにして住んでいたのですね。あの芭蕉布の着物をきて威張っているのがその頃の写真です。――ではまた、時々こんなことを書きます。外には悪い風邪が流行っている由、大切にして下さい。明日は大東亜戦一週年、街はにぎやかでしょう。

十二月七日　　実

一九

二十四日付の葉書と二十九日付の手紙拝見、二十四日の葉書の件、長襦袢は紐だけ領置されて無事に手許にとどきました。親切な扱いでしょう。

二十九日の手紙には三木さんの工場(1)の件が書いてありました。大へん面白い結構な話と考えましたので、発信の日を待っているとおそくなると思い、賛成の意だけ電報したわけです。英子にとっては実に大奮発です。今までの生活を全く清算して未知の生活に入るわけです。なかなか決心もつきかねると思いますが、思いきっておうけしてみたらどうでしょうか。三木さんは今度の僕のことで憤慨もし、呆れもしたでしょうが、しかしあの人が英子にわざわざその申出をしてくれたことは、あの人の特別な人情と親切心によることは私にはよく分ります。感謝しています。英子にそのうちどこかに小さな部屋借りでもして楊子と二人私の出て来る日まで静かに細々と暮していてもらおうとも考えてみたのですが、今からの状勢では何の職もなく、ことに私のような事情のもとに、親子が隣組だけに依って生きて行くことはむつかしくなるのではないかと考えます。物の配給の順位からいっても後廻しは覚悟しなくてはならないと思います。三木さんのところは、時局産業だし、しかもその一端に働くということになれば実に堂々たるものということが出来ます。いわばもうこれからは、楽に暮してゆきたいときになってまた苦労して人中に入って働くことなど辛いことだと思うでしょうが、幸か不幸か、今は日本国民全部がこぞって好むと否とにかかわらず、力一杯苦闘しなくてはならない時になりました。この後の数年ますますそうなるでしょう。だから英子も「今更ら」などと考えずに、日本国民の苦闘、大きくいえば世界人類の苦闘を身をもって体験するのだと思って元気を出して下さい。他の友人たちのあまり賛成しない気もちもわかりますが、私はこの際思いきって飛びこんでみたらと思います。楊子の学校のことも気になりますが、新学年から転校するより他はあるまいと思います。(そうなれば)私一個の都合からいえば勿論、そうなれば差入れの面倒などみてもらえないことは分っていますが——工場には休みは殆どないと思わなければなりませんから——どんな苦労でも喜んでしのびます。ひっこす場合は厄介でも後に入用な物はなるべく持ってゆく方がよいかと思います。こんなことといろいろ思いめぐらしていますが、何しろ女手一つであの古い家をたたみ遠くへ引越すということは大したことですし、ことに私にはその後の身辺いろいろの事情など分りかねますから、最後の決定は英子の判断にまつより他はありません。勿論どう決めても私に異存はありません。

今日差入れの衣類が入りました。先日は石鹼を有難う。それから大きな本箱の中の外国製の世界地図の本(菊[判]版)が残っていましたら入れてくれませんか。これは英国版だったかと思います。後ろに索引がついていますし、普通の本でなく、字引並みに座右に置いておかれるような手続にならないものでしょうか。

今年も暮れようとしています。年内にも一度たよりが出来るかどうか、お役所が休みになる具合で分りません。もう一年淋しいお正月をさせます。どうか元気でなるべく明るく楽しく新らしい年を迎えて下さい。私も四十二の厄年を送り来年はきっといいぞ、少くとも一年ごとによくなるぞなどと考えています。前厄から引つづき不運があり、厄年を無事に終ると後厄から運が替ってよくなる——などと、私らしくもない迷信と笑われそうですが、迷信ではなく一つの希望的確信だと思えば承認出来ましょう。

楊子は元気ですか。私は楊子のやさしい心づかいのことをお母さんからきいて心から嬉しく思っています。人の親となった生き甲斐を感じます。

では二人とも元気で、寒くなりましたから身体を気をつけて下さい。私も元気です。寒

さには決して参りませんから安心して下さい。　　　　　　　実

　十二月十八日

工場地帯だからと云って爆撃にさらされるわけでもないと思います。あれは富くじみたいな運不運です。

（1）　三木喜延氏、朝日新聞社時代の先輩。日本電解製鉄所の重役。英子を鶴見の寮の寮母にと親切な条件でお話がありました。一方空爆の際鶴見は危いから行かない方がよい、と引きとめて下さる友人があり（私は強硬な反対者のひとりであった——松本）、とうとう鶴見行は実現しませんでした。

二〇

二十一日に接見禁止を解かれました。

予審終結決定書を見せられました。一つの行為にいろいろの条文が適用されています。今更何をかいわんやです。三、四ケ月の後公判に附せられることとなりましょう。

通信、面会等は前よりも自由となるでしょうが、手紙はかえってゆっくり書く時間はなくなります。用事だけ、
一、竹内［雄］氏の近著「印度の分析」は立派な本です。著者が自負する値打ちは充分あ

ります。有難う存じました。

二、領置の禁止本「清朝全史」下とゲーテを宅下げしました。全史は簡単に書込みを消し得る程度でしたら消して入れて下さい。

三、「図書」で暉峻〔義等〕氏が推賞していた志賀直哉の随筆「早春」(小山書店発行)が手に入ったら読み度いと思います。

四、ルソー二巻の舎下げを頼んだら不許可でした。一巻は読めたのにとかえすがえす残念です。も一度念のため頼んでみます。

五、楊子の十二月八日のはがき有難う。楊子にまちがいを指摘されました。降参します。

今、年の暮れでこれまで過して来た幾つかの年の暮と、正月のことを回想して居ります。元気でお正月をお迎え下さい。

僕も元気です。もう時間が無くなりました。

十二月二十六日　実

昭和十八（一九四三）年

一九四三（昭和一八）年　四二歳

二月　二日　スターリングラードのドイツ軍降伏。
　　　七日　日本軍、ガダルカナル島撤退。
五月二六日　「中央公論」「改造」編集者らの検挙始まる。四四年一月、検挙拡大。横浜事件。
　　二九日　アッツ島の日本軍全滅。
　　三一日　東京地裁第一回公判。高田正裁判長、樋口勝・満田文彦判事、平松勇検事、小林俊三弁護人。公判は、計六回。
六月　八日　第一回上申書提出。
八月　二日　宮城与徳獄死。
九月　八日　イタリア、連合国に無条件降伏。
　　二九日　ゾルゲとともに、死刑判決。
一〇月　二日　学徒徴兵猶予停止。二一日、神宮競技場で出陣学徒の壮行大会。
一二月　　　父と面会。

二

おめでとう!!

去年はどうしてもこの言葉が出ませんでしたが、今年は新年おめでとうと自然に云えます。ともかく親子三人此の世に生きて年を加えたことはめでたいことと思います。

　めでたさは楊子十五の春なれや

この句ちょっといいでしょう。ほんとに何よりめでたいことは楊子が健やかに大きくなってゆくことです。それを思うと私の心は和みます。

お正月はおぞうにを喰べました。おいしかったですよ。楊子たちはどうしてお正月を過しましたか。楽しかったでしょう。しらせて下さい。

私は次のような年頭の誓を立てました。賛成して下さい。わが家の誓としたいのです。

一、過去を想わず。

二、人を羨まず。

三、他日を期して三人心を合わせてしばらく忍苦しましょう。

お父さんや、兄さんや、其の他たよりをする処へよろしくお伝え下さい。

大晦日の夜、東京をたって、(鉄道案内で)旅行を楽しく続けています。

健ちゃん〔高橋健二氏、一高の同級生、独文学者〕が文化部長〔大政翼賛会〕になったことは、街の人物評論で知りましたが、「文学と文化」は感心しました。昔のセンチを大部分すてて、逞しいものです。面白く読みました。えらいおばあちゃんたちのいい気持で書いている「少女の日」もほほえましいものです。上村松園〔日本画家〕さんのは、或いは自筆でないかもしれませんが、一番教訓的ですから、も一度楊子に読ませて下さい。

松本敏子さん〔松本慎一氏夫人〕から暮にお金を十円入れてもらいました。たぶん御自分で働いた貴重なお金と思います。感謝しているとお伝え下さい。(去年ここへ来るとすぐ南天を入れてくれましたっけ、心づくしをよろこんでいました。)

昭和十八年一月四日　　　　　　　　　　　　　実

二三

昨日の面会の際、英子の暫定方針をきいてまことに安心しました。これも日頃の心がけのおかげと今更ながら感謝しました。楊子もこんなになっても、そうして学校に無事に通っていられるのは全くお母さんのおかげですよ、有難いと思ってよく勉強なさい。

楊子の九日付の手紙実に愉快でした。くりかえし読みました。学校の成績もそれで充分です。あんまり頑張るには及びません。要するにいつか学問に面白味が出て来たら、その時にはぐんぐん伸びるでしょう。習字は親ゆずり(私)でほんとうに下手のようですね。私はこの頃感じたのですが、ほんとに物の美しさをしみじみ感じられるようにならなくては、字や絵は上手にならないのだと思いました。つまり技術などの練習ではなくて、心の眼が美に感ずることですね。私はこの頃、物の形や、色をしみじみと愛しながめるようになりました。植木鉢の木や草花の形(たとえば今ある南天の葉や実)、湯タンポの瀬戸物のあるもの、色、石鹸箱のセルロイドの色があせてあらわれたフランス流のコバルトブリューなど。きっと今に字や絵が上手になるような気がしています。

十三日付の英子の手紙は少し恨みがましいですね。無理はありません。今更ながら過去一年間の英子の胸をついた悲しみを思います。しかし私のあわれな志や真情が少しもわかってもらえないなら残念です。

私の甘さから、英子の忠告や警戒にもかかわらず、今日の結果になったのではありません。私は前から今日の結果になるのを予見していたのです。英子たちの運命を傷つけなくてはならないことを考えて、どれだけ苦しんでいたかしれないのです。時々妙にいら立ったりしたのもそのせいです。またしかしそれだけに愛情も深かったのだと思います。過去数年ほんとにつきつめた心で、流れ行く事々物々を深い心で感じ得たこともあったのだと思います。だが、要するに、私のあわれな志がこの結果を予見しながら、どうにもならないところへまっしぐらに駆り立ててしまったのです。

だが結局、一つの真情が生きていました。何だか弁解がましいですが、私のほんとの今の気持ちは、いたわりたい心で一杯です。

地図のことですが、冨山房の大辞典［国民百科大辞典］の一巻に地図の巻がありました。立派な本でよごれるのはもったいないですが、これも入れてもらいましょうか。

昭和十八年一月二十一日　　実

二三

一日一日春の足音の近づいて来るのを聞くことは楽しいことです。窓一つで直ちに外界につながっている今の境遇には自然の変化はことに敏感です。英子は鶯の声をきいて梅を植えることを考えついたのでしょう、いいことです。

オリザニン入りました。これは毎日六粒、ビオレバーの方は一日九粒ずつ服用しています。無くなりそうになったら私から知らせます。

本は二週間に四冊で結構です。途中で入れてくれなくてもよいです(この頃はいずれも念を入れて読まなくてはならない種類の本ですから、それに考え考え読んでいますから)。

家をあけることは私も心配していました。何かと不都合が起るのではないかと。そんなわけですから今までどおり二週間ぶりで結構です。用事もそれで充分こと足りていますから。

ゲーテの「ウィルヘルム・マイスターの遍歴時代」最後の洋書(1)と思って愛惜していましたが、ようやく読み終えて下げました。正直なところは前の「詩と真実」や「イタリア紀行」乃至は「ウェルテル」程面白いとは思いませんでした。しかしゲーテの新興産業時代に対する感じが、その手工業についての尊敬を通じて感じられるのは興味あることでした。第三部の九章(?)の終りかに出ていた「広い世界に勇ましく出てゆけ」という意味の詩はいい詩だと思いました。しかし、どうも私には古典もゲーテのものなどになると、政治や経済のものを読むように完全には分りません。ドイツ語はずいぶん長く読んでいるものの、なかなか上手にはなりません。

二十三日付の英子の手紙読みました。それへの返事はも少しよく心の中をまとめてから書きます。時間が少いものですからよほど要領よくまとめて準備してかからないと、簡単なことでも書きにくい位ですから。ではまた。　実

三月一日

今日ははや三月の一日です。

(1)　この頃から洋書は内容の検閲が出来ないからという理由で差入れを禁じられました。

二四

ぼけの花有難う。実に美しいです。読書に疲れた時ふと見上げる花の白さ、つくづく物の形と色のめでたさを思います。(まだやぶこうじが健在でこれも棄てかねています。)

私の気持の変化――何よりも今の静かな、しかし張りのある気持ちをどうしたら伝えることが出来るでしょうか。

私の今の気持ちは実は突然変化したものではありません。いわばいろいろの交りあった気持ちが、時局と自分の不思議な環境によって洗われ純化されて現在の心境に達したといったらいいと思います。

私は元来単純なコンミュニストではありません。極めて政治的な考慮に立っていたので、近来は殆んど民族主義者であったわけです。英米との戦を不可避と考え、かつ東亜の自主解放を考えてこれを主張して来たことは、皆の知る通りです。これと同時に、国際的な協調完成を理想としていたのです。誤りはこのあまりに空想的であった点にありました。

私が個人的なことを考えることの出来ない人間であることは、よくお前の承知のとおりです。今度の国防保安法[1]関係の活動などは、いわば私の政治的便宜のための手段が法の上では一番問題になったというに過ぎません。

(今はいそがされて肝腎の心境の問題にふれることが出来ません。残念ながらこの次に書き足し――書きなおしましょう。)

実

三月五日

(1)　国防上外国に対し秘匿することを要する御前会議、枢密院会議、閣議、帝国議会秘密会の議事等広汎な国家機密を定め、これを探知又は漏洩した者に対して死刑以下の厳罰を規定した法律、昭和十六年三月公布。尾崎は国防保安法、軍機保護法違反容疑で起訴された(松本)。

二五

春とはいえなお浅く、寒さを覚えます。元気ですか。

今日は何とかして今の私の気持ちの一端を伝えたいと思います。

一、私は十年もっと前から世の中の赴きつつあるところをひそかに察し、自分としてはこれに対処するため、いろいろ心に期して居りました。しかし事が破れた時は外にあらわれたところだけを受けて、心に期したところは何もいうまい、と決心していました。

一、大東亜戦争以後の現実状勢は、私に、しかし客観的な状勢とは別に主観的に大きなものを感じさせました。何よりも日本上下の一致した動き、崇高なものを感じました。そしてそれにあずからない自分を淋しく思いました。

一、日本の大東亜建設の理想は始めは単に一部の口号［スローガン］と思われましたが、実にすばらしい世紀の理想として進展して行きつつあります。これは驚くべきことです。またこれはかつて私自身の唱え考えた夢ではなかったか。

一、英米と戦いかつこれに勝つことは現世紀の日本の課題でした。私もこれを信じて来ました。今こそ無条件にその時です。戦うべきです。そこには主義も形式も予定する必要はありません。ただひたぶるにその目的を追求するところから、新らしい政治も、経済も社会状勢も生れるでしょう。

一、しかし英米との戦いは大方の日本人が考えているよりは遥かに困難です。私もまたこのめでたき日本に生れたものの一人としてこの国難に赴き、死するともまた本望だと、心から考えるようになっています。

一、私をここにいたらしめた、最大の契機は、しかし、私の妻子を思う心でした。始め事破れた時私は妻子と永久に別れることを思いました。何の顔《かんば》せあって再び会うかと思いました。しかし私の心をすなおにし眼を開いてくれたのは、実に妻子への愛でした。今私は妻子を持ち得たことをかえって感謝して居ります。

判読して下さい。　　　　　　　　　　　　　　　　実

［三月八日］

二六

昨日は面会に来てくれて有難う。僕は英子のもたらす身辺の消息をいつも深い感慨をこめてきいています。人の動き、人心の動きなどについては、しかし大体意外なものはありません。

こうなった今、人の心のあきたらないことについての不満はもっともとも思いますが、しかしそれはむしろ当然で、いわばその人たちに大きな「知慧」が欠けているからでしょう。気にかけたり、またはとがむべきではありますまい。

八日に心境の一端を書いた手紙、多少僕の気持ちを分らせるのに役に立ったでしょうか。今日から通信の仕組がかわったようですから、多少ゆっくり心をまとめる時間が与えられるのではないかと思います。前の手紙不満足ならそういって下さい。また書きなおしますから。

英子が庭に梅を植えたという話賛成です。たとえ家を引越さねばならなくなったとて、梅は春が来れば大地に香うでしょう。寥廓たる天地一樹の梅——白隠和尚の「毒語心経」の中の偈頌にいい梅の詩がありますが。又消されるといけませんから心の中に誦するにとどめましょう。

「毒語心経」の講義〔後藤瑞巌述「白隠禅師毒語心経講話」〕は実に面白く読みました。後藤瑞巌老はよほど出来る人と思われます。去年碧巌を読んだ時とは私の心持もうんと異っているからかとも思われます。

先日岩波の「図書」の終刊号〔昭和十七年十二月号〕を読みました。岩波のおやじさん〔岩波茂雄氏〕という人は立派な人だと思いました。私は一度会った時にそれを感じていましたが。ところで岩波の新刊の本で「数学通論」〔末綱恕一・荒又秀雄著〕、「高野長英伝」〔高野長運著〕など見たいものですが、とても後からでは入手は出来ますまい。英子に難題は少しでも避けなくてはなりません。

今井慶松さんの随筆〔松の吹き寄せ〕、これは立派な教訓書です。修業の「寒ざらへ」のところなど是非楊子に読みきかせたいものです。名人といわれる人がどんなに修業のために苦労するかということ。それから心を深める修養の仕方――この人の場合は芸ですが、どの道も似通ったものがあります。

私はこの頃ずっと平静な心です。不幸はただ動揺する心の暗いかげに過ぎないと観じ、今では〔五字抹消〕の天地の日々の生活をそのまま人生と感じ生活しています。結局はあきらめから浮き上って来たのではありますが。この気持ちに自分だけ安住するのではなく、どうかして英子や楊子にも伝えたいと考えています。

〔二行抹消〕

楊子の桃の節句によせて

桃の花咲いたか、私が眼開いたか、三十年来とらわれの人

これは桃の花の咲いたのを見て悟ったという霊雲和尚のことを考えながら心境を語ったつもり。ではまた。

実

三月十日

陸軍記念日で空には双発の大きな飛行機が勇ましく舞っています。

二七

薬、地図、六法全書相ついで入りました。薬はまえのがまだ百粒位残っている位で後充分です。地図はまことに美しい色です。私は時々地図にぼんやり見入っていますと、二時間でも三時間でもじっとしていることが出来ます。地図なお手に入ったら、支那地図もしくは東亜地図一葉、日本全国図一葉も入れて下さい。勿論いそぐには及びません、ついでの時で結構です。

なお禅に関する本で、「無門関」、「従容録」など、やはり解釈書がいいと思います。手に入ったらついでの時にお願いします。これらは前の「碧巌集」の解釈を出している、たしか近藤書店(銀座のか)〔実際は明治書院〕から同じ体裁のものが出ているかと思います。

前者は神保[如天]師、後者は秋野黄[孝]道師と思います。なお今北洪川師の「禅海一瀾」も後藤瑞巌老師が講義をしている筈です。（これは本になっているかどうか知りません）——これらのことは、しかし無理に努力するには及びません。

森谷克巳氏の「東洋的生活圏」有難う。色々参考になりました。

私も支那社会の性格を断ずるについて長いこと考えて来ましたが、はっきり決めかね、私の「現代支那論」でも「支那社会経済論」[昭和十五年、生活社刊]でも自説をはっきり書いてありません。ここに来ていろいろ読み、考えた結果今では割にはっきりした考えをもっています。今ここでそれを学問的な形で書きあらわすいとまの無いのは残念ですが、要するに、東洋的・官僚・封建国家体制をとったものではあるが、それへの発展は封建社会の発達を内包し、伴ったものであって、一方では東洋的専制国家であるとともに、他方封建社会を維持し来ったのであると思います。だからマックス・ウェーバーのいうように、原始的な共同社会からその二つの社会のいずれかへ別途に発達したのではなく、寧ろ二つの性格がからみ合って発展したのだと思われます。だからポリアコフのいうように、支那をもって一貫した封建社会の発展とみることは誤りでありましょうが、現代社会を「半封建」的と見ることはまちがいがないと思います。——こんなことはお前にはたいして興味はないと思いますが、私自身の勉強の他日のメモ（覚え書き）のために記して置きます。ここではメモをつけることも出来ませんから。

実

二八

三月十三日

だんだん暖かくなるようで嬉しいことです。今月の「現代」に中河与一の随筆「ほとゝぎすなくや」というのが出ています。なかなか面白く論旨もきくべきですが、その巻頭に出ている五、六首の歌は実に美しいと思いました。古今集もたしかに見なおす値うちがありそうです。宅下げしましたから読んでごらんなさい。

なおこの雑誌の中に広告が出ていますが、陸軍教授の上原〔訓蔵〕という人が作った「上原馬来語」という馬来《マレー》語の独習書があります。馬来語でもぼつぼつ勉強してみようかと思います。面倒でなかったら買ってみて下さい。もっとも四、五冊で十円くらいになると思いますから、是非という程でもありませんから、もったいないと思えばやめてしまってくれて結構です。今何事も特別に執着はありません。与えられた条件、環境を生かして行きたいと考えて居ります。

なお先便、私の他日の勉強の覚え書きにもと思って記したものの不充分な点を一、二書き足しておきたいと思います。――これは他日楊子が私の本を読むようになった時などにも、お父さんはここを直したいと思っていたのだなと考える時の参考にもなるでしょう。

今のように暇な時でないと、私もこんなことを考えている時間は無いでしょうから——要するに支那における二つの体制——東洋的専制・官僚主義と封建制(主義)とは互に他を制圧乃至吸収し去ったのではなく、両者はからみ合って発展したのだと思います。しかもその関係は前者が外格、乃至は骨格をなして、後者が内容をなしていたのだと思います。従って前者として(東洋国家として)完成したのではなく、その理由はまた一にかかって後者(封建主義)の根強き存在に在ったのだと解したいのです。東洋社会に於いての「水」——灌漑・治水——の意義はもとより大きいけれども、やはり一派の人々の見解は過大に評価しすぎていると思います。

なお、前者が促進条件として、後者が阻碍条件として作用した関係も一言ありたいところですが、ここには略します。

又、エジプト、バビロニア(アッシリア)、インド等を支那と一括して「水」をもって一貫的に説明せんとする企ては、充分限界[性]制をもつものと考えます。地域的にも時間的にも問題が多いと思います。

[五行抹消]なかなか美味です。

三月十五日　実

二九

雨が降っています。音も無く降る春雨、なかなかいいものですね。もとはよく英子に雨の情趣を解さないといわれましたが、要するに気持ちの上にも余裕が無かったからですね。第一家にじっと落ちついているのでなくては、この味は分らないでしょう。それにしても今年の冬は毎日晴れていたので有難かったと思います。冬じめじめしたのは全くよろしくありませんからね。

楊子の写真を本と一しょに下げました。今度来る時、代りの新しいのを入れて下さい。どんなに成長したか見るのが待ち遠しい気がします。実は去年写真を入れてもらった時はまったく写真を正視し得ないくらい、すまなく思い辛かったのでしたが、今はもっと別な静かな気持ちになっています。時ですね、時の力は全く偉大ですよ。

「英帝国の政略と戦略」〔ロンドン王立国際問題研究所編、岡田宗司訳〕は読みごたえがありました。国際状勢なら充分知りつくしているつもりでしたが、なるほどそうだったのかと思うような幾多の点を始めて知りました。大戦直前にかかれたものだけにかえって興味がありますす。イギリスの用意と不用意ともによく分ります。この本を読んだに引きつづいて家にある長守善の「英国経済の崩壊過程」をまず、そしてその次にホープスの「大英帝国の将来」(これはひょっとしたら原書、原書なら駄目)を入れて下さい。

裁判長は三転してまた前の樋口勝という人になりました。他の二人は前と同じ名でした。この人に本決りになるのではないでしょうか。もっとも誰になったとて、別に変りはありませんが。ちらと聞いた風聞では来月から公判が始まるとのことです。そうして四、五ケ月かかるだろうとのことでした。今は何だか大きなものにまかせきった気持ちで、人事《ひとごと》を聞いているような不思議な心境です。

去年の今頃のいら立たしい気持ちと現在の気分とを比べて見ると、全く不思議なように静かです。あらゆる問題――生命の問題をすら客観視し得るようになった――少くともなりつつあるのではないかと思われます。これが、あきらめや敗北と結びついたのではなく、もっと深い人生観に徹したものでありたいと希っています。不断の反省と正しい意気と勇気とを持ちつづけてゆくことが、絶対に必要だと思います。現世を生きつづけて行くという正しい努力は決して放棄することはないのです。この点は幸にして僕には母ゆずりの楽天主義――明るい人生観が恵まれているようです。どうやら楊子にもそれが伝わっているようですが、いいことだと思っています。

[八行抹消]

外といえば、「週報」で物品税の上りぐあいを見ても全く恐しい程です。収入の無い英子たちの心細さが思いやられます。楊子もとてもいい着物など着られませんね、お気の毒です。しかし今にきっと。辛棒して下さいね。

英子が面会に来てくれる時、もしも差入れのところに果物か菓子がたまたまありましたら差入れの手続をとって下さい。この頃まったく何もなくなりましたから、よほど気をつけていないと手に入りません。内にいてはたまたま新しい品物があらわれても気がつきませんので。しかし勿論何ごとも力を入れてきばる程のことはありません。総べては静かで、時が世界とともに力強く流れ去りつつあります。そうして、私はとても元気です。

三月二十四日　春雨の音を窓外に見つゝ　実

三〇

お手紙有難う。封を開けたら花の匂いが強く鼻をうちました。花そのものはとどきませんでしたが、花のたよりは充分でした。
［六行抹消］
従って多分五冊入れることが出来ると思います。今度来る時若し二冊しかもって来ないならば後二冊か三冊郵送して下さい。もっとも毎度は三冊か、やさしい本のとき四冊もって来てくれれば結構ですが、手許にはいつも六冊限度まで入っている方がなんとなく心丈夫ですから。もっともこんなことも身勝手な贅沢かもしれません。ただ壁とだけ睨めっこ

していても満ち足りた気持ちで生きてゆけるところまで行かねばならんと考えています。

薬はオリザニンの方が大方無くなりましたから、もしも手に入ったらついでの時郵送しておいて下さい。これらの薬品類がどれだけ効果があるのやら勿論目にも見えず、気もちだけのものかもしれませんから、その辺は適当に考慮してくれて結構です。

薄い方のふとんが近頃目にみえて傷んできました。これはやわらかで、軽くて実にいい蒲団でしたが、手入れをしてもらおうと思います。中味はそのままで結構です。一度湯タンポが漏ったことがありましたが、大したことはありませんでしょう。陽にあてて外側をつくろってくれれば結構です。絹やメリンスのたぐいはどうしても木綿程強くありませんね。ふとん取換えは今度は間に合いませんでした。少しまだ寒いので躊躇しました。今度面会の時打ちあわせて、その次の時、英子が少し大きめな風呂敷をもって来てもらえばよいかと思います。代りを急いで入れてくれるには及びません。毛布のカヴァはこちらで洗濯をするつもりです。

この前面会の時英子はアパート経営のことをいっていましたが、あんな採算のとれないことは駄目です。よくよく計算をたてても思わぬ収支の喰い違いに会うおそれがあるのですから、よく研究して下さい。ともかくも何としてでも私の出るまで頑張る工夫をして下さい。今の家にじっとさざえのようにちぢこまっていることが出来れば一番英子たちに安全の道と思いますが、何分にも経済的な圧力がひしひし加わる一方で、上の方からは財政上、下の方からは闇——その中で一番便宜を欠いた立場が今からの英子たちの境遇ですからね。だがともかくここしばらくは現状を維持しながら考えて下さい。私も一生懸命考えましょう。

楊子は二年生になりましたね。今度の成績はどうでしたか。

鎌倉の海はどうでした。私も高等学校の時分に鎌倉に友人の家があって、休みのたびによく出かけました。(1)その人もそう貴族院議員でしたっけ。鎌倉の海は明るく楽しかったですよ。由比ケ浜、七里ケ浜、それから逗子や藤沢。

うんと楽しい春休みを過して新学期を迎えて下さい。二年になったら勉強のことを少し私から注文しましょう。何としても勉強の出来るうち、うんと勉強しておくことです。ではまた。

三月二十九日　　実

(1) 国文学者、尾崎の一高時代の同期生湯地孝の家が鎌倉の二階堂にあった。彼の父は海軍中将、貴族院議員であった(松本)。

三一

昨日から引きつづき細い雨が降りつづいています。だが春雨というにはあまりに冷たい雨です。今年は天気が不順のように思われます。

この前お約束の弁護士宛のメモはかなりはっきりと現在の立場と心境を纏めたのでしたが、この種の個人的通信はならぬとのことで不許可になりました。但し弁護士宛直接ならよいとのこと、そのうち連絡がついたら直接口頭なり、書くなりして伝えることに致しましょう。

本は旅行記や地理書みたいなものは楽しいですね、「世界地理〔風俗〕大系4」〔南洋編〕、有難う。ところでボルネオのところが二枚ばかり破りとってありました。勿論この中では誰もそんなことをする人は無いと思いますから、始めからそうなっていたと思います。念のため申し添えます。

「早春」苦心して手に入れてくれたことと思います。志賀〔直哉〕さんも年をとりましたね。但しこの味は上等のお菓子の味です。

松本〔慎一〕氏訳の「国際投資の諸問題」〔ロンドン王立国際問題調査会編〕今読んで居ります。大へん有益な書物です。松本氏の翻訳は流石に大したものです。

〔二行抹消〕

それで来週面会に来て呉れるのは水曜より木曜の方がよいと思います。勿論これは大したことではなく、丁度面会とぶつかった場合に一週間風呂をぬいたり、英子を少し長く待たせたりするおそれがあるだけです。英子の都合の方を主として考えてくれて結構です。

ただ一つの参考までに。

この次来る時はふとんを一つ出してありますし本がありますから、差入れの本は二冊ほど持って来て下さい。軽い方がよいと思います。ここで購入した雑誌とかち合って持ちかえりになった時重いといけませんから。

この前の楊子の手紙少し淋しそうだったので気になりました。もう楊子も淋しさや悲しみを感じる年になって来ましたね。勿論淋しさや、悲しみを感じない人間はくだらない人間ですが、大切なことは、それすら生長の糧として前進するような逞しさを持つことです。

広く世界の有様をながめること、深く人間といのちとに思いをひそめること。それによって一個の自分の地位をはっきり悟ることが出来るでしょう。元気で前進して下さい。ついでの時楊子の背の高さ(組でどの位でしょうか)と目方とを教えて下さい。

楊子は稲野のことをなつかしがっていますね。私もそうです。稲野で仲良くした淵岡[淵岡鶴之助氏、朝日新聞の同僚]の未亡人や子供達はどうしているでしょうか、あすこの洋子ちゃんももう女学校の二年生になった筈ですが。

気候が不順ですから、かぜを引かないように。

四月八日

実

三二

楊子の二十日づけの葉書見ました。この前の月曜はいいお天気でした。楊子が輝いた日の下を暖かい風にふかれて広い野原を行った姿を想像して私も愉快でした。私はいつも楊子のテルテル坊主になるでしょう。

柔いうすい蒲団有難う。真白で、そしてほのかにいい匂いがします。夜はこのふとんとカヴァを外した白毛布と二枚重ねて幸福な夢を見ています。

「高野長英伝」は是非英子にも読んでもらいたいと思います。(この前の宅下げで受けとったことと思いますが。) 高野長運という著者の態度は身びいきに過ぎ、或は郷土愛にすぎるきらいはあり、伝としては日本の高野長英を対象とするかぎり別の角度があり得ると思いますが、併し資料としては充分でしょう。長英の態度について思うことは、気の毒な郷土の許婚の人、更に晩年には気の毒な妻子(妻君は有名な蘭学者、青地林宗の女です)に対する関係です。ことに前者に対する身勝手さは今の僕の気持ちでは許せない気がします。これを「男子功名の念」などによって弁護は出来ますまい。

裁判長宛の手紙は却下されました。がっかりしました。先の弁護士を対象とした手紙といい、これといい、力をこめたものだけに落胆しました。これも規則とあればやむを得ません。英子の指示により召喚願いを頼みました。もっとも不充分ながら私の気持ちの変化は、予審の最後に申し述べてはあるのですよ。

彪雄《あやお》君［野尻彪雄氏、従兄］にはこの事件以来数々御配慮にあずかり、心から感謝しているとお伝え下さい。

この前面会の時英子がふと話した西さん［西園寺公一氏］の伝言というのは、言葉通りは聞いていませんが、検事さんは「こんなに君のために迷惑をかけられながら、彼が君に対して何といっているかをきいたら、君は感激するだろう」という意味を伝えました。私には充分彼の好意が感ぜられました。当時としてはこれ以上聞くことは辛かったのです。彼とのつきあいは僅かに数年でしたが、実に充実したものでした。数々のよき思い出に充たされています。まことに私にとっては真実を傾けてのつき合いの数少き一人です。彼が一日も早くこの迷惑から脱してさばさばする日の来たらんことを祈って居ります。

中島さん［中島宗一氏、当時の満鉄東京支社調査室主任］は責任感の強い人だからやめたのではないかと思っていました。この人などこそまったく無関係のとばっちり、お気の毒のいたりです。田中老人［田中清次郎氏、当時の満鉄調査部長］にいたっても申す言葉もありませんだが、今更ら何をいうてももどらぬことです。

今日は五月一日、私の誕生日です。昔からこの日はいい天気で、私の記憶ではかつて雨の降ったことはありません。

亡くなったお母さんの話では私は四月二十九日に生れたとのことですが、役場のとどけの関係で五月一日になったとかのことでした。とにかく四十二歳の日をここに迎えたわけです。

朝から明るい空が窓の僅かな隙間からのぞいてみえます。心は若者のように弾力に充ちています。

五月一日　　　　　　　　　　　　実

三三

五月三十一日第一回の公判が開かれる旨の通知がありました。この日は先日英子の云いつけどおりの服装で出廷いたすつもりであります。

昨日高田裁判長〔高田正氏、東京刑事地方裁判所部長判事、一高の同期生〕の来訪をうけました。小林〔俊三〕弁護士の官選の事情をきかされました。今更ながら友人数氏の厚い好意を感ぜずにはいられませんでした。何もいうことはありません。心静に法の裁きを待つのみです。心の、気の澄むのを覚えます。

裁判長はまた事件の重大性とこれに対する私の覚悟のほどをそれとなくほのめかされましたが、もとよりこの点については今更少しでもゆるみのある筈はありません。ただ一つ心がかりの点は英子や楊子が予期よりも重大な結果に対して悲しむことのある場合です。これもただも一つ勇気を出してぐっと踏み応えてもらいたいと願うのみです。

上申書のことも早速取はからって下さるそうです。

お金五十円有難う。お金が入るごとにまたかつぶしを一本喰い減らしたのかと淋しく思います。しかし明るく元気で与えられたあらゆる条件を生かして生きつづけることが、私の義務でありまた希望だと考えますから、黙ってかつぶしを噛っています。

あまり何も買うお菜がなくなりましたので、またしばらく弁当を喰べることにしました。この頃弁当は玄米ですしこれは大変味がよいし、お菜には魚と野菜とがついていますから薬品を買うようなつもりです。

本はこれからは暑くはなりますし、理屈っぽいものは読みたくありません。何でも手あたり次第そこいらにあるもので結構ですから、軽めなものをお願いします。

共栄圏地図も入手しました。有難う。この前、身の振り方についてまた一寸相談を受けましたが、別に何も急に今の英子の方針を替えるに及ばないと思います。この点は面会の時、何度にも話しましょう。

楊子は元気ですか。私も五月の空のように元気です。もっともこの頃の雨空とは違いますよ。

実

五月二十五日

(1) 公判に対する対策は、主として私が立てた。三輪寿壮氏に相談し、その意見に従い、公判廷で争うというのでなく、もっぱら恐縮の意を表するという態度を取ることとした。そのため弁護士も私選せず、官選弁護人でゆくことにした。官選弁護人に小林氏が選ばれたが、この選択は、三輪氏、堀内[信之助]君を通じてひそかに伝えてもらったこちらの希望が裁判長の容れるところとなったためと思われる。それにも拘らず、裁判の結果は最悪であった。最初から弁護人を私選し、堂々と法廷で争うようなことは当時の情勢上不可能であったにせよ(そういう依頼を引受けてくれる弁護士はなかったであろう)、遷延戦術をとるべきではなかったか。そうすれば、当時私が必然だと考えていた日本の敗北、政治犯の釈放のその時まで、尾崎の生命を持ちこたえさせることができたのではなかったであろうか。最悪の場合でも、極刑などということはあり得ないと考えたために(私たちはかなり確かな筋からそういう情報を得ていた)、やがて釈放される時が来るのだから、五年の言渡しでも十年でも同じことだと考えたために、取り返しのつかぬ誤りを犯したのではなかったろうか。私は堪えがたい痛恨の情をもって回想せざるを得ない(松本)。

三四

昨日公判が始まりました。開廷前十分程弁護人と話しました。弁護人は私の手記について、参考となるべき良書の一読をすすめてくれました。ただし弁護人は私が新聞記者的早のみ込みで問題を小器用に纏めるようなことを恐れているらしいのですが、私の現在の心境は恐らく皆さんがお考えよりは、遥かにつきつめた深いものですから、その点は御心配ないように。ただ少し肉体が弱っていますので、よく書きとおして真意が表現出来るかどうかの点がかえって心配です。佐藤通次氏の皇国哲学〔『皇道哲学』のこと〕は読みたいと思いますが、難波田春夫氏の方は「現代」の論文で大体趣旨は読んでいますから、無理して尨大な本〔『国家と経済』全五巻〕を手に入れるには及びません。

公判は傍聴もとより禁止で、被告は私一人です。広い法廷に裁判官四人、検事二人、書記一人を前にして私一人が立っています。

小林弁護士が一人後ろの椅子に坐っています。小林さんが忙がしいのにほんとにお気の毒のいたりです。全く弁護の余地の無い事件を官命によって押しつけられたわけですから。

特別傍聴人というのはどんな人達ですか、十数人居るようです。

大体月、水、金と続くようですから、面会の日は木曜にして下さい。

英子の指示に従って服装を全部ととのえて行きました。身のまわりに肉親の恩愛を感じます。はかまは台北の丸山呉服店製です。お父さんのはいたもので、幾度びかお母さんの手によって畳まれたものなることを思います。立派な袷の着物と羽織もお父さんのものではなかったでしょうか。英国製の毛のシャツはかつて香港で買ったものですが、英子の丹誠で見事に保存されて来たものです。無心なる物の一つ一つに恩愛の血が通っています。――僕は決してセンチメンタルに此の頃なっているのではありませんから、その点は御心配なく。いやかえってますます逞しくなっているのですから。

暑くならないうちに手記を早く書き上げたいと思いますが、気力体力なかなか思うにまかせません(まだ書き始めたばかりです)。

元気で。

六月一日　　　　　　　　　　　　　　　　　　　　　　　実
今度は羽織は薄いのを着てゆきますが、着物は袷でしたね。これはずっとですかしら。

六月一杯位はよいでしょうか。

三五

六月一日付の英子の手紙見ました。病気のことをきくとぞっとします。英子こそ我が家の杖とも柱とも頼んでいる人ですから、どうか身体を大切にして下さい。僕はただ英子の病気になった時のことを考えると、どうしてよいのかわからなくなります。秋口から冬にかけての防空演習の時など夜の中じゅう、英子が風邪を引かなければよいがと心配しているのです。今度のもただのかぜでしたろうか。もうすっかりよいのですか。そこで考えたのですが、これから身体の具合のわるい時は楊子の学校を休ませてしまうのがよいと思います。そうして楊子を枕許に置いて看病もさせ、家の用事もさせたらいいと思います。学校の課業など少し休んでも大したことはないと思います。くれぐれも無理をしないように。お前は変な頑張りがあるけれど、今は私もいないことだしよく気をつけて、気を弱くした方がかえって安全だと思います。

楊子が「お父さんが家にいたらいいのに」といった言葉は胸を打ちます。ほんとに悪いお父さんだったとつくづく思います。楊子はよい頑張りの性質をだんだん発達させて来ているのでないかと想像されます。それはきっと楊子の生涯の性格の一特徴となるでしょう。ともかくも病気などになると、ほんとに淋しく頼りなくなることがよく想像されます。健康第一で元気を失わないように。

公判は金曜日二回目が終り、次は来週月曜です。この速度で審理がすすめられたら、後三回くらいで事実審理は終るのではないかと思われます。すぐ続いて弁論などがあるのかどうか、判決は全部他の被告がすんでから一しょになるのかどうか、そのへんのことは私には見当がつきません。

上申書も公判と重なるし身体がひどく疲れているので、思うように進行しません。裁判長からは早く書くようにいわれましたが。この頃は読書は殆んど出来ません。ですから今度の面会の際は、差し入れには及ばないと思います。

小林さんに弁護をしていただくことになったことはまったく身の幸運であったと心から思って居ります。ただ犯罪の事実があまり突飛なので、私というものがわかってもらえるかどうか、更に、現在の心境をどれだけ汲んでもらえるか、については全く自信がありません。

まだつゆのうちです。今日は山本元帥［山本五十六、前連合艦隊司令長官］の国葬の日です。英子、自愛を祈ります。

六月五日　　　　　　　　　　　　　　　実

三六

今日はいいお天気です。この頃急に暑くなりました。やがて本格的な夏です。英子の身体は具合はどうですか、もうすっかりよくなりましたか。

「皇道哲学」有難うございました。折角熟読するつもりです。

裁判も四回終りました。私自身の予審調書についての審理は終ったようですが、まだ明日も続行とのことです。でもそう長くあるまいと思います。

先日の入沢［宗寿］博士の随筆［伽羅山荘随筆］面白く読みました。その中に、入沢さんが子供をさとして、凡そ人は身体を大切にして健康であり、よく勉強する習慣をつけておき、また物事をきちんきちんと処理する習慣をつけておくならば、必ず成功すると説いてあります。そこで思うのですが、私は物事をきちんきちんと処理する習慣がなく、いつでもぎりぎりのところまでのばしておいて絶対〔体〕絶命のとこで事を処理しようとしました。それは苦しいことであったし、またそう結果もよくはありませんでした。そうして遂に事の処理を欠いたこともありました。

それは少しは自分の能力に対する過信にも原因していましたが、大むね習慣による結果でした。楊子にも多少このサボ癖の遺伝がありはしないかと心配しますので、こんなことを書く次第です。

楊子は女医さんになることはきらいですか。私は人類の不幸を少くするためには、三つの課題があると思います。一つは無智を撲滅すること、二つには病気をやっつけること、第三には貧乏を社会からとりのぞくこと、だと思います。将来の社会においては、ますますその努力が真剣にされねばならないと思います。病気の点ではたしかに日本はまだまだおくれていると思います。楊子の将来の職業として立派なものだと思います。

だが、しかし職業には好ききらいがどうしてもありますから、やはり自分の好まないものは駄目です。今から決めておく必要もないかもしれませんね。

ではまた。　実

六月十日

三七

昨十四日をもって私の審理は終りました。これから他の主なる被告に順次うつるのだそうです。従って私に対する検事論告、弁論などはそれが終ってからになりますので、日時はわかりませんが当分休んでいろとの裁判官のお話でした。今後一月や一月半は待つことになろうかと思います。

私はこのごろ悟ったのですが、私の健康の中心問題は胃腸だということです。実は去年ひどく痩せて身体の具合のわるくなった時から、胸のことを心配して来ました。去年の秋から冬にかけてひどく食欲が出て来ましたので、健康のためと思って大いに麦飯を喰いました。ところでこの春の終り頃少し食欲が鈍りましたが、喰わなくてはいかんと思って無理に喰うようにして居りました。ところで五月半頃から急にバッタリ食欲が無くなり、腹が張って、瓦斯が充満したようで、いつも腹や胃や下胸部が痛んでいました。ところが例の独断で、下痢をしないものですから胃腸がわるいということは少しも気づかず、少し胸でもやられたかなと考えていました。あまり身体の調子がわるいので医者に診てもらいましたところ、胃腸障害とのことでした。そこで始めて、去年の夏もやはり胃腸をやられたのだったな、ということがわかった次第です。今薬を飲んでいます。これからは胃腸を中心にして注意してゆくつもりです。

これから暑くなりますから本はなるべく軽いものをお願い致します。それから先日「皇道哲学」を送ってくれた時はあの本一冊でしたか。私の手許に入ったのは一冊でしたが、他に領置になったものがあったのではないかと考えますので。

楊子の縫った浴衣はお天気になったら着ようととってあります。

真夏になったら、一番薄い軽い夏ぶとん——ほんのおなかの上にのせるだけのを、入れてくれませんか。去年の経験によると、手持ちのふとんでは少し暑苦しいようです。

今日は久しぶりに雨が降っています。

実

英子殿

六月十五日

三八

此の前の手紙で身体のことを書きましたが、今日もまたそのことについて書きます。

僕の健康の中心問題は胃腸にあることを知ったと、あたかも大発見でもしたように書きましたが、よく考えてみると、も少し複雑のようです。要するにこれは私の持病なので胃腸はその際にともなって現われる現象に過ぎないようです。要するに心身が極度に疲労する時に起る現象なので、大むね神経の衰弱によりますが、また肉体の極度の疲労からも起るのです。

最初の経験は中学の上級生の時、夏休みにあまり勉強しすぎて、しまいには籐の椅子に寝たまま起き上れない程でした。特徴は背中・下胸部・胃部・腹部が痛み、食欲がなくなり、股から下が特にだるくなることです。これは相当つらいもので、も一ついけないのは気分が動揺、不安、焦燥を感じてくることです。その後大正七年流感にやられた後でもそうでした。東京に出てからは、兄さんが兵隊に行った後、自炊を始めた冬やっぱりそうでした。大正十二年の春お父さんが上京されて、お伴をしてみちのくの遠野の町に伊能嘉矩先生をたずねた時、やはりそうでした。お父さんははたで見ているのも苦しかったといっておられました。そうそう、その前年新高山でひどく無理な登山をした後も、山を下って高雄へ行った時など坐っていられないくらい疲れて、この現象が現われました。大正十三年の夏から秋へかけて軽井沢の後がやはりそうでした。上海でも一時過労で胃けいれんらしいといって苦しんでいたことがありましたが、あれがやはりこの現象だったのですね。その後太り出してからすっかり七、八年忘れていたのです。それがまたここに来て去年の夏おこったのです。去年の夏はずいぶん猛烈でした。今年はいいことには気分が非常に落ちついていて、精神的な不安定感が少しもないことです。

ダーウィンの永年苦しんだ胃病というのも、結局このようなものではなかったろうかなど考えています。しかし私もやっと私の持病の型というものをこの頃になって発見したわけです。甚だ迂闊な話です。去年は涼風が吹いてきたらなおってしまいました。今年はもっと早くなおしたいものです。

久しぶりで街をのぞいたのですが、また八百屋や、魚屋の前におびただしい行列をつくっていました。英子もやはり不自由をしていることでしょう。

楊子は元気でしょうね。

私もいろいろ面白いことや役に立つことを一人で考えたり空想したりして暮しています。気分は頗る爽快です。去年の夏とは比較にもなりません。

実

六月十七日

三九

昨日の午後は日がさしたので、今日は久しぶりに運動の時日光を浴びることが出来ると楽しんでいましたら、またつゆ空にかえりました。今日でもう半月も日にあたらないような気がしています。しかしこの頃はまるで戸隠か軽井沢にでも居るような具合で、涼しくてまことに有難いことです。

先日は三冊とも皆それぞれ興味のある本で有難う。「ナイルの奥地」〔ウキンダム著、中西秀男訳」は実に愉快な旅行記でした。狭い居房の中に坐っていても充分旅を空想することが出来ます。心はまことに軽くたのしんでいます。これからは身体についても充分気をつけて、せめて、この暇のある時、暇を利用して身体だけでも銹《さび》のつくことを防ぎたいものと決心して居ります。きっとうまくゆくことと思います。

僕はこの頃こんな風に考えています。

いやしくも人生の道に精進する者は、昨日よりは今日と進んでいることは確かです。この意味で人はどこまでも生きつづけてゆくべきだと思います。人生は確かに生きるに値するということにもなると思います。だが同時に人生はいつまで進んでも、向上しても、眼界視野が拡がっても、その極みというものはないので、いわば大きな観点から見れば、どこまで行っても同じことだということも知らねばならないと思います。いいかえれば、いつ人生が終っても別に変りはないということです。この二つの全く矛盾した如き事実を矛盾なく静かに自分の人生観の中に把持することが出来なくてはならないと思います。そうする時、人は確信に充ち、しかも不安動揺することなく人生を生き続けてゆくことが出来るのです。悟りというのはここにあると思います。

そこでたとえば死についてです。あの人は惜しいことをした、も少し生きていたらば、とか、も少し生きていてほしかったとかいうのは、第三者の立場から云い得ること(1)であって、本人にとっては、別に早くもおそくもあるわけではないのだと思われます。

説明が足りないのでよく意味が呑みこめないかもしれませんが、この考え方は英子にとっても参考になるかもしれないと思って書きました。

楊子は元気でしょうね、この頃しばらく楊子のたよりをききませんが、夏休みになったらたよりを下さい。ではまた。

気候が不順です。こんな時に疫病など流行するおそれがあります――急に暑くなったりすると。充分気をつけて下さい。

七月六日

明日で支那事変も満六年になるのですね、僕にとっては一入《ひとしお》感慨深いものがあります。先日ふとんのかさばるのを持ちかえらしてお気の毒でした。僕は夏ぶとんの観念をまちがえていたのでしょう。うすいかるいものと思っていました。勝手なもので、この頃の涼しさでは、去年の経験で是非ほしいと思ったのも忘れてしまいました。

のみも蚊も今年は殆んど苦になりません。ところで南京を先日来二匹殺しました。いやな奴です。家へ下げる衣類など日光に曝した上で処置して下さい。

(1)　この頃から尾崎は判決を予想し、夫人が彼の死に対し心の用意をととのえるようにと、努めたらしい(松本)。

四〇

ゆうべ夜中に雨の音を聞いたので心配していましたら、今朝はいいお天気でした。今日は家に植木屋が防空壕を掘りに来てくれる日の筈、まずよかったと思いました。掘れましたかしら。

この頃ずっと夜中に眼をさますくせがついたのですが、万籟絶えた時、ひとり物を思うことはむしろ楽しいことです。やはり世界の将来、日本民族国家の前途をのみ考えます。これによって苦しい家族の運命についての責任感、圧迫感をしのぐことが出来ています。私自身の身の上については殆んど何も考えたことはありません。私自身は別に不幸だとも考えませんし、何等の前途の不安を考えたこともありません。日常の生活はただ肉体的故障と苦痛のある時だけが苦痛であって、それ以外は今や何事の束縛をも与えません。大したことだと思っています。

先日話のあった満鉄に置いてあった書籍、あれはいずれも近刊の、私の専門に近い書籍で、皆普通の何等差支えのない本ばかりだったので、勿論警察に持って行かれなどはしないことと思っていましたが、少しも差入れの中にその本があらわれないので不思議に思っていたのです。そうすると一つ気になるのは、その中に東亜研究所から借りて来たマックス・ウェーバーの全集の三巻がまじっていた筈と思います。これは満鉄の神崎という人を通して借りたのでした。どうなったことやら。しかし火事などがあると、たとえ焼けなくてもさんざんに物など飛散してしまうのが例ですから、火事以上の事実にぶつかったのですから、やむを得ないことが多いと思います。

人絹の薄い着物が入りましたが、これは盛夏中裁判所へ出頭する場合の用意にとっておくべきものと考えてよいのでしょう。目下足袋が三足ありますから(足袋一足下げましたが)、夏中は足袋差入れに及びません。

石鹸はこの頃全く貴重品になってこの内などでは買われません。しかし幸に私は今まで婦人協会の分を使っており、後になお一つフィリッピンから齎らされた上等が残って居りますから御心配いりません。今年は涼しいので汗が少しも出ず、ハンケチなどの洗濯も必要が無いくらいですから、石鹸も減りません。

外では配給ますます窮屈になり行くことと思います。それを思うと身のちぢむ思いがします。他のことはがまんが出来ても食物だけは限度がありましょう。今のところでは一生懸命嚙んで嚙み据えて、いやしくも口に入ったものは皆血肉とするということ以外に対策はないと思います。これを楊子と二人[1]でよく実行して下さい。

どうやら夏らしくなりました。台湾では夏休みは七月十日からでした。長い休みの初日の嬉しさは今に身にしみて忘られません。

実

七月十日午前

万葉相聞の歌

敷島の日本の国に人二人ありとし念へば何か嗟《な》げかん

という歌はいい歌ですね。今の僕の気持ちからはこの「二人」を英子と楊子にしてしまってもいいと思います。

（1）幼時から台北で育ち、中学は台北第一中学校を卒業しました。

四一

△つゆの名残りの雨がいとも鬱陶しく降って居ります。俗説によると雷が鳴らないと梅雨はあがらぬと申します。まだ今年はそういえば雷雨は一度もありませんね。
△今頃になると大学院に居た年の夏、札幌に臣公(1)と二人でしばらく自炊した時のことを思い出します。あれは池のある物産館のある公園の近くの新建[築]の家でした。土用の丑の日にうなぎを喰いに行きたくて金が無いので、僕の時計を質に置いて出かけたことでした。
△先日の柳田[国男]氏の随筆の中で「旅二題」というのは中等学校の国文の読本に入れても格好な名文です。仮名がついて居りませんので、楊子には少し読みにくいかと思いますから、是非英子が楊子のために声を出して朗読してやって下さい。

△先々週の木曜日の差入れの本、担当さんに頼んで調べてもらいましたが、途中でどこかに停滞しているらしく、まだ手に入りません。予定が狂い今日から読むものが何もなくなりました。少し閉口です。坐禅でも組むほかには方法もありません。

△ビオレバーは前には壜に入っていましたが、今度のは紙包みでした。少し油断していましたら、すっかりしめってしまいました。何もかも資材不足の影響があらわれて来ます。

△ところで僕自身の性格の特徴について、一つ考えて見ます。私は自由豁(?・闊)達な点が著るしいと思います(時にあまりにも!!)。その由来は、一つには死んだお母さんの性格を受けついだ、半ば先天的のものであり、二つには子供の時から青年の始めまで育った台湾という南国の風土によるのだと思われます。

今一つの特徴はかつて人のいうことをきいたことが無く、自信が強く頑固な点です。この点は私の外面が寧ろ柔らかで妥協的に見えるので、人々は観察を誤る場合が多いようですが、これは全くあの飛騨川に囲まれた「島」[2]の偏固な農村豪士(?・)の遺伝的な血だという気がするのです。あの淋しい、高い山と深い谷とにかこまれたところに、おじいさんまでで十五代(或いは十二代だったか)住んでいたのですからね、無理もありません。

私が何故突然こういうことを書いたかといえば、楊子に父を語りたかったからです。外に居る時は楊子はまだあまりに幼かったし、それに私はあまりに忙がし過ぎましたからね。

七月二十日午前　雨の音をききつつ　　実

英子殿
楊子殿

（1）理学博士柘植秀臣氏、柘植家と尾崎の家は、父の代から親しい間でした。
（2）尾崎の郷里の土地名、岐阜県加茂郡西白川村［現、白川町］河岐字島。

四二

待望の二冊やっと入りましたが、漱石の一巻は実は最近官本で読んだばかりの「猫」なので、残念ながらも一度読む気はいたしません。実のところ「猫」は漱石の作品中でも最もつまらないものではないかと私は思っています。勿論明治末期の文化的社会の様相を研究する意味に於ては、我々にとって興味あるものには違いありませんが。ここでは漱石のものは「猫」と「道草」とを借りて読みました。

オッセンドフスキー［「亜細亜の人と神秘」鈴木直吉訳］は実に面白いです。オッセンドフスキーについては、たしかスウェン・ヘディンなどは嘘つきだとして、その事実を指摘していたように記憶していますが、しかしヘディンのような科学者と、この冒険家との間には当然物事の観察にも差異があってしかるべきものでしょう。ともかくも面白いことはちょっと此の上なしの本です。

ところでいつぞや家にある本のリストの内まだ入らぬものでやや軽いものには、林権助氏の「我七十年を語る」、呉秀三氏〔訳〕の「シーボルト江戸参府紀行」(なお羽仁五郎氏訳の「ケルゼンシュテルンの紀行」〔クルウゼンシュテルン日本紀行〕も端本ですが上巻か下巻があった筈)、村上知行氏「古き支那・新らしき支那」などがありました。なお創元社の刊行の林蘭の「雪売りの黄仙人」〔林蘭編、呉守礼訳〕があったと思います。それらはついでの時に差し加えていただきたい。

楊子夏休み始りましたか。

夏になると私は中学の最初の楽しかった夏休みをきっと思い出します。小さな包をかかえて人力車に乗って寄宿舎から家へ帰った時のこと、何と思いもかけず通信簿(生徒必携と呼んでいました)をもらったら一番になっていたのでした。あの時の胸のはずむ思い。お母さんやお父さんの喜びの顔、そうして夏休みは故郷のおじいさんのところを訪うたのです。当時高山線は出来て居らず、岐阜から関町まで電車で行き、そこから十里歩いてくにかえりました。下麻生で飛騨川のほとりに出た時のその深い青い水に対する驚きは思わず「海だ」と叫んで兄さんに笑われた程でした。関町には私のお父さんが若い時に厄介になっていた太田家が医者をしていて、今はその大先生の孫に当る進君という私たちの友達が家業をついでいる筈です。そこには学君という私の仲よしも居ましたが、この人は死んでしまいました。古い家の裏の石垣に腰を下ろして、「少年世界」だったか「日本少年」

だったかの紺青の海の表紙を眺めながら空想にふけったのも楽しい思い出です。

楊子よ、空想の翼をどこまでものばせと前にも書きましたね。それと同時にいつも高い理想を養い育てることを忘れないで下さい。未来はすべて理想をもつ若人の前に開かれて行くのです。これは絶対に間違いありません。ここに来ている多くの人々を眺めていると(思想犯は別ですが)、はっきり気のつくことは、すべてこれらの人々が理想の如きものを持ちあわせていないという点です。

七月二十二日朝　　実

四三

今が暑さの峠でしょうか。夜など相当むし暑さを感じます。しかし今年は元気なせいか、暑くていてもたってもたまらんなどということはありません。それに心の隅にいつも涼風がかすかながら吹き込んで居ります。

先日の楊子の手紙をくりかえし読んでいましたら、操行というところが操甲となっていました。甲乙をしきりに問題にしていたためつい誤ったと思いますが、注意を要します。私は小さい時から不注意でよく誤字や脱字をしました。今でもなおその癖はやみません。読み返して見て自分ながら冷汗の出るような間違いを始終しています。人によっては少しも誤なくきちんとしている人があります。半ばは性格ですが、半ばは若い時の注意と習慣によるものと思います。

林権助さんの「我七十年を語る」はなかなかに愉快でした。私の日支関係史の脚註になるような事実もありました。始めの方の生い立ちの記は楊子にも読ませたいくらいです。寺田〔寅彦〕博士の「万華鏡」はやはり読む順序としては当然、この前の「物質と言葉」の前に読むべきものでしょう。やはりこれからあれへと発展しています。

久しぶりでこの中で本を一冊購入してみました。これで所謂時局物の一半を知ることが出来、参考になりました。著者の名は木村毅となっていますが、東日〔東京日日新聞〕の記者が二、三人で作ったものですが、鋏と糊の香いばかり高いものでした。今頃の文化面の荒涼たる有様がうかがわれます。

家に火野〔葦平〕軍曹著の「海南島進軍記」(?)〔海南島記〕があったかと思います。これを今度一しょにお願いいたします。

僕は時々空想しています。僕は政治には完全に失敗したけれども、その代りに畢生の心血を傾けて、最もよき二十世紀政治史――特に東亜政治史を書いてみたいと思っています。恐らく誰よりもすぐれたよいものを書けるだろうと心に期しています。これは夢でしょうが。しかし段々その志が強くなって行きます。私はもしも評論家として進んでも、また政治家として進んでも相当なところまでのびたであろうし、また学者としての道を専念しても相当な成果をあげ得られたろうと思います。勿論今更、惜しがったり悔んだりするものではなく、静かに自分の運命の道をふりかえりかつ静観しているのですが。だがまだ、これから先の人生が無いわけではありますまい。

昨今、身体の調子よく、元気に豆飯を食っています。(八月一日から大豆混入、但し私は豆はこの頃好物ですから少しも苦になりません、麦といい豆といい、私には玄米よりも味がよく感ぜられます。)

十八年八月五日午前記　　　　　実

英子殿

四四

ひどい雷雨の後二日お天気がわるかったですが、今朝は爽涼たる風が吹いています。もう秋が来るのでしょうか。支那ではもう八月半ばにははっきり秋が感じられますね。支那の秋は実にいいですね。中秋の頃は何ともいわれません。いつぞや英子も一しょに、大世界のあたりを歩いたことがありましたね。中秋月餅の大きな旗が焼餅屋の軒にかかっていましたっけ。

十二日付けの手紙を受取りました。相当手きびしい手紙でした。私の事件があってから後、いろいろくやしい事や、悲しいことが多く、また口さがなき下賤な輩のささやきに心乱れることも多いのだろうと察します。僕に英子の境遇の分らぬ筈はありません。実をいえば私のここに来てからの最大の苦しみは実にこの点であったわけです。

私の志がいかに正しかろうと(よしんば)、英子たちを欺きそしてこの境地に陥入れたことだけで、私は地獄に墜ちなければならないと思いました。

それ故に私はあのこと以来、すっかり自分というものを棄てたつもりです。私自ら「為す」ことを思い断って、ただひたすら「見る」ものとしてのみ生きているのです。勿論どんな苦しいことでもしのぶつもりですから、英子の恨みもいきどおりもまたどんな復讐でも黙って受けるつもりです。とにかく元気で頑張ってほしいと思います。

「シーボルト江戸参府紀行」は面白く読みました。シーボルト事件〔解題参照〕は感慨深いものです。ここにもひたすら文化と真理の追求をするものと権力との相剋を見ます。高橋作左衛門、土生玄碩《はぶげんせき》等を始め当時の天文方なる進歩的なインテリがたくさんに犠牲になっています。これはどちらが正しいとか誤っているとかの問題ではなく初めから平行線なので、それが時に交叉したままでだと思われます。

私は先にツンベルグ〔「ツンベルグ日本紀行」山田珠樹訳註〕を読み、その前に耶蘇会士の書翰〔「耶蘇会士日本通信」村上直次郎訳〕を読みました。これとモース博士の「日本その日その日」〔石川欣一訳〕につづいて、ツンベルグの前のケンペルと、モースの後のベルツ〔「ベルツの「日記」」渡辺正彦訳」とを読めば、近世日本発達史の裏からの興味ある観察が出来ると思いますが、家にはケンペルの紀行〔「ケンプエル江戸参府紀行」呉秀三訳註〕はあの異国叢書の端本のうちには無かったかと思います。これはちょっと誰からも借りるつてはありますまい。

官本で借りて前田利鎌という若くて死んだ哲学者の「宗教的人間」という本を読みましたら、「臨済録」を読みたくなりました。よく禅の本を借〔貸〕してくれる友人がもしも持ち合わせていたら入れて下さい。

八・十七　　実

インキもペンもめったに健全なものにぶち当らず、いつも苦心を(よけいな)して手紙を書きます。何もかも当然のことながら、ここは外とは違うのです。元気です。

字がきたないのはぞんざいなためのみではありません。(私がこの頃積極的に心をこめるものとては、ただ手紙だけです。一本のきたない手紙にも今の私の真実なものがひたむきに出ていないとすれば、それは私のくだらなさのためです。)

四五

九月十日公判出廷の通知を受取りました。この一回の後十日か二週間後に判決のあるものと存じます。格別の感想はありません。静かに裁きを待って居ります。ところで楊子の学校の級長さんは毎学期代るのならいいですが、もしも二学期も引続くのなら、辞退した方がいいのではないでしょうか。楊子には気の毒ですが。これは英子が受持の先生に申出たらよいと考えます。どんなものでしょう。

英子は爆撃を前からひどく気にしているようで、私がいつもこの点のんきなので不満かもしれませんが、私は初めから大したことはないと思っていましたし、今後も大したことはないとひそかに考えています。恐ろしいのは寧ろ日常生活の緊迫(インフレーションの問題)等の脚下にあります。

日本が爆撃に対して著しい弱点をもつことは世界周知の事実です。それで国民としては十二分の注意と覚悟を払わねばなりませんが、実は私は戦争の初めにはひそかに心配しましたが、その後敵の攻撃にはひどい弱点のあることを確信しました。日本の海軍の健全なかぎり、そうして支那の地方を今のようにがっちり押えているかぎり、今、ヨーロッパの諸国が受けているようなひどい空襲を受けることは絶対にありません。そのうち少しはまぎれこんで来るでしょうが、それはあたかも雷さんが沢山落ちても、滅多に自分の家に落ちることのないようなもの、鳥が沢山空を飛んでいても自分の頭に糞が落ちないようなもの、それに、公債や富くじが決して当らないようなもので、よほど不運な場合以外直撃弾など喰うことはありますまい。そんなわけであまり空襲のことなど心配しないように[1]。

ヘロドトス「歴史」〔青木巌訳〕下巻、「塩鉄論」、「英独仏露四国文法」の三冊は確実に無くなったらしいです。台帳に記載なしとのこと、併しこの第三のものは去年の夏私が現に読んだのを領置してもらったのですから、全然台帳に記載の無い筈はありませんので、なおも一度調べてもらっています。

私が実によく読書するといって皆感心しています。もっとも本を読む外にすることはありませんからね。ただ本を読む態度が問題なのでしょう。私は人生をさまざまに苦しみ生きた人々の記録が一番胸にこたえます。そうして、次第に人生を生きる自信をかためて来ました。しかしそうはいっても、夜半、はげしいのみと南京虫の襲撃にじっと堪えていなければならない時には、ただそのことにさえ心の平静を奪われるような自分です。まだまだなかなか揺ぎなき自信には到達しません。しかしやがて朝が来れば元気になっています。これを要するに「日日是好日」です。

八月二十一日　　　　　　　　　　　　　　　　　　　　実

英子殿

さっぱりした洗濯物有難う。実に気持ちがいい。しかし時間からいっても、また、石鹼などからみても大へんだと思います。それに今年はそれ程よごれないので、もったいない気がします。もうそろそろ二週間ぶりの差入れでもよくはないかと思います。

（1）猛烈な空爆を受けるようになる前に日本は屈伏すると彼は考えていたに違いない。検挙される以前から、彼は日本の経済的脆弱性をむしろ過大なほどに指摘していたから(松本)。

四六

今日は八月の最後の日です。夏も愈々お名残りです。今日は運動の時しみじみと空を眺めました。いつの間にやら争われぬ秋の落ちついた空と雲でした。

足下の草むらには虫が鳴いて、つゆを受けた朝顔の新鮮な花の色。胸一杯空気を吸いこんだことです。

八月二十一日付の楊子の手紙、面白くて四度もくり返えし読んだことです。ところで相かわらず楊子らしいのんきさで吹き出したことは、丈が一五二センチになったと書いてあり、でもまだ五尺にはならないようですと書いて、ちゃんと二・三倍する式まで書いてあるのです。これは立派に五尺一分六厘になるではありませんか。すぐ紙の端に計算してみれば出ることなのに。とにかく大したものですね。今にすぐお母さんを追い越してしまいますよ。十七までは間違いなく伸びますから、毎年一寸三分平均はのびるでしょうよ。

「虫の声がしげく」とあるところに「茂く」と書いてありました。あんまり悪い宛字ではありませんが、これは木の茂る方ですから適当ではありません。――お父さんは少しうるさいですね、こまかいことを注意して。実はお父さんも楊子同様頗る大ざっぱの方ですがね。

本の宅下げの具合が予定が狂ったので、今度うまく入るかどうか心配です。私は実に注意してやっているのですが、かかりの方の手続が狂うのではどうにもなりません。

ゆう子ちゃん〔松本慎一氏長女〕ところ新らしい本がぞくぞく出て結構なことです。せいぜい身体の無理をしないように。

「アルプス登攀記」〔ウィムパー著、浦松佐美太郎訳〕は立派な意思の書です。楊子はお父さんの登山能力を軽蔑していますが、これでなかなかな実力家なんですよ。アジアの盟主日本の将来の青年達には大きなスポーツの課題が残されています。――かつて私もそれを夢みたことですが、それは、現に人類をかたく拒否しているヒマラヤの峰々の征服と、砂に埋もれた千古の秘境中央アジアの発掘探検とです。（後者はスポーツの要素より学術探究の要素が多いことですが。）

私たちの時代はもうなくなりましたが、将来の若い日本が必ず欧米人をしのいでこの事業に力を注ぐ平和なよき時代が必ず来ることと確信しています。

家にある岩波新書「現代教養の書」として、折角ですから皆読んでおきましょう。ひきつづき一、二冊ずつ入れて下さい。まず「回教圏」〔笠間杲雄著〕、「バルカン」〔芦田均著〕、「スエズ運河」〔ジョンフィールド著、福岡誠一訳〕などからお願いします。毎回補助的に一冊ずつでよいかもしれませんね。もっともこれから先どれだけ本を読んでいられるかは分りませんが。それから家に北一輝の「支那革命［外］史」があったかと思います。これもそのうち入れて下さい。名前とは別に内容は差支えのあるものではありません。当然入ると思います。（或いはゆう子ちゃんのところに貸してあるかもしれません。）家になかったらきいて見て下さい。

八月三十一日　　　　実

英子殿
楊子殿

「アルプス登攀記」よく見つかりましたね。どうも古本屋で探し出して来たものらしいですが――つづきが早く読みたいものです。

四七

此の間面会の時読んできかせてくれたお父さんの手紙はたしかに胸に応えた。「何も云わない、身体だけ大切にしろ」という「何も云わない」ことの背後に父上の無限の苦痛を読みとることが出来る。かつて、父上は「天下を誤るものは大学より大なるはない」といわれ、「子供を教育したことは誤りだった」といわれたことを、今いろいろな意味で感慨深く思いおこしています。私は年少気鋭の時父上の許を離れ、それ以後はもち前の傲慢な自信をもってひたすら自分の勝手な道を歩いて来て、今日にいたったわけです。ああ、私もまた父上に向って何も云えないことを感じるのであります。

秋には御上京になるように書いてありましたが、此の前にも申したように、決してこのことのないように、熱心にとめてくれる立場にある英子が、やはり上京をのぞんでいるらしいのは、私には分りません。万一海上で事でもあったら、それこそ取りかえしがつかないと思います。じっとして台北に静かに暮して居られることこそ望ましいと思います。度々大金をお恵み下さって何とも申しようもありません。私の日頃の心掛けがわるいので、こんな時によけいな御迷惑をかけることになります。

ただ私が自分一個の利害打算はもとより、野心からしてかくの如き行動をとったのではなかったということだけは、あまり弁解にもなりますまいが、いささか意を安んじていただくたよりともなりますでしょうか。

此の前南方の司政長官だった河西［定雄］君の死んだことを聞き、まことにびっくりしました。私との交際の日は浅いが、実によい人間で、私としても充分好感を持てた数少い友人の一人です。二高出身のもと鉄道省技師でした。惜しい人がこの時期には沢山亡くなりますね。やむを得ないことです。

あの日弁護士さんが面会に来てくれて三十分程話しました。後でとり下げることは出来るのですから、ともかく直ちに上告の手続をとっておくようにとのことでした。なお判決が下るとともに官選は解消する由ですから、直ちに相談の上、上告すると決まれば、改めて引つづき小林氏に今度は私選弁護士として御尽力願ったらいいと思います。

私としては上告の結果には別に期待はもてず、あまり熱意もありませんが、しかしいろいろこの点については別に考慮する必要もあろうかと思います。英子も友人たちの意見などもききあわせてよく研究を願います。

「中華民国三十年史」(1)は小冊ながらまことに見事な出来ばえです。ほんとに感心しました。序文で支那問題の重要性をも一度強調していることもまことに同感です。歴史は大東亜戦争の運命を決するものが、結局支那問題であることをやがて証することと思います。孫文の役割をも正しく評価してあります。ことに註はまことに苦心の存するところ極めて有意義です。一、二小さなことで気のついたところをあげると、叙述が簡略にすぎて読者によく分りかねるところがあると思うこと、例えば日本紡績の上海進出の始めのことで工場が初めから内外棉の工場として買収されたかどうかという疑問のおこることなど、それから三二、三八頁にある張子洞は張之洞の誤りだと思います。

衣類の差入れ受取りました。また新らしい足袋が入って来ました。これで真新らしいのが二つになりました。他に二つあり、まるで足袋屋のようです。

漸く秋になります。最後の秋を心ゆくまで読書にふけりたいものと思って居ります。

「写真週報」にビルマの切手が発行されたことが書いてあります。これは日本で印刷されたものでしょうが、少し気をつけたら手に入りましょう。楊子は切手趣味はまだ起りませんか——それよりもここに居てまだこんなことをいっている自分が滑稽ですね。あの趣味だけは少し病気なんです。お笑い下さい。

実

九月四日

(1) 岩波新書で出ている橘樸著「中華民国三十年史」。実は私の著書である。私は昭和十五年十一月に保釈で出所してから、獄中で構想をたててきたこの書物のことを話し、尾崎の名前で出すことを相談した。保釈中の私としては、公然著書を出すことを控えなければならなかったが、生活するために稼ぐことは必要だったのである。尾崎は快諾した。しかしその尾崎が検挙されて、計画は頓挫した。私は橘樸氏に事情を話し、同氏の名で出版することをお願いした。私は従来同氏と何のつきあいもなかったのだが、私の原稿を読んだうえで、同氏は著者の責任を負うことを快諾された。かくして「中華民国三十年史」は公刊されることになった。尾崎はむろんこの間の経緯を詳細に知るはずはなかったが、凡その推測はしていたに違いない。従ってこの書簡中の批評は私にあてた批評なのである。序でながら、上述の理由で、該著の責任は実は一切私にあるのである。羊頭をかかげて天下の読書子を欺いた罪を謝し、言論弾圧下のわれわれの立場を諒解して寛恕せられんことをお願いする次第である(松本)。

四八

楊子の二十九日附の歌をたくさん書いたお手紙有難う。皆よく出来ています。私はそれこそ万葉や新古今の秀歌よりも遥に面白いのです。よくお母さんについて勉強して下さい。この道も極るところのない程深いものです。つまり人間が勉強と修養で視野が拡がれば、ますます拡がるような性質のものです。第一にはいい歌をたくさん見ることですね。

いい本がたくさん揃って入って来た時は、まるで子供が珍らしいおもちゃを貰った時のように心が弾みます。此の前は丁度その状態でした。「ネール自叙伝」〔竹村和夫・伊与木茂実訳〕は実にすばらしいものです。ちょっとこんな面白い本を読んだことはありません。楊子などにも分ったら読ましたいと思うことです。下巻が続いて出版されるなら是非お願いします。こんな本は借りて読むのでなく買えたら買っておきたいと思う程です。この自伝は獄中で書かれたものです。たしかガンジーのもやはりそうだったように思います。ネールは読書と執筆に孤独をまぎらしたとあります。執筆の出来る印度の（それは欧米型によるもの）監獄は羨ましいですね。しかしこうして手紙が書け本は読める現在の日本の刑務所も、封建時代のそれを思いあわせればどれ程有難いことかわかりません。

ところで「三十年史」その後気づいた点を記して見ます。七一、七二頁にある武漢総督の名「瑞徴」は端徴ではなかったかと思います。私が中国文で読んだ時の記憶です〔瑞徴が正しい〕。一〇二頁（?）ここで軍閥混戦が終って国民党の統一時代に入ったように書いてありますが、混戦はなおずっと後まで続いたわけで、そのことは後の叙述には明らかにその見解をとっているのですから直した方がいいと思います。一七二(?)だったか一七九頁だったか、孫文が生きていたらどこへ行ったかという面白い歴史の謎に、橘氏らしい大同主義をもって説明していますが、これはやはり謎として存する方が正しいのではないでしょうか。孫文こそは偉大なる実際家であったのですから、彼はその後の現実を正しく把握して動いたに違いありません。どれが正しい道か、それはやはり今は謎でしょう。一八二頁(?)だったかに上海新公園事件のことが書いてありました。これは直接抗日運動とは関係なかったように記憶しています。そうとすれば蛇足です。「三十年史」の最後の部分の見解については勿論意見があります。しかしこれは歴史がまさに進行中であって、まだ批判の時期ではありますまい。支那革命の問題をすべて農村―土地問題にかぎる見解は賛成しかねます。ともかくもしかし、この本は大東亜戦争時代の代表的な支那問題解明書として立派に残るものでしょう。

ここで官本で飯沼[正明]飛行士の「航空随想」という本を読みました。訪欧飛行を終えて羽田に帰着した時、私はお客さんの接待員として出迎えに行きました。若くて元気で美貌な彼を思い出します。彼は大東亜戦争が始まると間もなく思い出の深い南方地域に出動して死んだ由でした。感慨のあることです。

楊子の此の前の手紙は寝床で書いたと記してありました。手紙は大切なものですから、それこそちゃんと机に向い姿勢を正し、心を正しく書くように心がける性質のものですよ。

注意して下さい。
家の庭が秋らしくなったことでしょう。萩も咲いたかしら。
九月七日朝　　実
英子殿
楊子殿
此の前(ずっと以前)オリザニンが無ければメタボリンというのでもよいと書き送りましたが、恐らく二つとも手に入り難いのでしょうね。

四九

平松〔勇〕検事は論告で死刑を求刑しました。まさかと思っていましたので一瞬間はっとしましたが、直ぐに自分の直面している厳粛な現実に冷静に面を向けることが出来ました。小林弁護人の弁論のお骨折りを感謝しました。一号法廷を引あげて直後裁判所内の独房で喰う最もうまくない筈のひる飯もおいしくみんな喰べてしまいました。今朝まで引つづき気分は極めて冷静です。ただ一つ、このことが英子と楊子に与える衝撃のことを考えると、たまらない気がします。だが事件以来見事、数々の苦難に堪えて来た英子は、この衝撃に対してもぐんと耐えて乗り切って行ってくれることと祈って居ります。判決は二十九日です。判決に充分希望を持って冷静に待って下さい。勿論裁判官の立場は検事の立場と違うのですから。

お父さんのところへは判決の時まで何も知らせない方がいいと思います。楊子にもその時まで知らさずに置けるならその方がいいと思います。もっとも新聞にでも出れば仕方もありませんが。

この前面会の時新生さん[太田宇之助氏長男]の結婚のことをききました。何かお祝いをしたいと思いましたが、いい思い付きもありません。いつぞや誰かの新築祝いか結婚の時にと思って非常に美しい色彩につられて買って来た陶器(磁器)の絵がありましたね。少しやぼくさいかもしれませんが、あれなどどうでしょう。あれはたしか十七、八円したかと思います。今はもうあんなものは出来ますまい。

ネールの伝記を読んでいてそのお父さんの愛情の深さに感心しました。ほんとの強い愛情こそ、よき子を育てる道だと深く感じました。自分は一体どうなのだろうか、心にいかに深いものがあったとて、一方に強く苦しめたのでは何にもならないことは確かです。私はまことに世にも罪深い親だと思います。それよりはたしかに英子の親父さんみたように冷淡で無関心な方が、どれだけよいか分らないと思います。

お金五十円受取りました。貴重なのにお気の毒です。まだ私の手許には沢山残っている筈ですが。

裁判長が法廷で宮城与徳君が先月の今頃死んだことを告げました。予期したことではありましたが感慨深いことでした。肺病です。ここの生活は彼の健康では堪えられなかったのでしょう。彼は実にいい男でした。彼の絵は一般受けはしませんでしょうが、一種の魅力を持っていました。色彩が特異なもので、それにどの絵も独特の淋しさを持っていることが感じられます。

全く天涯の孤客で、郷里の沖縄からは誰も遺骸引取りに来なかったそうです。家にある絵を大事にして下さい。

彼に向って私はこんな引導を心の中に高く叫んで渡してやりました。

天外長風来。捲団黒風一旋了。忽和秋風去天外。

空の彼方から来た一陣の風、巷に塵を舞いあげたと見えたが、忽ち秋風に乗ってまた天涯に去ってしまった！　とでもいう心です。

くれぐれも元気を墜さぬよう。身体を気をつけて。

九月十一日朝　　実

英子殿

五〇

六日づけの楊子の絵はがき有難う。庭に英子の好きな萩が咲き乱れている様子が想像された。楊子はなかなかユーモラスだと思う。私のお母さんの系統はユーモアを解したように思う。野村の義長伯父さんもそうだったし、お母さんのお母さんだった、たしかおかよさんといったおばあさんも滑稽な人だったらしい。私のお父さんの系統は少し糞まじめの方らしい。ユーモアを解するのはよきことです。楊子、秋はいいですね。この気を胸一杯吸いなさい。

夜月光が一杯に窓に当って、虫の音が降るようにきこえています。何ともいえない澄み切った心持ちになり、いい気持ちです。しかしその時思うことは英子がこの月光をどんな気持ちで眺めているだろうということです。

私は丁度此の前裁判の日頃から、非常に身体の調子がよく、従って気もちも頗る元気です。

「大原幽学」〔高倉テル著〕は立派な本です。興味深く読みました。ただこの作者は戯曲が性に合うらしく、戯曲的効果が少し過重されて居り、ことに幕切れ効果を狙いすぎるくせが気になります。しかしたしかに力作です。

私は昭和十六年の晩春に、昭和塾の学生と一しょに銚子からこの幽学のいた長原村の「八石教会」の跡をおとずれました。干潟八万石の畑には麦が美しく伸びていました。それを思い出し、よけいに感慨深く読みました。

「アサヒグラフ」と「週刊朝日」有難う。藤村さん［島崎藤村、八月二十三日死去］が亡くなったことやいろいろのことが分りました。

それにしても太田正孝とか鈴木文史朗とかいったような古い先輩たちの時局評論はひどいものです。例えばイタリアの政変のことなど、雑誌が現われる時には書いたことと反対の結果がはっきり出るのですから、誠に悲惨です。国民のかんは真剣な時局に鍛えられ腹もすっかり据っているのだから、おざなりでは承知しなくなるでしょう。しかしこれは故意ではなくて、ほんとにこれらの古い人々には分らなくなったのでしょう。

若い学生達が身を挺して飛行機に我も吾も乗ろうと志している様は、まことに悲壮なものを感じます。増産にも海外の建設にも今の日本はまことに全力を傾けていることが感ぜられます。美事です。力強いことです。

水野［成］君、非常に健康の由結構なことです。僕も彼に負けないように太って英子に安心させるように努力しましょう。

柳田［国男］さんの「木綿以前［の事］」は事柄の内容から云って私にはこれまで読んだうちで一番面白く感ぜられます。この人などは全集を残して、そうしてよき索引を加えるならば、たしかに日本文化史上に、部分的とはいえ、間違いなく立派なものを加えることになるだろうと思います。この人の仕事などは、しかし今までのような時代には一般的な広い評価を受けることは出来なかったのは当然だと思われます。これからもただ一部の確実な支持者があるだけでしょう。

英子どうか元気で。

僕はふと考えるのですがね。一種の信念と、そうして長い間の道理への探究と、苦難に堪える修練とをもって積極的に立ち向っている私でさえ、歯を喰いしばってやっとしのいで来たこれまでの数々の苦しみに、何の心構えも無くふと抛り込まれた英子には、どんなに苦しいことであろうかと、それは私の何倍かに当然身に応えることであろうと、この事実に気づいた僕の愕然たる想いを察して下さい。

だがしかし元気で毎日毎日を暮しましょう。私は現にこのようにも元気です。　実

随処に主となれば、立てるところ皆真なり(臨済)

九月十四日午前

英子殿

五一

蕭条たる雨が降っています。一足飛びに晩秋の趣です。担当さんが折りとってくれた中庭の白萩もしおれてしまいました。

コンドリフの「世界貿易の再建」[国際経済調査所訳]は、始めから国民主義と産業主義との対立に基礎を置き、更に深く、世界経済機構そのものの行詰りの原因につきこもうとしないので、あれこれの現象の中を彷徨するに終っております。だから一九四〇年五月にかかれながらまだアメリカが、世界戦争から超然としていて戦後の発言権を持ち得るのだと考えていた位の甘ちょろさを暴露しています。しかし最後の章の英米流の世界経済再建案は、その後の「大西洋憲章」などとも考えあわせて興味がありました。

岡田武松博士の「測候瑣談」は辻[二郎]博士の紹介を読み心ひかれているものでした。今日は朝からのんびりと雨の音をききながら、これを読んでいます。それからこの次の次に来る時で結構ですが、チリ紙を差入れて下さい。目下売店ではきれておりますから、悪いのを少しで結構です。

時に明後日は愈々判決の日です。この手紙が家につく時には既に運命が決していると思いますから、率直に私の心境を語っておきます。私は今日まで引続き水の如く冷静な心境でした。実は自分でも不思議な位です。愉快な部長さんが「やはり審判が迫って来ると下腹が上ったり下ったりするんだろう」などとひやかしましたが、虚勢でなく心の動揺はありませんでした。しかし実は英子に結果を心配するなと事もなげに申しましたし、「裁判長の常識を信じている」と申しましたが、今は常識以上のものが働いている時代だと思います。いわば私の立場にとっては時が悪いのだと思います。最悪の場合が充分予想されるのです。

死はしかし格別の大事ではありません。ことに今は世界的人類大屠殺の時代です。一千万人以上の人が既に死に、現に毎日何千の人たちが戦争によって斃れて行きつつあるのです。

私も四十三歳まで生き、英子や楊子たちとも既に十数年の親しい命をともにして来たのです。不運なれば既に数年前に別れなければならなかったかもしれません。どうしても死なねばならぬなら立派にいさぎよく死のうと思っています。その昔、聴濤君［聴濤克巳氏、朝日新聞の同僚］や淵岡君に、殺される時でも笑って死ねるのは君だろうというようなことを、冗談にいわれたことがありましたが、今それを思い出してやはり私はそんな風な性質の人間なのだったのかと苦笑して居ります。

英子や楊子の立場や気持ちをよそにして、自分だけの静かな心境を誇っているかのように思われるかもしれませんが、決してそうではありません。いやそれどころか。

今にきっと楊子にもお父さんが何故に死なねばならなかったかを理解することが出来る時が来ると思います。

今日の手紙は何だかすっかり死刑と決めてしまっている書方になりました。

ともかく私は凜然として法廷に立つつもりです。

紅爐上一片ノ雪　　　実

昭和十八年九月二十七日朝

英子殿

楊子殿

五二

昨日の面会は辛かったでしょう。英子が実にしっかりしていて、かえって私が励まされてどんなに嬉しかったかしれません。今更ながら英子の健気さに心から感謝します。もしもめそめそとした弱い態度をされたら、僕の勇猛心も挫けてしまったでしょう。面会の後でしみじみとすがすがしい心になりました。

皆さんに心配をかけました。相済みません。まず第一に小林弁護士に心からのお礼を申上げて下さい。

裁判長の趣意は、今の私の立場も心境も充分認めた上、命をもって国民に詫びよというのです。その意志は充分了解出来ます。ともかくも私の運命は決って居ります。その点についても今更何の不安も動揺もありません。客観的には国家の法がその要請のとおり今後運んでゆくことでしょう。

私としてはその見透しの上に立って、出来るだけ心ゆくまで、英子や楊子たちの今後の生き方について気を配り、注意を残してゆきたいと、ただそれのみを心がけて今後の貴重な人生を生きるつもりであります。

最初にお願して置きたいことは、英子たちが一心になって私のためにあらゆる努力を尽してくれることは実に有難いことですし、この際後に心残りの無いよう、万善の策を講じてくれることはよいことだと思いますが、結論はすでに決って居るのですから、どうか悪あがきになって自らを苦しめないようにして下さい。丁度瀕死の病人の枕下に来て外の人達が、ああいう薬が利く、ああいう療法を是非やれ、はては祈禱をといった忠告や要求を持ち込んで、親切ずくではあるが、かえって事態を混乱せしめることは、我々のよくみるところです。要するに中心となる英子がしっかり腹を据えていて、友人の忠言もこれはと思う人の意見を中心にしてあまり迷わぬことが肝腎だと思います。英子たちを悲しませ、苦しめる結果に終るならば、私が現に少しでも生き延びることの意味はかえって無くなるわけなのですから。私が生きることは経済的にはかえって英子たちの乏しいたくわえを減らすことを意味するので、ただ金に代えられない何物かを少しでも後に多く残したいと云うのが私の念願なのですから。

次に気づいたことをぼつぼつ書いて行きます。

一、国防保安法関係では上告の関係期間(1)が普通の場合よりも短くなることがあり得るように法規では読みとられます。御注意まで。

一、一体に金は長く頼りになるものではありません(物の方が少しはましですが、それも程度の差です)。大体今の戦時経済の財政を見たら分るように、金は潜在的には戦前の価値は無いわけで、当然のことですが、ただ政府の努力によって、特殊の購買力が保証されているだけです。従って、戦争が終った時には、古い金銭的蓄積は全部失われるものと覚悟していなくてはなりません。それは当然なことです。

わずかな過去の英子の丹誠が戦争の間だけでも生活を支えるたよりとなるならば、それをもって大成功といわねばならないことです。

今の戦時状態が続くものと仮定して、家は出来るならば楊子の卒業まで現状を維持することが第一案です。そうして楊子の卒業とともにあの家を売って、楊子の一本立ちの生活(職業生活など)を中心として親子が新らしい生活に入って行くこと。

その間の生活方法としては、なしくずしにもっている金をまずかつぶしのように削り、次に物を売って生活して行く。家には奥の座敷と今の楊子の部屋に畳を入れて二部屋貸間をする。これはまかないまでしないと経済の足しにはなるまいと思います。――以下次便

――新第一信(これから手紙に念のため番号をつけます)

昭和十八年十月一日　実

英子殿
楊子殿

（1）国防保安法では裁判は二審制、上告期間は三十日になっていた。尾崎の場合にも、この三十日をどうしても長くすることができなかった。遂に彼の生命を奪ったこの悪法は、治安維持法その他とともに、昭和二十年十月廃止された（松本）。

五三

何という深い空の色でしょう。すがすがしい秋の日です。生きていることの喜びを感じさせられるような日です。

楊子はどうしていますか、まともにがっちりとこの傷手に堪えていることを想像しかつ祈っています。

お父さんには何と伝えてくれましたか、そのお心の中を察すると感無量です。判決の後にのべられた裁判長の言葉は、お父さんには是非告げて下さい。いささか慰めともなろうかと思います。今となっては、父上は私情は別として、私が立派に死ぬことを願っていられることと思います。どうか私の静かな心境を伝えて下さい。

鶴見［祐輔］氏の「後藤新平伝」は、台湾統治篇なので私には実に興味深［津］々たるものがあります。その中にはところどころお父さんの言葉が引用してあるのもなつかしいきわみです。この本の中から、私には台北の山々や幼い頃すごした淡水河辺の有様や、大好きな「チャンソバ」の匂いやらが、昔の父母の面かげとともに、ほのぼのと浮び上って来ます。ただこの本はひどい乱丁があり、落丁にもなっています。落丁は本をとりかえてくれる筈ですから、本屋に云って取替えてもらったらいいと思います(前の方)。

僕頗る元気です。涼しくなったのでさしもの蚤もやや影をひそめ、夜もよく眠れます。この際胃腸を徹底的になおしたいと考えて、断食一日の後五日間粥食を試みつつあります。最後の時気力に堪える体力を失っているようなことがあると醜態だと思うからです。瞿秋白(1)が処刑された時、身体がひどく弱っていて、彼は「立てないから寝ているから撃ってくれ」と云っています。私は文天祥〔書簡二一参照〕のような最後の気概よりも、人間的には瞿秋白の最後の時の心境に一層の同感を感じます。ただし身体がそんなに弱るのだけは避けねばならないと思っています。

次に前便にひきつづき根本方針を書きます。

一、第二案としては、家の家財の不急のもの尨大なものを次第に整理した上で、親子二人で楊子の学校に便利なところに間借りでもして、ひたすら楊子の学業を完成するのを目標にして生活すること。この際家は売らず、貸すことがよいと思います。なおまた他日必要なもので手離すのは惜しい、さりとて間借りには手許に置くに邪魔になるというものは一纏めにして、誰かにあずかってもらって置くのも一方法だと思います。誰も倉などもつ人も見渡したところ無さそうですが、品川の医者殿［柘植咲五郎氏、品海病院院長］などその位の親切はしてくれても別に不思議はない筈ですが、どんなものでしょうか。いやいや、こうなった上はすべて人に頼らずあまりあてにしないことの方が無事ですね。

ただ一つ余計な注意かもしれませんが、ピアノだけは残念でしょうが始めから処分する方針をとった方がいいと思います。たとえ今の家へ頑張るにしても、つまり個人的事情は別にしても、これからの時代はピアノをかついで渡るべくあまりに険難なように、私には思えるからです。千代子さん［柘植秀臣氏夫人、音楽家］か、もとの楊子の先生かピアノの調律師かに頼んで置くか、もしくは誰か女の子のある知人に話して引取ってもらうかの方法があろうかと思います。

以上第二案は最も安全な処生［世］方とは思いますが、欠点はあまりに消極的なことで、今からの狂乱怒濤時代にふさわしくないおそれがあることです。すべて時代におくれるものは亡びるということを忘れないことです。次に第三案を次便で。

この前三十日に面会の時、十四日までの手紙しか受取っていないとのこと、がっかりしました。二十七日までに四本出しています。一つ一つ心をこめて書いているのです。ことに判決を覚悟した二十七日の手紙など是非読んでもらい度いと思っていますのに。ではまた。（第二信）　実

十月四日午前

(1) 中国共産党の領袖、一九三一年中共中央執行委員、中華ソヴェート臨時政府教育人民委員長。三五年国民政府に捕えられ刑死した(松本)。

五四

今日は少し寒さを覚えます。今年は例年より陽気が寒いのかもしれません。英子の九月二十四日付けのたよりを昨日(十月五日)受取りました。紅萩とふようの咲いた家の庭が眼をつぶるとありありと浮んで来ます。そうして静かにそれを眺めている親娘二人の姿もなつかしまれます。

楊子よ。この頃の練成やはげしい勤労奉仕なども辛いと思わず、むしろよい身体のきたえの機会だと思って楽しんでやるように努力なさい。身体はやはりほんとに大切です。若いうちに鍛練して置くことがよいと思います。お前はどうしても少し身体が人よりは弱いのではないか。お父さんはただそのことだけが気にかかっています。暑さに弱いのも昔からでしたね。

英子の手紙で、新生さんがそんなにも立派な青年になったのかと今更感心しました。あの一家が上海に赴任して来た日に小蒸気船で迎えた日のことを思い出します。新生少年は緑と白のだんだらの西洋人の子供がかぶるような帽子をかぶった可愛い少年でしたが。太田家万歳ですね。

辻村伊助氏の「ハイランド」紀行を楽しく読んでいます。美しい文章ですし、なにより趣味性の高さが好感されます。しかしこの金もあり趣味にも恵まれた人の一家があの大震災の日に忽然として地上から無惨にも消え失せたのかと思うと、まことに世の中のことははかりがたきものです。何より大事なことは生きるかぎり元気で楽しく暮らし、また如何なることが目前に突発しようと驚ろかないような人生のしっかりした足どりの生き方をすることだと思います。

次に今後の要件を引続き誌して行きます。

一、第三の案は家を徐々に整理した後、思い切って新らしい積極的な働く生活に入って行くことです。いつぞや三木[喜延]さんのすすめてくれた鶴見の工場の寮母などの仕事はその一例です。新らしい生活様式は何分慣れぬことではあり、第一気苦労が多いことと思いますが、英子の能力なら何をやっても人のすることなら出来ないことは無いのを確信しています。勿論仕事は工場関係などにかぎったことはありませんが、いつぞやのアパート経営みたように資本を出すようなやり方は失敗のおそれがあると思います。やはり、技能、知力、労力等を働かす仕事が適当ではないかと思います。

以上、第一案から第三案まで述べましたが、これには順序のあることで、普通あわてることはありませんから、まずゆるゆる第一案の方針ですすみ、その後適当な機会があるか、或いはよくよく時勢を観測した上で、或いは第二案に移り、または第三案を実行するという順序でよいかと思います。勿論第一案をそのまま最後までもって行くこともあり、第二案を実行した後第三案に入ることもあろうかと思います。

なおこの場合第三案を実行するとしても、家は最後まで出来るかぎり持ちこたえた方がいいと思います。貸家にしてでも。英子たちの今では唯一の財産はあのぼろ家でしょうから。

次の家財の処分の件についての二、三の注意を、この次の便から申しましょう。(第三信)

僕時にこんなことを考えるのですが、まことに世にも不幸な目に突然お前たちをつき落したが、しかし考えようによれば、もし私が外で活動していたら、世にも頼もしい伴侶でしたろうが、お前がたたちは依然としておんば日傘で、これからの大時代に乗りかかることになり、しかももし万一私が病気か何かで突然世を去ったらどんなものでしたろうか、その時こそはたとえ名誉と少しばかりの財産など残されても、狂瀾怒濤時代には何の役にも立たないでしょう。この思いがけない不幸は英子たちをいや応なしに鍛え上げています。それはこれからの親子にかえがたい資産ではないでしょうか。そんなことを考えて一人なぐさめています。

実

十月六日

五五

昨日は面会有難う。面会の日は、会う前は多少憂鬱だが——此の感じは始めて会った日のあの辛さと同じ性質の多少軽いもの——会った後はすがすがしい気持ちになります。

山口庄吉さん［柘植咲五郎氏甥、品海病院副院長］の戦死の話はおどろきました。あの人もほんとにいい人でした。いい人は皆早く死ぬらしいですね。だが「行方不明」とのことですから、万一どこかに生きていないともかぎりません。綾子さんに会ったらよろしくお悔みをのべて下さい。品川の家［品海病院院長、柘植咲五郎氏宅］もやはりいろいろ不幸なこともあるとみえます。秀麿君［咲五郎氏次男］は少し身体のことを忘れて思い切って一家をしょって立つ気で、それこそ死んでもかまわんという気で、敢然と積極的に戦ってみたらかえって身体も丈夫になり道も開けるのではないか、などと思っています。彼に云わせればまた例の素人の無鉄砲といわれるでしょうが。淵岡の場合にもそうでした。ひたすら身体をいたわっていたわって、それで結局いけなかったのです。僕は何だか歯がゆいように感じられます。おばさん［咲五郎氏夫人よし氏］に余計な悲しみをさせた私の罪の深いことを心から詫びます。

次に後のことを気のついたこと書き続けます。

一、私の所持品は、お前や楊子に使えるごく少数のもの以外は、順次処分していくことが当然だと思います。(この点私の最初の手紙の時と一致するわけですが——あの時は楊子を悲しませたそうで、ほんとにすみませんでした。今はもっと静かに平気で受け取ってくれることを望みます。) 楊子のおむこさんに使ってもらうまでとって置くのも遠い先のことですからね。

洋服類などもったいない位沢山ありますが、古着屋などに売ればそれこそ二束三文でしょう。もったいないことです。昭和十五年三月に上海で作ったラクダの外套、あれは当時日本円で三百五十円位もした飛切りのものですし、同じく冬の服とともに一、二度しか着てありません。新品同様ですからこれは岩田などに相談してみたら、古着としてではなく売れるのではないかと思います。仕立てはよくありません。少しなおす必要があるだろうと思います。その他あのハリスツイードなどいい服で、売るには惜しい位です。ハリスツイードは優子ちゃん[1]ところが身体に合えば記念に差上げたいと思います。下のズボンは僕には長めですが、彼には短かすぎると思います。しかしあの服は英子式で、下着にはセーター。ズボンは色が変っていて差支えはないので、上着だけでいいのです。

僕は元来珍らしいもの、いいものを欲しくなる癖があって、性来の浪費癖とともに時々身分不相応なものを買い込んでいます。今残っている飛び切りの礼装の靴(黒靴)などもそれで、あんなものを引取ってくれる人は今どきなさそうですね、あれは相当に売れそうもなければ――といっては失礼ですが――名古屋の兄さんにあげたらどうでしょう。兄さんもこのごろは昔のようにハイカラでもないかもしれませんが。なお、ほとんど真新らしい赤靴と黒靴一足ずつある筈です。これもともに英国製のものです。貧乏な私が、こんなものを持っているのが恥かしい位ですね。

なお私の場合は特別なのですから、品物などを多くの友人に分配する(かたみわけ)必要は全然無いと思います。少しでもお前たち二人の今後の生活の足しにするように用いるのがよいと思いますから――それが私の意思でもありますから、そのつもりで遠慮しないで下さい。

一、書籍は、楊子の役に立ちそうなもの(そんなものはごく少数でしょう)と記念になるものとをのぞき、売ったがよいと思います。この場合の売り方は、いつぞやは巌松堂の波多野氏に相談するように云いましたが、よく考えてみると、三、四の友人間で必要なものをそれぞれ纏めて引取ってもらった方がよくはないかと考えています。買ってもらうのですが、つまり書籍はますます貴重ですし、いたずらに散逸させず、心ある人に利用してもらったら意味があると考えてのことです。この点は英子が友人たちに相談して意見を聞いてみたらいいと思います。残りの端本だけを古本屋に売ったらいいと思います。要するに本の処分は問題はなかろうと思います。ただ楊子が男の子でなく、私と同じ系統の学問をつがないことは、当然とはいえ少し残念です。では次便で、また。

実

十月八日(第四信)

英　子　殿

新書の「回教徒」、「ミケラン《〔ルア〕》ジ《〔ヂ〕》ェロ」〔羽仁五郎著〕、「大帝康煕」〔長与善郎著〕、「スエズ運河」等、差入れの本に適宜加えて下さい。

(1) 裕子の誤り、松本慎一長女裕子のこと。彼の好意にも拘らず、五尺四寸位で十七、八貫位あった――入獄以来すっかりやせたが――彼の服は、五尺八寸以上あってやっと十五貫位の私の体にはまるで合わない(松本)。

五六

まる二昼夜余にわたって小やみなく降り続いた雨も、今日は霽《は》れてどうやら青空がのぞかれます。雨降りは閉口です。豆飯の腹がどうしても重くなりますから。しかし此の十日ばかり今年の春以来最も身体の具合好調です。胃も痛まず腸も鳴らず、要するに私の近来の不健康は運動不足で消化不良を起していたことにあったのだと漸く此頃悟りました。何によらず独断が強く一人合点は面白い位な性質ですから、すべて物事のほんとうのことを知るまでには――結局自覚する日までかかるわけですから何によらず長い時間を要します。

官本で子規の「病床六尺」を読み実に面白いと思いました。面白いと申してはまことに相すまんわけ、子規は七年も病床に在り、しかもこれは身動きも出来なくなった最後の随想なのですから、彼にあっては悟りとは如何にして死を超えるかでは無く如何にして苦しい生に堪えるかであったのです。「祖師西来の意」も「狗子が仏性の有無」もはた「父母未生以前」もことごとく「苦」であったのです。しかも彼は中江兆民を評して、未だ到らず即ち病をたのしむ境地に達していないと云っています。病苦に時として号泣しながら、しかも何という自由自在さ、まさに子規の如きは達人というべきであろうと思います、そこで急に兆民の「一年有半」(「続一年有半」もあります)を是非読んで見たいと思います。たしか岩波文庫にもあったかと思いますから差入れて下さい、私は中学生の時、門人幸徳傳次郎識と書いた序文のある本を見ましたが、今は何の印象も残っていません、読んでも当時は分らなかったのでしょう。

次に前便に引続き要件のこと申します。

一、私の持っているものの中で一番金目のものは実は郵便切手の蒐集だと思います、切手帖(緑色の)と赤いルーズリーフのとじ込み帖と二冊で、大東亜戦前の市価で約二千円位のものだったと思います、これは私の記憶勘定ですから精密なものでは無く、また買う時の値段と承知あれ。但しこの種のものはいざ売るとなるとなかなか困難で、必ず玄人専門的智識のある人に仲介して貰わなくてはそれこそ二束三文です、かつ、一枚一枚はがしては不利です、全体纏めて処分するのがよろしいと思います、やはりしかたがなければ商売人(いつぞや話しました例えば原宿のところの高田クラブなど)に売るのですが、あまり有利でもなくまた気もすすみません、だれか素人の愛好者が引取ってくれると一番いいのですが、評価は少しなれた人ならばアマチュアでも簡単に出来るものなのです。まあしかしあまりかさばるものでもなし、ひどく金につまるまでは或いはまたこの蒐集を可愛がってくれる人が現われるまでは、楊子が保管してくれることを望みます、ますます値うちが出るわけのものですから。

日本切手の部が一番値うちです。第二頁のところのリボンに「ラ」の字の入っているのは一枚百円します。その第一頁のところの「銭二百文(朱色)」とあるのは六十円位します。日本の記念切手は全部揃っていて、一番高いのは立太子記念の「十銭」のものです。日本切手の次に高価なのは満洲国の部、次は支那、その次はロシアだったかと思います、その他には一枚ずつで飛切り高価なものはありません、ずいぶん傷んだのや駄物も入っています。

一、総じて物の方が金よりも貴重となるのは今後の間違いの無い傾向だと思います、だから物を急いで売って金に替えることは愚だと思います、しかしそれは生活転換の必要と睨みあわせ、家をたたむ時期とかんれんすることが肝要です、かつまた物は売る潮時やチャンスというものがあると思いますから、その点も一概には云えないと思います、あまり尨大なものとか贅沢品みたいなものは比較的早目の処分がよろしいかと思います。

今日は長期計画の要件は以上にとどめます。英子が一日に出したと云う手紙はまだ受取りません。何にしても急ぎの件は手紙では駄目です。いつぞや送るといっていた冬のじゅばんはまだ届いていません。

小林元という人の「京都」という随論を読んでいましたら、いつぞや親子三人で京都を訪うた日のことを思い出しました。あれは今頃の時季だったように思います。

雑誌類有難う。今日までに「週刊朝日」三冊、「アサヒグラフ」一冊、「サンデー毎日」一冊手に入りました。

十月十一日(第五信)

五七

何ともいえぬ空気の肌に心地よき頃あいです。此の頃の気候は何といっても一年中第一です。この秋を心ゆくまで静かに味うつもりの私です。菊の花二輪、親切な担当さんが折りとってくれました。瓶に挿して眺めかつ香をかいでいます。皆がよくしてくれます。こんなところに居てさえも人々のなさけはよく感ぜられます。もし鉢植の菊が差入れの時手に入ったら入れて下さい。此の頃わけても花を愛する気分になっています。

此の頃理髪の時、鏡に映る自分の顔を眺めますと、実に静かになごやかなよい相になっていることに気がつきました。ずいぶん痩せてはいますが、しかし一頃の凄愴な趣は少しもありません。例の小さい眼はよく澄んで精彩を湛えています。突こつたる鼻梁と丸い低い鼻頭とのみにくさは生来のもので、どうにも変りようはありませんが、すべての顔の有様はすっかり平和と静謐に変っています。英子も面会に来て、そのことにきっと気がつくに相違ないと思います。

ところで次に申したき重要事項の続きをのべます。

一、空襲のことは絶えず私の心にかかっていました。日本はよほど幸福な状態にありますが、しかし他日には備えなくてはなりません。それであわてる必要はありませんが、次のことだけ用意しておいたらよかろうと思います。

リュックサック(英子は大人用の中型、楊子は大人用の小型がよかろうと思います。)その中にはマッチ、蠟燭、細引、ナイフ、チリ紙、水筒、それにビスケット、乾パンなど少量を入れ、出動の時に手許の果物、にぎりめし、菓子など、入れる余裕あれば入れること。――あまり慾張って沢山入れて重くしないこと。その他にごく小型のトランクを一つずつ。その中には特別貴重のもの、楊子《ようじ》、歯みがき、手拭、当座の現金、貯金通帳、など入れたものを持参すること。その以外に毛布を夏ならば一人一枚ずつ、冬ならば二枚ずつ、例の革のバンドで捲いて手提にして用意して置くこと。ふとんは駄目です。毛布がよいのです。

毛布カヴァは取り去る方がよいと思います。大体以上の用意をととのえていつでも出動できるようにして置くことがよいと思います。但し貴重品は、平日から小型トランクに入れて(トランクと書きましたが、これは小型のスーツケースのことです。楽に手に下げられるもの、例えば英子は私の持ち歩いたドイツ製のもの(茶色の)、楊子は青木製の黒革のやつなど)置くことは盗難のおそれなどあり、かえって危険ですから、これらの品物は出動の時入れるようにすることとです。

リュックサックはこのごろではスフ製のもので革も人造革のものしかないと思いますが、気をつけて、どこか古物屋ででも手に入れる工夫をしたらよいと思います。講談社の販売部で先日まで広告をしていましたが、この頃は広告もなくなりましたから、いかものすら無くなったのかもしれません。(品物は其他、鉛筆、小型ノート、万年筆なども入れる。)

一、英子と楊子とは常に一しょに居るように、避難する時など決して離ればなれにならないように。

以上で大体私が英子たちに是非話しておきたいと考えていたことをざっと書き終りました。勿論いろいろのこと、ことに私の心理を語る段になれば、いくら書いても尽きるものではありません。しかしそれはきりの無いことです。

結局いろいろのことを書きましたが、それは老婆心に過ぎないようです。ただ一つ、はっきり知ってもらいたいことは、やがて来るべき時代が狂瀾怒濤時代だということです。

私の注意などはいわば、その津波を前にして小舟を艤するとについて、あれこれと注意しただけにしかすぎません。大切なことは、如何なる事態にも決して驚くことなく、はっきりと時代を知り、かつ一方、人生そのものの意義を知って、寧ろたのしく人生を闘いかつ生きて行く勇気を持ってもらうことです。その意味が分ってもらえたら、もはや私は何のいうべきものもありません。

さてこれからの貴重な時間を、もっぱら楊子と語ることにしましょう。心静かに、かつのんびりと。今の私の気もちはそれに応わしいものです。

「世界地理風俗大系」はずいぶん娯しまされました。今のはバルカンですが、ずいぶんバルカン通になりました。まだ見たこともない遠い世界に心をはせることは愉快なことです。

十月十三日朝(第六信)　実

英子殿

五八

何ともいえぬ美しい日の光です。いい気もちです。

そういえば今日は二年前家を出た日です。あの日も丁度今日のように美しい日がさしていました。私は朝食後私の部屋で陽光を浴びながら、早大出の経済記者で大陸で戦死した人〔阿江一友氏〕の遺書「不死鳥」という手記を読んでいました。その中には戦地で私の「現代支那論」を読んだことを日記に書いて感想をのべていました。私はこの時ふと或る種の予感を覚えました。遠い過去から未来までも一瞬にして眺めたような妙な感じがしました。その時おむかえの人たちがどやどやと入って来ました。

家を出る時私は既に一切をほぼ見透していました。再びこの家に帰ることはないと心に期していました。流石にふりかえっても一度英子の顔を見る勇気はありませんでした。出がけに「楊子はもう学校に行ったか」ときいたのは、楊子にその場の有様を見せたくないと願ったからでした。今は実に静かにその日のことを回想しています。多少の感慨があるばかりです。

今日から楊子とのんびりと語るつもりでしたが、もう一度だけ英子に書いて置きたいことがあります。それはいわば感懐といった種類のものですが、是非きいて置いてもらいたいと思いますから。

英子たちにこそ今度の出来ごとは意外でしたでしょうが、実は私にとっては遠くから定まったことでした。いわば私の人生の宿命というべきものだったのです。思い返してもらうといろいろ思い当ることがあろうと思います。

英子と一しょになることを決めた頃、私がのべた誓いの言葉を覚えていますか。あれはただにどんな苦難でも一しょに耐えて行こうという意味ばかりでなく、当時私がひたむきに眼を向け始めた新らしい人生の方向をひそかに感じて、自分の一生が甚しく苦難なものであり、何も知らぬ英子をもまたその道づれにするのだという意味が含まれていたのです(1)。

私は時代がいかになり行くべきかということを私流に見透し、自分の運命をこれに結びつけて、ずっと考えかつ行動して来たのです。

あれ程子供好きな私が子供を生むことを欲しなかった理由も分かりましょう。

私は生れつきもありますが、あまり自分のことを考えることが出来ず、そればかりでなく、家庭のことも顧ることが少なく、幾度も英子を泣かせましたが、これもやはり、私の世界観なり時代観に主として基因していたのです。いつぞやの手紙で私の浪費癖と書きましたが、実は自覚的に、その日暮しであった理由があるのです。どうせ一切をあげて、自分は猛火の裡に投ずるのだ、という意識が、身辺のことのみならず、家庭のこともかえりみさせなかったのです。英子はあまりに家庭をかえりみることの少い私をしばしば恨んだようでした。無理もありません。がしかし、私の意識では、ひとり自分の運命をそのように観じたのみならず、やがて来るべき時代の性質をも一切の小さな用意などを無用なものとする如く感ぜしめたのでした。

こんなことはいわなくても、もう大てい英子には私が過去二十年間どんな気もちで生きて来たかを分ってしまったことと思います。

では当座の用件を二、三書きます。

弁護士さん(2)は誰が頼んでくれたか見当がつきました。有難う存じました。何分よろしくお願い致します。実は私は上告趣意書というのを自分で書こうかと思っていましたが、そうしたものを一つの参考として弁護士さんに差上げる方法があるかどうか、またはそうした要点を書きとめてでもいただけるか、要するに何も分りませんから、しかるべく御指示願いたいと思います。

もう私は裁判所には出頭することなく判決は書面だけだそうですから、英子は羽織や着物など上等を差入れる必要はありませんから、そのつもりで。

美しい菊の花の差入れほんとに有難う。まるで私の心を察したように——実は先便で頼んだばかりでした。あの錦の色と緑の豊かさ、部屋にはほのかな菊の香りがただよっています。

中で買ったくだらん本二冊下げました。呆れたでしょう。私は先日の「週報」で北京の人があちらで手に入る本の九割までくだらぬ娯楽本だとありましたが、この頃の出版事情の裏がわかるような気がします。如何に物が不足しても決していいものの比重が増えるのではないという事情。

明日からつづく二日の休み、楊子はなにか楽しい計画でもありましょうか。ではまた。

十月十五日(第七信)　　実

(1) 学生時代には彼は左傾してはいなかった。むしろ国家主義的であった。大学院を出て東京朝日新聞にはいってから、次第に彼は左翼的になった。ちょうどその頃後の英子夫人との恋愛関係が始まり、二人は結婚するようになった(松本)。

(2) 私と古在(由重)との治安維持法の違反事件では、老大家竹内金太郎氏に弁護を煩わした。尾崎の第一信の時から私は氏を考えていたが、前に記したような考え方から官選で辛抱することにした。その結果が悪かったので、いまは私選弁護人を立て法理的に争うとともに、ひたすら時を稼ぐ外なかった。そこで竹内氏にお願いすることにし、その介添役として堀川祐鳳氏にも弁護人になって戴いた。この件については同級生の篠田英雄、風間道太郎、古在由重等の援助とともに、西園寺公一君の少からぬ援助を受けた(松本)。

五九

何というすがすがしい天気、秋の日はたとうべき哉です。英子の十七日付の手紙は早くも二十日の日に手にとどきました。あまり悲しいことは書かないこと、士気に関しますからね。あの手紙で心配になったことは英子の健康のことです。風邪を引くと後が長びき胸がもやもやするというのはいい傾向ではありません。英子の長い間の信仰であった動物食、脂肪の排斥がたたっているのではないかと心配しています。今となっては獲たくてもなかなか手に入れがたい時代です。とにかくせめて薄着などしないようにして下さい。寒くなっての夜警の時など注意して、私の着ていたボタン附の腕の長いセーターなど英子に丁度いいのではないかと思います。又体裁などかまわず、私の毛のズボン下をはいたらいいと思います。

ところで一番大切なことについて申します。この間面会の時話し合ったことですが、私はくりかえしよく考えてみました。それについて外の人——英子の周囲の私のために親切に考えてくれる友人達の考え方は少し素直でないように思われます。私は遥かに澄み切った素直な境地に達しているのです。元来、私にとっては思想なり、主義主張なりは文字通り命がけのものであったことは申すまでもありません。それはいわば女の貞操にも等しいものです。従って、それを根本的に考え直すということは、一度死んで生きかえるにも等しい困難なことだったのです。「懸崖に放撒して絶後に蘇る」といいますか。まことにそこに到りますまでの苦しみは言葉に絶していました。併しながら一度これを成し就げた後は殆んど想像も及ばぬ確乎たる平安の境地に達したわけであります。この点は命がけで思想し行動したものだけが知るところで、到底、失礼ないい分ですが駆け出しのマルクス・ボーイの所謂転向者などの理解し能うところではありません。従って転廻は百八十度であって、九十度や百二十度などの不徹底さは無いわけであります。その僕にもしもなお転廻を求めるならばそれはまさに、キリキリ舞いの回転を求めるに等しいと思います。このことをよく英子に説明しなかった僕にも責任はありますが、せめて英子ははっきりと僕の立場を諒解して安心していてほしいと思います。私の心事と立場は、玉沢検事や高田裁判長などの方が、かえって昔の僕のことを知っている人達よりもよく分ってくれていると思います。

もっとも私の現在の心境なり、国体観なりを言葉に現わして表現する問題となると、これはまた自ら別個の困難な問題となります。それについて、何か特別な注文を要求されるならば私に出来るかどうかわかりません。それはあたかも評論家たる私に、戯曲や詩を作れといわれるのと同じようなことになるおそれがあるからです。悲しい哉、私の過去の教養は特別の表現についてはいちじるしく欠けているからです。小林弁護士は第一審の判決以前に私に、前の手記の中の国体観の部分をぐんと掘り下げて手記を書かないか、今の君の心持ちで書けばきっと立派なものが書けるといわれたので、私も実はその気になり、後世に残しても恥かしくないものを書き残したいなどと思ったのですが、その後それについて考えをすすめてみてもいざ表現の段となると力も足りず、自信が無く、それに現在の境地以上に進むことは結局言葉や文章の領域では無いなどとも考えて、書くことを一時断念していたのです。しかし今また、現在の私の達した境地を現在の私の表現力の限りを尽して書き残してみたいという気持が湧き上って来つつあります。心を澄ませてもう一度手記の筆を許されたなら執りたいと思います。（1）

私は時局の緊迫に圧され、フト眼の覚めた時、順逆を誤ったことに卒然思い到った時には何ともいえない焦燥を感じました。ああ、もし僕がこんな立場になかったら、どんなにか国家のため有力な活動を為し得ただろうかと。しかし今は実に平静な気持ちにあることは、英子もよく存じのとおりです。この境地に達し得た理由は実に国家の生命と栄光の永遠なることに対する確信を得たからであり、このよき国の土に融け込むことを喜びとするに到ったからであります。生死を超えた落ち着きは、我々にあってはただの宗教的な信仰だけからは由来せず、国家と民族の悠久性の確信に立つものと悟りました。

竹内弁護士は大体私の気持ち立場を知っていてくれるものと思いますが、なおよく英子からも伝えて下さい。そう思って一つにはくどいほどくわしく此の手紙を書いたわけです。弁護士へは十九日と二十一日付で手紙を書きました。それは純粋に客観的な法的なもので、今の私の気持ちの問題とはかなり離れたものですが、これもまた重要な一つの立場だと思います。

羽織あたたかそうに綿をたくさん入れて入って来ました。有難う存じました。

それから物を書く段になると此の頃字を忘れることひどいものですから、是非「辞林」〔源〕(簡野道明氏のもの、家にあったと思います)を入れて下さい。それから明治天皇の御製集の適当なものが手に入りましたら是非拝読したいと思います。もしも年代順にお歌の配列されたものだったら最も理想的と思います。

楊子の十七日の運動会は雨で折角のが残念でしたね、この頃どんな生活していますか、何をたべていますか、そんなこと知らせて下さい。この次の便からは楊子と話しが出来るといいのですが。
実
十月二十三日(第八信)
英子殿

(1)　惻々として人を動かす底の上申書を是非書くよう、夫人を通じて、私はしつこく勧めた。もしかすると大審院の判事の心を打つかも知れぬし、何よりそれによって時間を稼ぐことができると私は考えていた。長い間生死の問題ととりくみ、いまや日日是好日の境地に達しつつあった彼からみれば、私の勧告は憐れむべき小策と映ったかも知れない。この手紙の内容は就中私に宛てられていると私は思う。但し、判事の検閲を予想しての政策的用意はこの書簡中にも現われていると私は判断する(松本)。

六〇

楊子さん。夏以来楊子のおたよりに接しません。元気で毎日を忙しく送っていることと安心はして居ますが、お父さんのことで少しへこたれたのではないかなどとも考えることがあります。どんなことがあっても決して参ってしまってはなりませんよ。どんな苦しいことでもいやな経験でも、考え方を変えれば皆若人の生長の糧となるのです。いやかえって苦しければ苦しい程役に立つのです。この頃の食生活は一体どんなでしょう、楊子の食べるものが何もなくなってしまったのではないのかなどと心配しています。おいしいものを喰べた話などききたいものです。運動会の成績、家の庭に今どんな花が咲いているか、学校の訓練はどんなことがあるか、防空壕掘りのことなど等々。

先日差入れの「後藤新平伝」台湾統治篇の下は非常に興味深く読みました、あの中に無名の大学者小泉盗泉先生のことが書いてあります、私はあの人の風貌を記憶しています。五ツか六ツの頃でした。当時私達一家は台北古亭庄(街の郊外)にあった児玉［源太郎］総督の別荘「南菜園」というのに、留守番みたいにして住んでいました。そこへやって来られました。近眼鏡をかけて和服、袴に靴をはいて居ました。館森袖海という漢学者も一しょに来ました。そういえばいつか後藤さんがやはりそこへ来られた時、私がちょこちょこと出かけて行って「これが後藤民政長官か」といったので父母がひどく恐縮したそうです。私は幼い時はほんとに恐いもの知らずの元気な子供だったらしいです。また後藤さんの初物喰いの結果である西洋式の中学のことが書いてあります。それが私が入学して六年を送った「一部」というところです。但し私の入った時はもう最初の理想とはすっかり遠ざかって居りました。後藤さんの奥さん和子夫人という人はほんとに立派な人だったようです。それは台湾のお母さんが私によくほめて話していました。私は大学院に居た一年間後藤さんから毎月五十円ずつお金を出してもらいました。文官試験をうけて役人になれ、といわれながら私は当時新に発見した社会科学ばかり勉強していました。後藤さんには最初に会った時、学科で何に興味を感じたかと云われ「社会学」と答えました。先生は誰かといわれた時、上杉慎吉さん〔東京帝大教授、憲法学者〕だと答えましたら、急に態度が変って、「君に云っておくが、青年は前進、進歩すべきもので反動はいけないぞ」といわれました。私は上杉さんは学問的立場は別として人柄がすっきりしていて、何となく好きな人でした。ともかく後藤という人は、私一家とは関係の浅くない人で、派手で、元気で、やはりすぐれた政治家だと思います。かねて興味のあった厦門事件のことも「桂太郎伝」では分らなかったのがこの本でよく分りました。（満洲篇〔満洲経営篇〕もお願いします。）

本を読むことはまことに楽しいです。先日の胡適の自伝「四十自述」〔吉川幸次郎訳〕も興味がありました。彼のお父さんが日本の台湾領有の際台東県の知事をしていたという話も何か意味深く思われます。彼とは私は太平洋会議〔一九三六年夏ヨセミテで開かれた第六回太平洋問題調査会会議〕の時、アメリカで毎日顔を合わせました。その時はあまり好感がもてませんでしたが、やはり相当な学者だと思います。

太平洋会議といえば、フランスの首席代表だったアルベール・サロー〔人民戦線時代の閣僚〕は敗戦の際に殺されてしまいました。ソ連代表の一人ロムというタスのニューヨーク特派員は国内粛清の犠牲で、ラデック〔ソ連の政治家・評論家、対外面で活躍。一九三九年獄死〕などとともに姿を消してしまいました。日本代表の末席の私も今こんなことになりました。

何よりもはげしい世界の動乱期がここにも反映していることを思えば、一しお感慨の深きを覚えます。

楊子さん。勉強をすることは必要だけでなく、楽しいことですよ。どんどん眼の前が開けて、世界のこと、人間のことが分って来ます。楊子はまだ一生の仕事のことは何も考えてはいますまい。女はよき家庭の主婦として、よき妻よき母となることが何よりで、それだけで充分とも云えます。しかし職業をえらぶならば、私はやはりお父さんみたような、学者的評論家、ジャーナリストといったようなものを選んでほしいような気がします。祖父、父と二代もつづいてしっかりした新聞記者、評論家だったということは、その道をつぐ甲斐のあることだと思います。

この前の英子の手紙を読んで回想したことですが、私は書斎人となる道は充分についていました。明大では支那経済史を教えて居ましたし、九大でも支那経済をもっと長くやってくれといわれましたし、上田博士［上田貞次郎氏、東京商大教授］の存命中商大で講義のことも話がありました。立命館でも非公式に特別講演の話がありました。それにジャーナリズムの上では寵児でしたし、学者への道は最もたやすい道だったと思います。しかし英子にはすまないことですが、私の身の中には血が多過ぎてやはりこの政治への道を行くことが自然だったのです。それはいわば運命だったと思います。(第九信)

実

十月二十六日

太平洋協会の「ソロモン群島とその附近」という本、手に入りましたらお願いします。これは後藤伝と同じところ［太平洋協会出版部］から出ています。

六一

英子殿、最初に本のこと少しお頼みして置きたいと思います。

岩波文庫の中にあるものだけなら、或いは特別つてを求めて買う便宜があるかと思いますが、「古事記」「日本書紀」「神皇正統記」、それから本居宣長のもの、平田篤胤のもの、文庫中にあると思いますから、入れられたらお願いします。今度手記を書くとすれば、何等か世に残して恥かしくないようなものを書きたいと思いますが、それにはやはりもう一度腹をすえて古典を味読してみたいと思います。以上要件。

同じく文庫中のフランクリン伝の訳［「フランクリン自伝」松本慎一訳］、家にあったかと思いますが、これはもしなければゆう子ちゃんとこにはあると思いますから、貰って下さい（又は借りるか）。そういえば「タウト全集」[1]はその後出ないようですが、高い本ですからただ寄贈をうけないというだけなら結構ですが、出なければ残念ですね。それからネール伝の下巻はまだ出ませんかしら。是非読みたいものです。どうもあれやこれやと少し慾ばり過ぎているようですが、読むことは無上の楽しみですから。尚秉和の「支那歴代風俗事物考」「秋田成明訳」実に面白く、漫然と読過するのは惜しいです。叙述はかなり非科学的で滑稽なこともありますが、学徒にとって有益至極な参考書です。「鷗外全集」の九巻「北条霞亭」の伝は実に大したものです。伝記者として鷗外先生の卓越していることに今更驚きました。読過まことに清新無比なるものを感じます。この巻を指示してくれた友人の識見に特に感謝します。

楊子ちゃん、勉強の順序ですがね、私の考えでは、やはりまず自然科学のことをしっかりたたきこんで(楊子たちの所謂物象ですね)おくことが大事だと思います。それからその次には社会事象をしっかりと眼で見、理解し、把握することだと思います。社会学とか経済学とかの領分ですが、何よりも興味と熱心をもって自分で観察することです。それからその次に文化(所謂)領域(狭い意味の)に入るのがいいと思います。哲学とか文学とかですね。

私は短い期間でしたが非常に沢山物を書きました。今から見ると恥かしいような気のするものが多いのですが、それはつまり書くことが目的ではなく、政治的、或いは経済＝家計的要求で書いたからでやむを得ません。しかし政治的評論にはすぐれた見解が現われたものもあることは確かです。本も数冊あります。私の本は当局も認めているとおり、内容的には思想上差障りのあるものはありません。だから楊子に私の著書は残して行けると思います。皆忙しいうちから成ったもので、纏ったものは講義の速記録なのですから、残念ながら完成したものではありません。しかし「支那社会経済論」はいいものだと思います。それから「現代支那論」だってすてたものではありません。その外には「嵐に立つ支那」〔昭和十二年、亜里書店刊〕、「国際関係から見た支那」〔昭和十二年、第二国民会出版部刊〕、「現代支那批判」〔昭和十三年、中央公論社刊〕などこれらは雑誌や新聞などへ出した論文を集めたものです。なおその他パンフレット類は極めて多数あります(英文のものもあります)。がそのうちやや纏ったものは「二十世紀における日支関係」〔「最近日支関係史」昭和十五年、日本国際協会刊〕であります。最近の政治、外交等を論じた論文はとうとう散逸してしまいましたが、それらは最もよいものが多かったと思います。本にするところまで行かなかったうちにこの事件となったからです。

なお、翻訳が一つあります。(2) あれはすぐれた女の人の書いたもので、内容的には、母と娘とが貧乏と逆境に戦いながら、強い娘は自分の道を広い世間にきり拓いて行くのです。特異なものですが、世界的名著でしょう。私の訳はあまり上出来ではありません。私は楊子が、これを他日訳し直してくれることを本気に考えています。それは私にとってまことに楽しい空想です。楊子は三年になったら猛烈に英語を勉強し始めて、四年、五年と二年かかったら、もう女学校の紀念にこの翻訳が成るのではないかなど。日本の文章はお母さんが教えてくれるでしょうし、英語のむつかしいところはお父さんのお友達が誰でも喜んで指導してくれるでしょう。楊子は自分で物を書くようになったら「尾崎秀子」と改名するのもよいかと思います。お母さんの音と、お父さんの「秀」の字とを含んで少し女にはきつい字ですが、それもよいでしょう。

それから先日お母さんのところに、かたみ分けみたように洋服など人にやることを書きましたが、少しでも楊子や英子に転用出来るなら人にやらないで長く家に置いて利用して下さい。私の場合は事情が違いますからね。ほんとに記念のものがほしいという人があったら、それこそネクタイ一本でもいいわけです。もっとも私のネクタイはえんぎが悪いといってことわるでしょうがね(これは冗談です)。元気に愉快に日々を送っています。実

昭和十八年十月二十八日(第十信)

(1) 育生社版「タウト全集」。篠田英雄君の訳した最初の三巻は同君の寄贈を引続いて差入れたが、その後はなかなか出せなかった。私は当時育生社の編輯部長をしていた(松本)。

(2) アグネス・スメドレー著、白川次郎訳「女一人大地を行く」。白川次郎は尾崎の筆名。スメドレーとは中国で知り合い、深い関係があった(松本)。

六二

ああ今日もいいお天気です。明日は明治節です。楊子は何か計画でもありましょうか。昔からこの日は大ていいいお天気でした。いつもほがらかな秋の日のもとで「今日のよき

日は大君の生れ給いしよき日なり」と歌いました。私のお母さんたちの時には「……十一月三日の朝よ」という賑やかな歌だったのが、私たちの時代には荘重な歌調に変りました。お母さんがよく前の歌を歌ってきかせてくれましたっけ。
○明治天皇の御集さっそくに有難う存じました。まるで打てばひびくというように、私の希望どおりの形のものが存在して居たにはまったく喜びました。岩波文庫というものは大したものです。
○明治天皇の御歌を拝誦して感じることは「思いやり」のお心の深さです。臣民に対するお心やりはあまねく人の知るところですが、動物や植物に対しても思いやりのお心がよくうかがわれます。それから京都をふるさととして絶えずしのんで居られることです。一つ面白いことを発見したのですが、陛下は梅や桜や菊がお好きであった他に瞿麦(撫子)がおすきだということです。このささやかな草花が特にお目にとまっていることが、私には興味深く感ぜられます。このお歌集を拝読しつつ思うことは明治の壮大な時代が実に陛下とともに駸々として発展して行った姿であります。あの時代の発展が陛下のお年の強壮化によってもたらされたことをも考えさせられます。又、明治三十七年、八年のお歌が一番多いことも陛下の精神活動の一番おさかんだった頃を思わせられるものがあります。
○京都はいいですね、今頃の京都はさぞいいでしょう。私は一高の学生の時、夏でしたが、三高との野球試合の応援に出かけ、そこで台湾から出張されたお父さんに丁度お目にかかれ、鴨川のほとりの料亭で御馳走になった時のたのしかったのを今に思い起します。丸山［円］や金閣寺、そうしてにぎやかな新京極のとおり、英子にはなお一層の思い出のあることでしょう。

○昨日、十一月一日は二年前に目黒署からここに移って来た日です。自動車の窓から見た街のすがたを感慨をこめて眼底にとどめましたが、それも遠い昔のことのように感じられます。

○柳田［国男］さんの「雪国の春」、紀行文を特に面白く読んでいます。東北の野山の景色を特に美しく描いていられます。この中に放浪者菅江真澄のことが出ています。彼の紀行文がもしもまとまって出ることがあったらさぞ面白かろうと思います。

○楊子さん、お父さんはこの十年ばかりも死神とかくれん坊をして来ました。そしてこの十月以来はずっと睨めっこをして来ています。私は昔からまばたきをしないでいつまでも眼をあけているのが得意でしたので、睨めっこはなかなか強いのです。この睨めっくらも平気です。もうちっとも恐くもなんともありません。疲れもしません。分りますか。

○この頃思うことは、昔からいろんな坊さんなどが死に対してのべた言葉が、妙な気張りや、負け惜しみや、わざとらしさがあるように感ぜられて来ました。私の現在の心境の方がずっと上なのではないかなどと思います。

「いつ来てもいつ来てみても同じことここらでちょっと死んでみようか」などというの

は最も下なるものです。「心頭を滅却すれば火もなお涼し」などというのは、キリストが十字架の上で苦しさのあまり神をうらんだ(ヘブライの原典によるとほんとは恨みの言葉だったらしいのです)のに比べると、火熱に対する頑張りは大したものですが、やはり負け惜しみがあります。いささか我意を得ているのは「電光映裡春風を斬る」の言葉です。だが黙々としてまんじゅうを腹一杯つめこんで平気な顔をして首をきられる土匪の頭目の無知の勇気には私も及ぶべくもないと思います。

○私はもう「転向者の手記」などを書く気はありません。ただ一個の思想家として、最後に到達した人生観・国家観を書き残す機会をもしも与えられるなら嬉しいと感じます。その意味で自分の思想を今からも更に淳化して行きたいと思います。そうした意味を英子から高田裁判長に話してもらうことはどうでしょうか。事件が大審院に移れば、高田氏の方から手記はそちらに移してもらえるでしょうから。ほんとは時機的にはなるべくおそい方が、私には筆をとる心のための都合がいいのですが。

○菊の花は生きかえりました。水が足りなかったのでした。新らしく入れてくれるに及びません。ではまた。(第十二信)

十一月二日午前　　　実

英子殿
楊子殿

六三

○英子の十一月三日付の手紙受取りました。御馳走のことはきくだけでもうれしい。但し私はここでの食事に満足しきって毎日を過していますから御安心下さい。十一月三日にはボタ餅が出ました。美味かったですよ。楊子のためにニュース見物などなるべく出来るように工夫してやって下さい。

○お父さんの難船の時の様子、ことにその後の御健康の御様子などもう分りましたか。なるべく詳しく手紙ででもきかしてほしいものです。

○楊子の手紙は遂に参りません。ほんとに不注意で困りますね。も少し性を入れることです。

○楊子、おじいちゃんが来られたら、第一に、おばあちゃんの命日をきいて下さい。これはたしか十二月の始めだと思いますが、私は臨終につきそいながら日を忘れましたから。これは分り次第教えて下さい。それからおじいちゃんの誕生日をうかがっておきなさい。たしか明治七年にお生れの筈ですから今年は丁度七十、私がこんなことにならなければ名古屋の兄さんと二人で盛大な古稀の祝いをして差上げる筈なのですが。すべて日本では命日を大切な紀念日にして、その日に故人をなつかしみます。西洋では誕生日を大切にします。私の考えでは生きている人は誕生日を紀念し、死んだ人は命日を紀念し追憶するのがいいと思います。

楊子は自分のお母さんの誕生日を知っていますか。私も英子の誕生日を知りたいと思います。昔お祝に香水を贈ったことがありました。あれは初夏だったように思いますが、違いましょうか。

なおおじいちゃんが来られたら、楊子は故郷のこと、おじいちゃんの昔の東京苦学時代のこと、亡くなったおばあちゃんのこと、も一人の英子のお母さんのこと、台湾の昔ばなし、お父さんの小さい時のこと、私の台湾にいる小さな弟妹のことなどいろいろうかがっておきなさい。そのほか学問のこと、世の中のことなど、おじいちゃんはなかなか偉い人なのですから。ああそれからこの前申しました紀念の梅の植樹は、是非一本はおじいちゃんの手植にしてもらって置くように。

○薬ビオレバー有難う存じました。但し私はこのごろ、非常に健康で元気です。恐らくここに来て以来、最もコンディションがよいようです。それでこうした薬が手に入りましたらどうか栄養不良の英子や楊子が飲んでほしいと思います。今後薬の差入れはいりません。

尚秉和の「支那歴代風俗事物考」は面白く読みました。柳田国男先生等の研究して居られる日本の風俗との関連について、また一面には「北京の市民」〔羅信耀著、式場隆三郎訳〕や村上知行氏の著書に出て来る現代支那の風俗習慣との関連がよく分って興味があります。

支那の飲食物について何かいい本はないかと、いつぞや秀麿氏がいっていましたが、これなどたしかによい参考書になりましょう。私の支那経済史の資料にもなるわけです。家に村上氏の「北京歳時記」(?)というのがあったら差入れて下さい。
○弁護士さんには十月十九日と二十一日と二度手紙を出しました。ちょっと尻切れとんぼのように思われるおそれがありますが、私としてはあれで云いたいことを殆ど尽したつもりなのですから、念のためその旨英子からお告げしておいて下さい。此の機会に私としては志の一端を明らかにし得たことを喜んで居ります。
○私はここに来てからの年月を振りかえって見て、実にいろいろ得たところが多かったことを感じます。外に居る時のままの自分だったら、人間としてむしろあのまま老いかつ死ぬなら、如何に外見上成功しても悲惨だったと思います。たしかに人間としてうんと成長したと思います。私がここで考え、或いは得たところのものを、もしもそのまま英子や楊子たちに伝え得るとしたら、たしかに役に立つことと思いますが、それは不可能なことです。残念ながらやはり人は天外遥に一人来て一人去るべきものなのでしょう。
○いつぞやの手紙で私の行くべかりし方向が「学者的評論家」と書きましたが、私は書斎でこつこつやるのは性に合いませんから、学者としては大成しなかったと思います。しかし「思想家的評論家」としては、今後大いに名を成し得たのだろうと思います。また政治的活動の舞台でも充分伸び得たのだろうと思います。やはりその方向だったと思います。

○先日宮本の「近世日本国民史」中、「元禄時代中篇、義士篇」を読み、義士の死の意味を見なおしました。全然注意していなかった大石義雄[良]の指導者としてのえらさをも悟りました。世の中に真に大きな指導者の素質をもったものが如何に少いかを思うからです。英子に告げたいことは、小野寺十内という人の夫婦間の真情について心うたれたことです。この夫婦の間の文通は何かの機会に一度読んでおかれるといいと思います。(第十四信)

十一月八日午前　実

英子殿
楊子殿

六四

だんだん寒くなりました。虫の声もいつしかきこえずなって今年の秋も終りかと思うと名残り惜しさを覚えます。私の願いはただこの秋を心ゆくまで味いたいと思ったのでしたが、その思いは遂げられました。有島武郎さんは「ああも一度秋が味えたら」と死ぬ前にしみじみ云ったそうですが、彼は軽井沢の美しい秋空を思ったことでしょう。私は決して「一年有半」などという長い年月を期待しませんでした。(もっとも兆民先生も事実は八ケ月しか生きなかったのですが。)ただこの秋を静かに過したかったのです。そうして英子や楊子たちにもいうべきことはほぼ云い得たように思います。その点でまことに幸福でした。ただ心残りは世のなり行きの姿のみです。

○「一年有半」は実に興味深く読んで居ります。現在の観点から云えば、先生の議論には批判の余地がありましょうが、その時代の先覚者としての意気と識見とは大したものです。その指示するところは、今日から実行しても役に立つような点を沢山のこしています。嘉治隆一氏の評伝もまた巻頭の写真もなつかしく見ました。私の尊敬する北京の中江丑吉さん［兆民の長男、中国学者］の面影が、その少年の幼顔を通してほのぼのと遥に浮び上って来ます。

時に岩波文庫の中、田口卯吉先生の「日本開化小史」もそのうち心がけてお入れ下さい。これは家には無かったかと思います。

○「回想の寺田寅彦」［小林勇編］も面白く読みました。これは全く小林勇氏の追慕と敬愛の誠意から生み出されたものです。英子にも面白いのではないかと思います。ともかくも人生に於て心から尊敬し得る先輩を持ち得ることは幸福です。私は行動のあわただしさと、人間が不遜にして批判的であったために、不幸にして心から先輩に全的に服することが出来ませんでした。ただし、実は「人間好き」の特性からして好きな先輩はありました。私の好きな先輩はどちらかといえば人間があっさり、淡々として執着の少ないような人柄の人でした。例えば一高時代の菅虎雄先生、朝日の大西斎さん、それから風見［章］さん、満鉄の田中清次郎翁といった人達です。ただ自分や一家のことよりも、社会国家のことにより多く関心をもつような人であったことも共通な点です。

今から考えると、私のつきあった外人の中二人(一人は女、一人は男〔スメドレーとゾルゲのこと〕)がほんとに人間的にはすぐれた人であり、かつ極めてあたたかい心をもち、私と共鳴するように自己犠牲的人物であったことが、私の運命を決定する一つの決定的な要因であったことを感慨をもって回想します。

〔一行抹消〕

○生命保険の解約のことははこびましたか。もっとも何程も手取りにはならず残念なような次第でしょうが、全く失ってしまうよりはよいかと思います。かつ現在の百円は恐らく、数年後の数千円よりは価値があること確かであると思います。この件は父上の方の小額のも同様処置されるのがよかろうと思います。たしかこれは十七歳のときでした。古い台北の家で保険医の検査を受けたことを思い出します。

○英子はまだ冬の綿入れを作っていないならば、今年はどてらにしてもらってもいいと思います。あのどてらはもったいないと思って、たった一日しか着なかったのです。今年は冬はあたたかにして過してみたいと思いますから。もっとも冬着の仕度が出来てしまったのなら、どてらは不用です。どちらか一方でいいのですから。(第十五信)

十一月十日朝　　実

英子殿
楊子殿

追伸
気をつけて探してもらう書物の中、
会沢正志斎先生の「新論」ありましたら。なお岩波文庫中にある子規の「墨汁一滴」手に入りましたら、どうかお願します。

六五

英子早くかぜをなおすことですね、いつもかぜをひいている傾向はよくありませんよ、家の中寝る時も空気をよく通わせておくことはいいことだと私は実験して知っています。ここに来てからは寒中でも窓をあけて寝ています。
○食事のこと、人々は食糧の買い溜めをすることは知っていますが、喰いだめ(?)のことは知りません。つまり栄養分のとれる時に栄養をとっておくことです。来年は一段と食糧事情は窮屈になることでしょう。
○おとうさんやがて御上京になると思います。寒いさ中でおからだが心配なことです。暖かくしてあげて下さい。なおもしもそれが可能ならば、私の上申書一度見ておいていただくと有難いと思いますが、或いは弁護士以外は読めないかもしれませんね(先に提出したものです)。

○「一年有半」は極めて興味深く読みました。殊に人物評のところは愉快です。一貫しているものはその烈々たる憂国慨世のいきどおりです。思想的立場は極めて当時としては進歩的なものですが、人柄は東洋豪傑だということがうかがわれます。そのなかで岡松甕谷先生の学問を最上級の言葉でほめています。私は高等学校時代、岡松先生の令孫[岡松成太郎氏]から兆民先生の奇行などについてよく聞いていました。兆民先生が行方を問題にしている「訳常山紀談」、「東瀛通鑑」、「荘子注釈」等の原稿については、常山紀談の訳は其の後兆民先生の一門下生の手を通じて、奇しくも世に現われたことを知って居りますが、他はどうなっているのでしょうか。今は一官僚となり了せたかの令孫は知れるや否や。「一年有半」の最後で、一切を失った先生がただこの妻と子とあるのみと語っていられるのは、まことに悲痛なものであります。先生の最後の望みは秋の文楽座の義太夫を更に両三度聞きたいということであったのです。私が何よりも敬意を表するのは、重ねて肉体の苦痛を押して続稿の筆をとられた時、哲学を対象とされたことです。それは哲学諸派の主張を批判することによって、自己の宇宙観をのべたことです。その哲学的見解にいたっては、私をもってすら明らかに誤りだと思う点を幾多指摘出来ますが、しかし勿論多くの示唆を含んで居り、何よりも人生行路において至高、最後のものとして哲学＝宇宙観＝人生観を高く置かんとする先生の気魄にうたれるのであります。
○先日はブーゲンビル島附近での大戦果の発表を所内の放送できききました。これでアメリカの飛石北上の出鼻も挫けることでしょう。日本本土空襲もたしかに一年位はまた伸ばされるにちがいありません。それにしても思うことですが、アメリカは弱いばかりでなく、実に戦争は下手くそだと思います。大言するようですが、私がこの中で今度はこういう風になるだろうと思うとおりの出方に出て、結果は失敗しているのですからね。
○石鹼がもうなくなりました。もしもありましたら一つお願いいたします。着物を入れていただく時、一しょだとたもとに入れてくれるので無くなる心配がありませんから好都合です。では今日はこれで。(第十六信)

十一月十二日、朝　　実

英子殿

○知り合いの方々が多数出征の由、頼もしきかぎりです。老兵たちの武運を心から祈ってやみません。
○本は三冊ずつ代るのが理想的なのです。つまり宅下げして差入れられる迄、完全に一週間かかりますので。
　なお引つづき古典など読むわけですが、これは三冊乃至二冊の中一冊で、他は面白い本をお願いします。面白い本と申しても、それはこれまで英子のえらんでくれたような本が結構なのです。

六六

段々寒くなりますが毎日いいお天気で結構です。

楊子に――おじいちゃんが来られたら、御用があって街へ行かれたり、又は人を訪問されるような時は、なるべくお供することです。楊子が自由に東京を御案内出来るようだといいのですが、そういう意味ではなくいろいろなことをうかがっておくためです。私は昔父上から神田の神保町あたりに住まわれた時、地球庵(?)というそば屋の話、また日本橋の今の「まる花」という料理屋(ここは楊子とお母さんと三人でひるめしを喰べたことがありましたね)の裏あたりに下宿された頃のことなど、面白くきいたことを覚えています。それから是非うかがっておきたいことは、私の生れたという芝区伊皿子町のお寺は何といったか、それはどの辺にあったかなどということです。私は高等学校の学生の頃、ただあてもなくあの辺をうろついたことがありましたっけ。ここは家からも近いのですから、散歩のお供でもしたらいいと思います。なお私の誕生日は五月一日になっていますが、亡くなったお母さんは四月二十九日だったといつも云っていられました。それは母上の記憶違いかそれとも届出の関係で二日違ったのか、そのこともうかがっておいて下さい。

先日官本で高神覚昇師の「弘法」を読む。(「日本仏教聖僧伝」中の一巻) 上代における仏教の日本新文化創造運動の意義を今更感じて興味深きを覚えましたが、唐の都長安での恵果阿闍梨との邂逅、その情愛の深さに感じ入りました。仏僧が金を持たず妻子をもたなかったため、道における師弟のつながりの上で特に愛情の深さをもってつながるのではないかなどとも考えました。

また官本中に大谷光瑞師の「食」があることを発見し、特に乞うて閲覧しました。大谷さんは有名な食通です。この本はまことに奇書というに値します。昭和六年大乗社出版ですが、英子なども見たら参考になると思います。非常に面白い本です。私はそれで木下謙次郎氏の「美味求真」、清朝の磧《〔碩〕》学袁随園の「食単」なども見たいと思いました。——後のものは父上は手に入れる御便宜はないでしょうかね。それについて思うことは、僕がかねがね幸福だったと思うことは、英子が料理の上手だったことです。家庭料理がすぐれているということは、どれほど大きなことだかわからないと思います。楊子には是非このことを分らしてほしいと思います。舌を訓練することも大切ですし、台所で指導していい料理(うまい)を作ることの技術を教えて下さい。僕の経験によると街の料理屋で一流のところでもほんとにうまいと思うものは殆どありませんでした。それから人の家庭によばれて御馳走になることは何よりのたのしみですが、めったにおいしいと思うものは無かったようです。それから私の経験ではすぐれた文化人、知性の人はすぐれた舌(味覚)をもっていたように思われます。勿論このことはぜい沢や頽廃した趣味とは関係ありません。
○「現代」十一月号の巻頭論文「日本戦時経済の方途」流石作田〔荘一〕博士の力作とうなずかれます。その経済営府創建の主張は、現在の状勢がここまで進め来ったことを感ぜさせますが、しかし同じ雑誌の座談会で大企業の陣頭指揮者たちのいっていることとはやはり千里の差があることを感じます。このギャップを埋め橋かけるものはやはり強力な政治力なのだと感じられます。
○岩波文庫中、ついでの時心がけて差入れていただきたいものの中、「禅海一瀾」、「唐詩選」(上下)など。
○お父さんのおいでになるに際し一言弁解しておきたいことは僕の裁判(特に求刑)当時の心構えについてです。あの当時は少し呑気すぎてやや甘くなっていたようです。だがそれについては全然理由が無かったともいわれないと思います。(今説明は致しませんが。)四十七士でも最後まで切腹についていろいろな説がありました。吉田松陰先生もたしか前日の手紙では重くて遠島であろうという意味を故郷に書いています。水野越前守のブレーントラストの一人、後藤三右衛門という男なぞは首の落ちる瞬間まで傲然として殺される筈はないとうそぶいていました。これなど少しひどすぎますが、しかし最後に決定したものは「政治性」だったのです。そのことは松陰先生がやがて神にまつられたことによっても明らかなことです。

だが私はその霹靂によってうろたえはしませんでした。もとより心の底には早くからその覚悟があったからです。このことはよく知っておいていただきたいと思います。それのみかあの瞬間こそ私にとって貴重な瞬間だったのです。竹藪に石の当る音や花のパッと咲くのを見て、瞬間にして大宇宙の生命と一つに化した古人の体験と同じ体験を得たのです。
○今日私があまり冷静で執着の少いことについて或いは家庭の人たちは物足りなく感じるかもしれませんが、私は出来るだけ、平静で最後の時まで日常と少しも変らぬ気もちと日常生活とで続けて行きたいと考えているのです。それらの点父上にも分っていただきたいと考えてここに申添える次第です。(第十七信)

十一月十五日　実

英子殿

六七

寒くなりました。皆さんしかし元気の由何よりです。お父さんは何かと御不自由のことと存じます。この間の新竹爆撃〔十一月二十五日の在華米軍の台湾新竹爆撃〕の件などがあって、早くお帰りになりたいことと存じますが、私としてはどうか母娘のため一日でも長く御滞在になって、何かと教えていただきたいと願って居ります。それにしても不可欠の霊薬が手に入らぬことは残念なことです。台湾ではめしあがっていられたそうですのに。

　私はやはり一度御目にかかって、お別れを告げて置きたい気がします。勿論悲愁のかげだになく、むしろ朗らかに御目にかかれる自信があります。父上の御心境の変化を期して待ちます。
○僕の迷惑をかけた人達の判決の結果が比較的軽かったことは、心からの喜びです。勿論既に充分社会的な損失を蒙っていられるのですから、ほんとはどんなに軽くとも軽すぎることは無いのですが、しかしともかくも不幸中の幸でした。私にとってもいいニュースでした。
○本は先週の分、一昨日受取りました。この頃事務が輻輳しているのだと思います。私の手紙のおくれているのなども、そうした加減かと思います。
○楊子にお願いします。なるべく一週間に一度位、はがきでいいからたよりをくれませんか。これは前から云おうと思っていたのですが、あまり無理を強いてもと思って遠慮していたのです。
○足袋の入らないのは少し弱りましたね、実は一つだけ真新らしいのを残しておきたいと思っていたのですが、それを穿きかえることに致しましょう。
○堀河弁護士に御目にかかりました。とても活潑な方です。いろいろ御意見をうかがいました。父上には是非とも急ぎ竹内、堀河両弁護士と会っていただきたいと思います。堀河弁護士に私の英子宛の手紙のことを話しましたが、実はあれを他人に見せることは英子としては心すすまぬことかと思います。私は父上には見ていただいて、そのうちから私の心境を汲みとってもらうことを話したのですが、弁護士さんは或いは別の考えがあるようにも思えました。しかしこの件は英子の善処に一任いたします。私としては他人に見られても別に恥しいとは思いません。
○堀河さんは私に、私をゾルゲと比べて「ゾルゲの方が腹が出来ているとの批評だ」とずばりと云われました。これこそ私は自らかえりみて恥しいと思います。全く第三者が見てもそううつるほどの何ものかの心の弱さが私の裡にあるのだと思います。この二年間の、ことに始めの頃をかえりみて思い当るものが全くないとはいわれません。残念なことです。勿論ゾルゲが腹の出来た珍らしい人物だということには異論ありませんが、私自身まだまだ精進の余地があるのでしょう。
○堀河弁護士を動かして私のために事件を引受けさせてくれた友人二氏(まだ他に一人口添えしてくれた人がある由もききました)には心から感謝しています。
○宣長の「玉勝間」――このあたりの本になると流石に私の知らないことが沢山出て来ます。ずいぶん物識りになりました。私は中学を出る頃、上の学校の入学準備のために、擬古文の抜萃を勉強しましたが、これら中等学校用の教科書の抜萃の仕方はまちがっていると今思います。この本などでも最も貴重なところは、宣長の学問の仕方、それから先生の賀茂真淵との関係のところなどです。これは引つづきかなりの分量にわたらねばならぬところなのですが、抜萃ではその点が少しも考慮してなかったように思います。
○十二月一日から好物の大豆が麦飯中から姿を消してとうもろこしが跳りょうしています。健康を考慮して久しくやめていました弁当をとることにしようかと思っています。私はお弁当は昼食にとることにして居ります。(朝でも夜でも自由なのですが、研究の結果昼がよいようです。)
だがあたたかいめし、あつい味噌汁が毎日いただけることは感謝に堪えないところです。外の生活の不自由さと思い合わせてもったいないくらいです。(二十四信)

十二月二日　実

英子殿

六八

昨日今日の寒さはまことに猛烈です。ペンをとる手もかじかんでいます。今年は足がだいぶしもやけになっています。それに生れて始めてあかぎれというものが足に生じました。これは実験によると脂肪不足に基づくことが明らかとなりました。英子や楊子は平生脂肪不足だと思います。英子の学説上の信念は是非改める必要があると思います。動物食がいやなら植物性脂肪でもよいかと思いますが、ともかくも油気のものをもっと採る必要があることは確実だと思います。

去年の冬はここで湯タンポを売ってもらえて大助かりでしたが、今年は無さそうです。燃料の不足の折から当然なことでしょう。勿論ここでは副産物的に得られた湯であったと思いますが。

○美しい切花を有難う存じました。広島の友人［篠塚虎雄氏］に感謝いたします。この頃の時局では商売の方もむつかしいのではないかと思いますが、商才のある彼のことですから、転業なども自由でしょう。

○臣ちゃん［柘植秀臣氏、東亜研究所より司政官としてバタビヤに在住］がまた石鹸をはるばる送ってくれた由嬉しいことです。南の国の豊かなかおりが想像されます。これまた、ってのある時お礼の言葉を申し送って下さい。

○足袋はうっかりしていましたが、薄手の分が一足、あまりよごれないままとりのけてありました。これを宅下げしました。もしも今度面会日までにこの手紙が間に合えば、足袋だけ新に差し入れて下さい。

○本は一杯になって居ります。この次もやはり多く入って二冊までだと思います。そのつもりでもって来て下さい。しかも月初めの雑誌購入とかち合えば、一冊も入らないかもしれないのです。読書は一頃よりも楽しみは一層深くなっています。しかし本を読む態度はたしかに違って来ました。空想が平行的にまぎれ込んで来て進行が停められていることがしばしばなのです。それにこの頃読む本はむずかしく、又読みでのあるものが多いせいもあります。
○先便に堀川弁護士を「堀河」と書きました。これは「堀川」の間違いでした。訂正します。もっとも英子の方はまちがえてはいないかもしれませんが、念のために申します。
○父上に是非うかがいたいことは、先頃難船(1)の場合に経験されたお気持ちの上の体験感想です。特に最初に衝撃を受けた場合の瞬間的な御感じ、その次に海上に浮かんでいられた場合にどういうことを考えられたかなど、端的率直な御感想がうかがえたら、今の僕にはどれほど参考になるかしれません。勿論短かい言葉で充分理解出来ます。英子や楊子もよくうかがっておくこと。
○楊子は今年の秋は時局がらでどこにも遠足も無かったようですね。遠足や旅行は機会あるごとに必ず逃さないことです。
○僕多年心に期していたことは、父上の詩文集を編纂することと、おじいさんが丹念に永年にわたって書き誌していられた西白川の日記を生かして、あの山間の村に維新以来の文化が如何に及んだかということを、何等かの形で書きあらわしてみたいと思うことでした。この二つのことは恐らく私以外の者では出来ないことだと思います。かかる機会が永遠に失われるらしいことは実に残念な次第です。

○新らしい玉蜀黍《とうもろこし》飯も二、三日ですっかり慣れました。慣れたらこれもなかなかに美味です。これを要するに飢えたるものには一切が美味なること確かです。

○十七日以降の手紙はとどいていますかしら。

僕は実に遺書を書きつづけている気もちで手紙を書いているのです。そうしてそれが成長の途上にある楊子に少しでも役に立つものとなれかしと願っているのです。それをもしも用事以外の閑文書がくだくだしく書いてあるなどとして握りつぶされでもするなら、あまりに情ないことと思います。内容は充分注意して違反になるようなことは書いてないと確信しています。もしとどかぬようなら、かかりの人に乞うて特別の考慮を願いたいと思って居ります。(第二十五信)

十二月四日　　　　　　　　　　　実

英子殿

(1)　父が上京の途中、アメリカ潜水艦の攻撃を受けて乗船富士丸が沈没し、数時間漂流後救助されたことを指す。

六九

遂に父上に御目にかかる日が来ました。大いなる審判の庭に立つ如き厳粛なる気持で父上の前に立ちました。心静かにお目にかかれるだろうと期して居りましたものの、流石に万感交々胸を衝き上げて来るのを禁じ得ませんでした。私は心の底から父上に不幸の罪を詫び、そうして父上のいつまでも御健康で長寿を全うされることを祈りました。御訓誨の言葉も一々胸に沁みて受取りました。妻子のために一日も長く生きよとのお言葉もよく分りました。しかも生死を大なる神の意志に委ねて平然として静かに生きることは、父上の生涯の二大経験(濃尾震災と今度の難船)の体験より教えられたもので、私にもよく思い当るものがありました。

これが最後の対面と思いましてよく父上の御容子もうかがいました。割にお元気のように見受けられまして安心いたしました。見覚えのある私の外套、ネクタイなど、お役に立っているのも嬉しいことでした。頭髪はすっかり白くなっておいででしたが、いまさらお耳は立派だとつくづく思いました。私はこれまでいろいろな人に会いましたが、お父さん程立派な耳をもっている人はありません。これは昔から支那系の人々にほめられた耳でしたが、長寿と福に恵まれると申して居ります。

お父さんの前こごみの後姿が入口から消えるのを、立会いの役人の後のところから私はお見送り致しました。

私は今や、何の思い残すところもありません。わざわざ遠いところからおいでになって、いやな思いを押切って会って下さったことを心から感謝いたします。これから郷里へお帰りになり、更に台北に還られるのですが、どうかお元気で。名古屋の兄上［秀波氏］、名倉の彪雄君［従兄］などへよろしくお伝え下さい。

○「鷗外全集」の八巻と「玉勝間」の下とを宅下げしました。本が一杯になりましたから、この次には差入れが利かないかもしれません。内で新刊の本を二冊買いましたからです。伊沢蘭軒伝の後の方に良軒［後の手紙で、柏軒と訂正］（榛軒の弟）が阿部正弘の死病をみとったことが出ていますが、それについて、実に大正の始めにいたるまで、一部の田舎人の間に正弘は井伊直弼が伊沢氏を通じて毒を盛ったのだと、驚くべきデマを信じているもののあったことを、鷗外が語っています。とんでもない見当違いです。人の無智と、そうして他人の不幸を喜ぶ気持とは、無責任なデマの温床です。なぜ私がこのことを特に云うかといえば、私自身について如何に多くのデマが飛ばされて居るであろうかということを想像するからです。そうしてそのことは、実に後々まで英子や楊子を苦しめ悩ますであろうかと考えると、心が寒くなるのを覚えます。現にこの秋の始めにある一人の役人が私に突然、この夏頃の大事件をさして、外で君達がやったのだと云っている人があるが本当かと聞かれたことがありました。「いいえ、私は一昨年の十一月から当所に御厄介になって居るのです」と答えて笑ったことですが、これがもっと時が経てば、私のしたことになってしまうかもしれないのだと思いました。どうか英子たちもデマなどにわずらわされることなく毅然として生きて下さい。弁解は一切しないこと。

阿部正弘の死をかつて蘇峯の「近世日本国民史」で読んだ時、一体何病だろうと気になっていましたが、鷗外先生はこれを胃癌と断じています。――これは余計なことですが、私には興味ある問題です。すべて読書を積んでゆくといろいろの関連が深まって行くことが実に愉快です。
○此の頃、朝起きる時、おおむねピクニックへでも行く時のように爽やかな気持ちで起き上ります。これは一切をあきらめつくした朗らかさとでもいうものでしょうか。英子たちにはちょっと想像もつかない気分と思います。
○ところでお正月も近づいて来ましたので、一つ本式の屠蘇のつくり方を記して見ましょう。他日余裕の出来た時に試みて御覧なさい。屠蘇は唐代から行われたものらしく、この酒方は宋版の「外台秘要」にのっているのです。「大黄十五銖。白朮十銖。桔梗十五銖。蜀椒十五銖汁。烏頭三銖炮。菝葜六銖。桂心十五銖」以上七味をよくつきくだき交ぜ合わせて赤い嚢に入れ、十二月の大晦日の日、日中に井戸の中に沈めてどろどろにする。(令至涅とあり、――但し水に漬すのではないだろうと思います。) そうして元旦早暁にとり出して酒の中にひたす、とあります。僕本草の学に通じていませんので、七種の薬がどんなものかよく分りませんが、大して特殊のものはないと思います。「銖」というのは重さで一両の二十四分の一、ここでは割合を示すものとして見れば調合出来るわけです。「汁」とあるのは液体にし「炮」とあるのは焼くのでしょう。楊子もおとそが好きでしたし、私も正月のたのしい思出にひたりながら「屠蘇酒方」を記した次第です。(一生懸命記憶しておきました。)

○秀麿君に会ったら支那の医書を集めてみたら面白くはないかといっていたと伝えて下さい。秀麿君は私にはやはりなつかしい人の一人です。ああした育ちの人には、私の今度のようなやり方におそれをなしてひたすら遠ざかりたい気もちが働くのでしょう。当然かも知れません。(二十九信)

実

十二月十八日

英子殿

(1) 中野正剛等右翼の東条首相暗殺陰謀事件を指しているらしい(松本)。

七〇

暮が愈々近くなって来ました。物は乏しく、人は淋しくとも、なるたけ楊子のために楽しいお正月を組織してやって下さい。賑やか好きの私もそれを喜びます。子供達にとっては、お正月や暮の気分はどれ程楽しいものかしれません。私にも充分覚えがあります。子供の時ばかりでなく、私は今に上海での最初の正月の愉快だったことが忘れられません。

○先日配給の石鹸有難う。なる程猛烈です。水などにはなかなか融けそうにもありません。

この頃の世上の物の有様の一端を想像出来ます。
○今手許に本が沢山集っていて何か心楽しいことです。私は現在生活の全部が食べることと本を読むことです。食事のこともやはり楽しく、語りたいことは数々ありますが、この方は中の生活を書くと削られるおそれがあるので書きません。従って多くの本のことを語ることになるのです。
○宣長の「玉勝間」に、「三愛記」という本の中に「津の国のいなのの里」とあることが出ていますが、あれは私たちの住んだなつかしい川辺郡稲野村のことででもありましょうか。
○南海に散華した若く雄々しい益良男の前に謹んで哀悼しています。まことに厳粛なものを覚えます。
○死についていろいろのことを思います。
一茶がその愛児を失った時の句に「露の世は露の世ながらさりながら」というのがあります。宣長は業平朝臣の最後の歌に「ついに行く道とはかねてききしかど昨日今日とは思わざりしを」という歌をいかにも正直で、すなおないい感慨だとほめて居ります。死に対する人間のいつわらない一つの感情を示したものとして、同感出来ます。親鸞上人はそのお弟子の惟念坊が「死んで極楽に生きるよりも如何に苦しくともこの穢土に生きていたい」といったに対して、自分も全く同感だと云っています。勿論これは生に対する一つの正しい態度だと思います。

僕は先に禅につながる人々の死に対する態度にわざとらしさや、痩我慢が多いのではないかということを書きましたが、近頃官本で友松〔円諦〕師の「法句経講義」を読みつつ感じることは、やはりお釈迦様はえらいと思うことです。完全に死の領域の近いことを知りながら、しかも淡々として生きて行かれます。この態度こそ私が切にいたらんとして願うている境地なのです。――しかも今や、ややそこに達したかと自分ではひそかに喜んでいるのですが。

要するに、人は死すべきものだということを腹にしっかりと入れ、しかもその死が決して遠いものではない、何人にも極めて近いところにある(死の領域にある)ということをはっきり自覚しながら、一日一日の生を噛みしめて、充実して生きて行く態度です。私を御覧なさい。既に極めて近い極限が示されています。しかも私は、若い男女の情死者のような陶酔もなく、無智の人が見る如き来世の幻影もなく、また病気や生活苦に追いつめられた逃避でもなく、死が肉体の解体によって一切を宇宙の間に消散しつくす理をも充分知って居ります。かくてもなお静かに死を迎え得ると考え始めて居るのです。最後の瞬間迄少しも平常と変ることとなき態度と心とで生きつづけたいと考えて居ります。それがどうやら出来そうな気が今はして居るのですが。お迎えが来た時、読みかけの本をぱたりと閉じて、「どうも御苦労様でした」と立ち上れるようでありたいと思います。

○死を眺めるも一つの態度は西行法師の「願はくば〔は〕桜のもとに〔花のしたにて〕春死なん〔む〕」といった芸術家的な余裕ある態度です。子規の「林檎喰ふて牡丹の前に死なん哉」というのはだいぶ気もちが違いますが、しかし芸術家的余裕がやはり存して居ます。私の如きとは遠いものです。私は絶体絶命の境に安住せんとするのであります。
○此頃頗る元気です。寒さは寒さですが。
○父上はもう故郷へお帰りでしたかしら。
○封緘是非ほしいものです。地方の友人にでも頼んでみたら。（第三十信）

実

十二・二十一

英子殿

七一

愈々押しつまりました。お正月まで余すところ僅に三日です。英子は何かと忙しいことと思います。お父さんがくにに去られて淋しくなったことと思います。楊子はもう学校もお休みになったことと思いますが、試験の成績はどうでした。身長や体重のことと一しょに知らせて下さい。楽しい暮の休みだったらいいなと思っています。お父さん（おじいさん）と一しょに郷里ですごして見てもよかったろうになど後から考えて居りました。楊子の旅行の機会だったのにと思いました。だがそうするとお母さんが淋しいでしょうから、やはり一しょに暮をたのしくすごす方がいいでしょう。

○突然おきんさん[古くからの家庭的知人]の訪問を受けました。まことに義理がたいことで恐縮しました。おきんちゃんも年をとりましたね。始めて根津八重垣町の家を訪問した頃のことを思い出します。あすこも一人息子が弱いので気の毒です。これも礼状一本お願いします。

○暮をにぎやかにしてくれるつもりで英子がいろんなものを入れてくれました。有難う。お金五十円、この頃は弁当は喰べてはいませんが、組合にめずらしく、いか(するめ)、ごま塩、梅びしおと揃ってあらわれたので、しきりに買ってたのしんでいます。

シャツはまことに温かそうな上等です。これは大晦日に着換えるつもりです。今着ているシャツはちぢこまって、手足の先が三寸程足りなくなっています。まだいたんではいませんから誰かにやるなら中学生程度の人でなくては着られません。

○寒椿の鉢有難う存じました。一輪の紅く美しい花が惜しくも散りました。後沢山蕾はありますがまだ堅いのです。咲いてくれればいいと思っています。思うに一輪咲いた時、地から鉢に移したもののようです。落花といえば明治天皇の御製に落花をおうたいになったのが二つありました。

人皆の惜しむ心は知りながらかぎりある世と花の散るらん(四十年)

世の人のめでらるる間を時として風をも待たで花の散るらん(四十二年)

勿論落花に寄せて去り行くものを惜しまれたのです。法句経に釈迦の言葉として、バッシカ草が萎れた花びらをふり落すように、貪りやいきどおりをさらりとふり捨てよということを説いて居ります。常盤大定氏によればバッシカ草というのはこの椿だそうです。もっともそれは誤りで、友松氏がいうようにジャスミンの花のようです。いつぞや読んだ寺田博士のどれかの随筆に、椿の花が落ちる時にいつも同じ面をむけて地に落ちることから物理学上の何かのヒントを得ることが書いてあったように記憶しています。——ここまで書いて来て、楊子に云いたいことは、ここに来てからの限られた読書と身辺の観察からとですぐこれだけのことが関連して頭に浮ぶということを知らせたいのです。そこには科学への、また思想への、文学への限りない発展への契機を捉えられるではありませんか。勉強と注意力とは大切ですよ。

椿は好きな樹の一つです。この木はもしも僕が要らなくなったら地に移したいものです。それが家の庭だったらいいと思いますが。椿の花は高等学校の二年生の時、大島の潮の香のあたたかい海辺に咲いていたのを美しいものだったと今も覚えています。

○この中で買った北京の清水安三さんの「支那人の魂を掴む」は教えられることが少くありませんでした。この人は政治の重要性を看過しているようですが、しかしほんとのものを持って中国人に働きかけている数少い人の一人です。ことにその日誌の部分は楊子にも読ませたいところです。

○長塚節さんの遺稿もこの中で買った本です。一番最初に伊藤左千夫さんと二人して行った日光紀行の歌が出ていました。親子三人で湯元へ行った丁度あの同じ道程なのもなつかしい限りです。

○今官本で福沢諭吉翁の「福翁百話」を読んでいます。明治三十年の著述です。すばらしく楽観的な明るい社会観です。日本の資本主義の上昇期の代表的な言説として興味深く覚えます。

○「ゴルドン将軍の最期」〔ストレイチー著、堀大司訳〕興味深く読みました。訳者の註は実に苦心したものだと思われます。

○君ちゃんところのおじさんからお見舞いをまたいただいたよし何とも感謝に堪えません。こちらこそお見舞いしなくてはならない筈なのに、おじさんも寒さに向って寒いところへの旅行[1]、御苦労なことです。どうか身体を大切にしてほしいものです。赤ちゃんも元気で育っているでしょうか。

○二十六日、竹内、堀川両先生の訪問を受けました。面会時間が短かくて私の答えは自分ながら不満足なものでした。それですぐ後から一昨日速達でメモを送って置きましたが、この頃は郵便がおくれますのでなかなか要領を得るのに手間がとれます。

○許しを得ましたから、封筒と便箋と切手を十枚程と、それに速達用の切手(十二銭五枚、若しくは六銭十枚程)郵送してくれませんか。これも早い程よろしいですから、速達便にしてもらった方がいいと思います。来春最初の面会日の時でも結構です。もう封緘は欠乏しました。

○一昨年はもとより、去年もまだ新年を祝う気にはなれなかったのですが、今年は(新春)一つ心から祝い合う年始状を交換しようではありませんか。

ではいい年の暮を祈ります。(手がかじかんで書きにくいかぎりです。)(三十二信)

十二・二十九　実

英子殿

楊子殿

(1) 伊藤律氏の下獄のこと。

昭和十九（一九四四）年

一九四四(昭和一九)年　四三歳

二月二九日　第二回上申書提出。
四月　五日　大審院における上告棄却、死刑確定。沼義雄裁判長、駒田重義・日下巖・吉田常次郎・久礼田益喜判事、竹内金太郎・堀川祐鳳弁護人。
六月　六日　連合軍、ノルマンディー上陸、第二戦線結成。
　一五日　米軍、サイパン島上陸。
七月一八日　東条内閣総辞職。二二日、小磯内閣成立。
七月末、中央公論社、改造社解散。
七月ころ、手記「白雲録」をまとめるが失われた。
八月　四日　学童集団疎開開始。
　二三日　女子挺身勤労令、学徒勤労令公布。
九月　楊子、岐阜へ疎開。
一〇月一二日　米機動部隊台湾空襲。二〇日、米軍、レイテ島上陸。
　二五日　神風特攻隊初出撃。
一一月　七日　絞首刑執行。当日朝の葉書が絶筆となった。

七二

昭和十九年の春、おめでとう。二人とも元気でよき春を迎えたことを心から喜びます。私も今年四十四歳になりました。何よりも嬉しいことは楊子が十六になったことです。楊子の年始状には、英子がまるで嘘のようだと感慨を洩していることが書いてありましたが、私にとっては更に一層その感が深いのです。十三歳の時あの家に残して来た小さな子供の楊子が、女にとって人生の花ともいうべき十六歳にもなったということは!! 何という大きな不思議であろうかとさえも思うのです。楊子の年頭のことばはまことに頼もしい限りです。そうです。今年はそれこそ一家はもとより、もっと大きく云って私のいわゆる「世界史的」に重大な年なのだと思います。楊子はどんなことがあっても明るく強く生き抜いて見せるとの決意を示しました。どうかいつまでもその言葉を忘れないように。
○今日は今年になって最初に許された発信日です。暮の二十九日付けの楊子と英子との手紙は年内早くも受取りました。葛飾の野に遊んだ(1)そうですね。よいことでした。いろいろ食べものの話愉快でした。この頃誰も彼も寄るとさわると食べ物の話ばかりですってね。お正月には、ここでも思いもよらずいろいろの御馳走がありました。雑煮もおしるこまでももらいました。楽しかったですよ。静座の春は至極穏かでした。日は毎日うららかに窓硝子に映っていました。

○暮におきんちゃんが面会に来てくれたことを報告しましたが、差入れ金を十円も入れてくれていたことを知りました。この点も礼状に忘れず書き加えて下さい。暮には組合で珍らしくのりや、梅びしおや、ごま塩などの食品が買えましたので、それらを擁して、ゆたかな気持ちのお正月をしたことです。英子たちのお正月はどんなでしたか。

○弁護士さんに面会の時、封緘のことを頼んだところ、竹内さんから早速十枚送ってもらいました。有難いことでした。これへも発信の機会がまだなくて、お礼をいってありませんから、電話でもかけておいてくれると有難いのですが。十日頃までには上告趣意書も提出されることと思います。

○暮から正月にかけて案外読書ははかどりませんでした。手を懐にしてじっとうずくまっている時間が案外多いからでしょう。それにまた雑誌二冊買いましたから、今度も差し入れが利かないかもしれないと思います。暮に郵送してくれた本はまだ手許に届きません。

○「岡倉天心全集」第一巻「アジアの理想」を読んで天心の偉大さを思います。「アジアは一つだ」と自信をもって云いきれたのは、彼が芸術に対する深い理解を持っていたからだと思います。我々のように政治的な現実の面から見るものには、こう喝破する勇気はありませんでした。（私の「アジア問題講座」の巻頭言などその例）勿論天心の歴史の認識には相当誤謬もあるようですが。

○節［長塚節］の遺稿には紀州の紀行がありました。英子と二人で英子のおとうさんお母さんを訪うた、あの新宮や木の本のことが歌われています。それから清澄山のこと、天津のこと、これは大学の一年の時の夏休みに、篠田［英雄］君、岡松［成太郎］君と遊んだところです。節のことはしばしば大崎の先生［風見章氏］から聞いていました。節がしばしば出かけた下妻は、先生の居た中学のあるところだし、水海道はその郷里です。昭和十三年の春、先生と一しょにみんなで賑やかに筑波山に登ったことを思い出します。

○都市疎開問題を注意してほしいと思います。「週報」を下げますからよく読んでおいて下さい。僕の問題が片付くと英子たちの現実の問題となるのではないでしょうか。始めに私が、身軽にせよ、どこかに身を寄せよ、それから鶴見の工場に行けなどいったのも、一つにはこんな問題をも予想していたからです。ともかくもしかし今は出来る限り楊子の卒業までは東京を離れないがいいと考えています。出来る限り私の友人たちと連絡を保って行くことがやはり楊子の将来のためにいいと思います。私の有力な友人たちの助力は無形の資産ともいうべきものと思います。勿論あまり当てにすることはいけませんが、一人ぼっちに孤立して田舎落ちをすることは考えものだと思います。東京に住むために有意義な職業を摑むことも一つの方法だと思います。(昭和十九年第一報)

一月六日午前　　　　　　　　　　　　　　　　　　　実

英子殿
楊子殿

(1) 埼玉県の粕壁[春日部]からまたバスに乗って山崎謙氏のお宅を楊子と二人で訪問、一泊して楽しく遊びました。お餅をついて下さったり、お汁粉を作って下さったり、その頃のめずらしい御馳走のかずかずを御馳走になりました。

七三

四日付の英子の手紙受領、更に旧臘二十二日付の楊子の手紙も最近入手しました。楊子はいかにも楽しそうに暮からお正月を迎えているのを見て、私まで昔の学生生活の頃を思い出して楽しくなりました。

英子の観音様の奇縁の話(1)、興味深く感じました。私もさっそく官本で観音経の本の借用を願い出ました。井泉水[荻原]の「観音巡礼」なども読んでみたいと思っています(これも官本にある筈です)。

あさり屋弁護士(2)のことは、私も時々思い出して居りました。私のことを忘れずそんなに思っていてくれるとは、かたじけないことです。あの人がその後飯が喰えているだろうかと気にかかっています。あの人はひどく頑固なところのある人ですから、あまり要領よく世を渡るたちではなさそうです。竹内先生などの指導下に働けたら好都合ではないのかなどと考えても見ます。今度竹内さんにお目にかかった時話してみて下さい。先週土曜日に竹内さんが面会に来て下さいました。上告趣意書の要項を話して下さったのですが、実に熱誠ある態度で、そうして今日国家の重大時期に有用な才をいだいて空しく今日の境遇にある私のことが、いかにも残念だといって声涙ともに下る有様でした。私も心から感激し、今更ながら身の不幸を嘆じました。七十五歳にもなられて、人のために泣ける人はえらい人だと私は思います。私は先には玉沢検事にもこの時局だからつくづく君を惜しいと思うといわれましたが、今竹内弁護士からもそういわれました。もって瞑すべきか、否、君国のため罪深きを一層切に感ずるのです。

○日野開三郎著「支那中世の軍閥」しっかりした読みごたえのあるものでした。私はこの人は「世界歴史大系」以来、注目して期待していた人の一人です。

○「日本書紀」(上)を下げました。日本の歴史のテクストとしては、なるほど宣長などの指摘するような欠陥――形式を支那にかりたのみでなく、物語の内容まであちらの書物のあるものにかたどるといった――はあるにしても、やはりこの書紀であろうと思います。「古事記」はむしろ重要なる参考書の地位を占むべきでしょう。ともかくも日本人はこれを座右に備えて、一生に幾度となく繰りかえし通読すべきものだと思います。

○イリーンの「書物の歴史」〔玉城肇訳〕は興味ある本です。これは他のこの叢書とともに楊子にも大体解る筈ですから読むといいと思います。

○「世界年鑑」――実に堂々たるものでつくづく眺めました。調査会(3)が健在で、この大事業を困難な状況の下で、引つづき継続していることは何という喜ぶべきことでしょう。佐々［弘雄］氏を頭に戸野原［史朗］、仲小路［彰］といった人々の手で編纂されていた「日本国際年鑑」［昭和十年創刊］の時代から浅からぬ関係をもつ私としては、まことに感慨深いことです。最初の一頁から最後の行まで精読するつもりです。感想なども記してみたいと思います。ちょっと気のついたことですが、権威ある調査会の住所がどこにも書いてないのが気になりました。(4)これは出版書店、実業之日本に同居でしょうか。それはとにかく、最初の世界状勢の概観は流石に堂々たるものです。よく書けていると思いました。英帝国の崩壊の必然性を論証した項などがっちりしたものです。この概観の部分で、やはり日本のことも一年間の綜観をする必要がありはしないか、その方がよいのではないかと考えます。東亜の一体、緊密化の達成については異議はありません。しかしそのことの重要な意義は、東亜の動きなき自主性を確立するにあるので、東亜からあらゆる外国勢力を排除するのが目的ではなく、またそれは出来得べきことでも、願わしいことでもないと思います。東亜はあくまで世界の一環なのですから、孤立化は願わしいことではないと思います。この頃一般の議論を見ていると、「英米勢力」の払拭について多少行きすぎがあるように感ぜられます。勿論当面の戦争目標として、政治勢力を排除することは当然のことですが。

○英子、私は今請願作業をすることを真剣に考えていますよ。実は毎日こうして、じっとして、暖かいめしを喰べられることを感謝して来ましたが、この頃、いかに苦しい努力をもって食糧が生産されつつあるかを思うと、ひどく心苦しくなって来ました。勿論学徒として、思想家として、最後まで本を読み、物を考えてみずから深めて行くことの意義を思わぬではありませんが、しかし、直接現下の時局に協力出来る、たとえ微細な仕事でも進んで行うことがより一層正しいのではないかと考えて居ります。(今ここでは第一線で必要なものを作る仕事を幾つか受けもっているのです。)

私の心の中にある素朴な庶民のいさみ心の動きと思って下さい。私にとって、この読書の楽しみとわかれることが、いかに辛いことであるかは、いう迄もありません。しかし楽しみのためにする読書はもう許されない時になったと思います。作業をするからにはやはり全力を傾けねばなりません。いそいで手許にある本だけは片づけてしまいましょう。

○オリザニンとビオレバー、有難うございました。全く珍らしい気がします。オリザニンの清新な匂い、しかしこれはむしろ、英子や楊子にのませたいものです。紙―石鹸―入浴―薬品、ほんとうに窮屈になった由、ここでもきこえます。

今年は初頭から国際情勢は物凄い緊張の様相を示しています。どうか英子もしっかり気を引きしめて、覚悟して行って下さい。では又。

実

昭和十九年一月十三日朝(第三報)

英子様

（セーターをも一つ入れて下さい。去年も一昨年も一つですごしたのだから頑張れないこともありませんが。袖の長い分がいいですから、茶色の分にしますか。）

（1）　尾崎の弁護士堀川さんの令息が朝早く浅草の観音様の境内を通られたら、小さな印形がおちていました。ひろい上げてみますとそれは真新しい水晶の印で、尾崎とほってありました。尾崎の命をどうかしてひろいたい、と皆が祈っていて下さる時でしたので、その印を私のところへとどけて下さいました。

私は何気なくきたない五十銭札と一緒にお財布の中にしまっていましたが、何かの時、その話をある親しい夫人にしました。その夫人は「あら、もったいない、その印形を神棚へあげておおきにならなくちゃ」と云いました。それから神棚へあげて、観音様に祈りました。第一審で死刑の判決があってから上告審の判決まで万一助かるかも知れないと、藁でもつかみたい気持でいましたので、その頃周囲のものが迷信的になっていました。

（2）　藤田貞氏。祐天寺の辺りを「あさり、むきみ」とよんで来るあさり売りの小父さん（五十すぎ）がありました。私と女中がまずその小父さんと友達になり、お三時頃に来れば茶の間で一緒にお茶を飲んだりいたしました。その小父さんは弁護士の試験を受けるため苦学をしていることを知りました。まもなくパスしました。その小父さんは独身で、ほんとうに貧乏で、試験にパスしても弁護士会に入るお金もなく法服を作ることも出来ません。私は尾崎に紹介いたしました。その後の生活のことも相談に来ておられました。私の家では弁護士になってからも、いつもあさり屋さん、あさり屋さんで通っていました。尾崎が検挙されましてから、あさり屋さんはほんとうに心配して、いつもいつもお見舞いに来て下さいました。

(3)　日本国際問題調査会。会長西園寺公一。佐々弘雄、平貞蔵、益田豊彦、渡辺佐平、尾崎などが加わって作ったのが、この頃では会長西園寺を除き、これらの諸君は皆手をひき、越寿雄、山川敏夫君を中心に、私が顧問格で、国際問題を調査し、「世界年鑑」を編纂していた(松本)。

(4)　「世界年鑑」昭和十八年版巻頭の「世界政治の展望」。無署名だが私の論文であることを彼は知っていた。この論文は六十数頁中最初の二十五頁が削除になり、それが原因で以来年鑑の発行中止を命ぜられ、遂に国際問題調査会解散の余儀なきに至った(松本)。

七四

まことにお寒いことです。元気ですか。

弁護士さんから上告趣意書の写しがとどけられました。自分のことがかなり痛烈に客観的に叙せられているのに冷汗を覚えました。しかし全体として極めて迫真性の強いものです。たしかに裁判官に何ものか私についての真実をつたえることでありましょう。この記録をとどめ得ることは私としてもいささか満足です。

○楊子の十二日付の手紙実に嬉しく読みました。実に立派な成績でした。感心しました。

あんまりいいので心配な位です。もうこれからは成績のことにあまり骨折らないように。全体として十二番とはいえ、楊子は親ゆずり(或いは祖父以来かもしれません)で手のことが下手なのですから、実力は遥かに上だろうと考えられます。しかし学問は一生懸命つとめて下さい。ただ学校に頼っていただけでは問題になりませんよ。それにこれからの学校は、全く学問とは縁の遠いところを辿らざるを得ないでしょうから。英語は是非つづけて独りで勉強することです。面白い本を苦心して字引を引きながら勉強する以外に方法はありません。私も丁度楊子の年に、カードを作りながら希臘の神話を勉強しはじめたのが、本当に英語を学び始めた最初でした。上級生(中学の)時には「スリー・ホームズ」(三家庭)、「ヴィカー・オブ・ウェークフィールド」(ゴールドスミス著)、「トム・ブラウンス・スクール・デー」などを読み了えていました。これは高等学校の教科書に使われる程度のものです。

○東亜で活躍するためには是非とも、英語とロシア語と支那語とを知るべきだというのが私の持論でした。今後といえども変りはありません。

○鳥山[喜一]教授の「黄河の水」は今の楊子にとってまことに適当な参考書だと思います。(私の蔵書の中にも古い版のものがある筈です。)是非楊子の一読をすすめたいと思います。

○林語堂の「孔子論」はすぐれた本です。彼のものはいろいろ読みましたが、この仕事が一番すぐれているように思えます。これは外人向きに書かれたものですが、実はこうした研究態度や方法こそ、日本の漢学研究者に必要にしてこれまで欠けたところであります。中学の漢文の先生達が、この程度の理解を持つようになったら、ひとり古典の漢文のみならず、支那そのものの理解が、日本で始めて広く可能となるのだと思います。

○昨夜所内の教誨放送で大増税のことを聞かされました。私がかねがね云っていた財政インフレは戦争の必要によってぐんぐん進んで来ました。生活の圧力となって英子たちのたよりない日常にひしひしと迫って来ることを思って、ゆうべは実に心を苦しめました。英子たちをよるべない運命におとし入れた刑罰を私はこうして切実に受けていることを思います。どうか英子が強くこの困難に打ちかって行ってほしいと、ただ念ずる以外に私としてはすべがありません。ただただ雄々しく強いこと――それ以外に今後の英子たちの生きて行く道はありますまい。

○楊子よ、お前はたとえどんなことがあっても、明るく強くそれに打克って行ってみせるといいましたね。立派な言葉です。しかし、たとえどんなことがあってもというのは、実は、これだけはどうしてもほしいと思うことをも捨てることをも意味しているのですよ。たとえば、今楊子は上の医学専門学校に入ろうと考えているのですが、或いはそれが出来ないことになるかもしれないのですよ。お前たちをこんな目に合わせた私がそんな決意を促すことは身勝手なことと思うでしょうが、実は問題は個人的なところを離れています。すでに我が家一家の運命ではなく、少くとも国民大衆の共通の運命なのです。物は考えようです。男の子たちは勇ましく学業を捨てて、前線に少年兵として出て行くものたちが多いではありませんか。女の子は直接時局に協力するとすれば、工場に行くのが一番適切なわけです。ですが、私は楊子は生涯学問を愛し、真理を追求して行く人間となってもらいたいから、知識人としての道を踏み通すためには職場は事務方面がいいと思います。こうしたことは、お母さんが全力をあげて対処して行くことと思いますが、今日から覚悟をもってもらいたいと思います。

自らを時代の犠牲の祭壇にささげた私は、また、最も愛する妻子をも同じくその道づれにしなければならなかったのであります。(第五報)

一月二十日(手がちぎれそうです)

実

英子様

楊子様

七五

今日はまた素晴らしいいいいお天気です。こんな輝かしい日には寒さすら元気を昂揚させます。この頃は決して寒さにも萎縮してはいません。二十二日付けの英子の手紙受取りました。空巣の襲撃にもかかわらずいささかも元気を失っていないのは心強い次第です。これからは全く元気だけが頼りですからね。ところでアパート住いのことも考えてみる値うちがあるかもしれませんね。アパートも代官山か原宿の同潤会アパートあたりならそうみじめではないでしょう。原宿のなら楊子の学校にも近いし、用心も、便利もいいでしょう。そうして、今の家を貸して。いつぞや私が云っていたトランクシステムでやって行く。(トランク類はもう売らないことです。)

二十四日の日でしたか、弁護士さん(竹内さん)がたずねて下さいました。力強い精神的なお話をなさってもっとゆっくり聞きたかったのですが、立会いの役人の事務的な立場からの注意もあって、用事以外の話となる関係上、老先生の心の話を充分おきき出来なかったのは遺憾でした。しかしともかくも竹内さんの熱意には感謝のほかありません。竹内さんとも御相談の上、上申書筆記願いを早速沼裁判長宛提出しました。誠心を披瀝して現下の私の心況［境］をつづりたいと思っていますが、ほんとの姿がうまく表現出来るかどうか、あまり自信がありません。この頃気持ちがあまり澄み切ってしまって、いわば生死を超越しきってしまったために、いろいろな現実的な考慮が、執着が薄らいで来たような感があるのは困ったものだと思って居ります。

○民子ちゃんももう女学校を卒業する由、まことに早いものと驚きます。あすこの一家［小沢正元氏、北京に転勤］も一陽来復で、おばさんも得意なことでしょう。よろこばしいことです。しかし、この多難な時に大陸へ押し渡ろうという元気には驚きました。あちらの生活も今後は相当苦しいことが多いのではないでしょうか。

○なお竹内さんへ差し上げるものは大体例の香爐にしたいと今考えています。これは私が使用したものではありませんが、好きなものであることはたしかですから。（英子はあまり好きでないとみえますね。）私としては英子や楊子が手許におきたいと思うものは、手離して人にやりたくありません。赤皮のカバンは書類入れにして常用して下さい。（ただし婦人の外出用には向きますまい。）

○カール・フォルレンダーの「哲学史」〔「西洋哲学史」全三巻、古在由重・栗田賢三・吉野源三郎訳（皆一高の同期生）〕、いい本を選んでくれて有難う存じました。訳者たちの苦心をしのびつつ心読するつもりです。

○「タウト全集」の建築の巻〔「建築論集」篠田英雄訳〕を遂に見ることを得たのもよろこびです。タウトさんの思想の全き姿はやはりこの巻を理解しなくてはならないのだと思います。彼の全生涯の支柱は、結局全心〔身〕全霊をかたむけた「建築」との取組み合いの間にきずかれたものであったからです。やはり、タウトの理解は「桂離宮」から入るべきではなく、この「建築」から入るべきだと思います。

○英子は湯タンポは使っていませんか。僕は陶磁器製の湯タンポはほんとにいいものだと思います。この正月から使用を許されて毎晩ほんとに助かっています。ここでも二種ありますが、実用新案特許(277596)と書いてある、白色の磁器製のものが、堅緻でありかつ軽く、具合がよろしいです。陶製の大きくて厚ぼったいのはよろしくありません、これは買ってためして御覧なさい。

○この頃泥棒のことをしきりにききます。湯屋では下駄や石鹼や櫛まで油断するととられるといいますし、夜には洗濯したシャツやおしめまでとられるとききます。靴はよくとられるそうですね。何しろごく普通なのが百五十円もするそうですから無理もありませんが。そうして闇は大口のものはここに溢れて来ていますし、小口のものは公然往[横]行して居る現状ですと。国民道徳の低下が心配されます。「衣食足って礼節を知り、倉廩充ちて栄辱を知る」という管仲の言葉はまことに千古を貫ぬく真理であるようです。

○昨日の所内の教誨放送で今年度の尨大軍事費ならびに予算のことをききました。厳粛なものを感じます。一文の収入も無く後に残して来た英子たちの生活を思うと鞭打たれる気持ちです。しかし英子、元気を墜としてはいけない、この際貧乏は決して恥ではありません。衣、住などどんなに程度を下げてもいいと思います。ただ食事だけは気をつけて、身体をもちこたえる最善の努力をすることです。孔子が云っている次の言葉を味うべきです。「邦有道、貧且賤焉、恥也。邦無道、富且貴焉、恥也。」邦に道無しというは、いわば超非常時と解すべきでしょう。今日以後の時期の如きを指すと考えていいのです。そういう場合に富貴であることはかえって恥ずべきことなのです。

○私は今まで過ぎて来た後をふりかえってみるとき、常に楽しい思い出にみちて居たように思われるのです。今、終ろうとする客観的にはまことにみじめな生涯の最後すらなお、この楽しさを奪うにいたりません。この秘密はどこにあると思いますか。それは私の性来の楽天性によるものでも、のんきのためでもありません。只一つ、私が常に理想をもって生きて来たからです。もし私が個人的にのみ考え生活して来たのだったら、こんな目にあったら忽ち一切が土崩瓦壊してしまったことだと思います。幸にして私は足許が崩れてしまいましたが、なお高い理想によって生きるかぎり元気づけられることが出来るのです。なぜ今ことごとしくこれをいうかといえば、楊子にもこの秘伝を伝え度いからです。楊子もどうか目さきのことだけに捉われずに、理想を持ち、理想を高く掲げてほしいと思います。勿論それは楊子自身の理想であって、お父さんの理想とは別であるべきです。

○赤羽先生［楊子の小学校当時の学級担任］はとうとうお亡くなりになった由、お若いのにお気の毒なことでした。まことに悼ましい限りです。ことに英子や楊子たちのために、そんなにも心を傷められたと聞くと相すまない気がします。

よき人達が次々に世を去って行くことです。時代は流星の墜ちること多き時です。（第七報）

一月二十七日

実

英子様

楊子様

七六

楊子さん、二十三日のはがき有難う。お母さんの誕生日教えてくれて、懸案解決しました。もう決して忘れませんよ。この来月の一日には、私一人英子の誕生祝いをします。それに今日明日で是非例の手記を完成させてそのよろこびと一しょに——まずお弁当を久しぶりにとって、それから例のお菓子薬りのビオスボンというのは一ぺんに一袋——二十粒も食べようと考えています。そういえば三月の一日はその昔私が一高の学生だった頃には紀念祭の日でした。それはそれは楽しかったですよ。本郷の今の農科のあるところに有名な時計台のある学校と寄宿舎とがありました。この紀念祭は東京の年中行事の一つで、中学生や女学生がどっと学校に、この日には押しよせて来たものでした。春がそろそろ丘の上におとずれて来る時でしたし、ほんとににぎやかで楽しかったですよ。今の駒場の紀念祭はもうそんなによくはありません。それに何といっても時代が変ってしまいましたからね。高等学校などというものの時代に対する比重も全く小さくなってしまいましたから。——それは当然のことですがね。でもお父さんが元気だったら、女学生になった楊子をつれて紀念祭の見物には出かけたでしょうに。

手記は丁度一ケ月書きつづけたことになります。こんなにも心血を注いだものが、少しも人の心に響くものを伝えないなどということがあるだろうか、もしそうならば私自身が全くくだらない人間だということになろうと思います。しかし、私が外でもてはやされた――評論家として――のは、あれは私が一種の予言者であり、警世家であったからですよ。私のもつ支那問題その他の知識ではありません。時代の若人たちが理由は知らず何かしらそういう風に私を迎えていたのです。もっともそのことは私も今感じるのですがね。だから神通力を一旦失った今は、人の心をうつだけの筆力も無いかも知れませんね。仙人は羽衣を失えば地に墜ちてもう飛べないのですから。

それはそうと、天地、日月の動きは全く不思議ですね。私の入っている北向の筆記室の窓にも、この頃夕方になるとうっすりと日影がさすようになりました。日足が移って来たのですね。春ですね、もう。去年の秋には秋まで味えたと思いましたが、今年は春が味えようとしています。沁々した喜びです。

窓辺の墻の中の桜の蕾、しょぼしょぼながら二つ三つほころびました。英子の誕生祝いにふさわしい花もあるし。三月三日は楊子のお節句ですね、しかし、学年試験と一しょではつまりませんね。

楊子がそんなにもごはんをたくさんたべるようになりましたか。外に居る時私はそれをどんなに望んだことでしょう。しかし今はまた別な心配もします。この食糧不足の折から、きっとお母さんが、楊子のためにひどい節食をしているのではないかと。

またマーシャルで大へんな犠牲者を出しましたね。心がうずきます。楊子もどうかしっかりと心を定めて、どんなことにでも喜んで当るだけの心がまえを作っておいて下さい。私がかねがね云っていたように、もうやがて一身一家の不幸をなげく暇もなくなる時が来るでしょう。国家の安危の中に全身全霊を投げこんで、そこに全力を尽しさえすればよい時が来るでしょう。

身体を大切にして勉強の出来るうちは一しょう懸命に勉強しておくことです。そうして大きな眼を開いて世の中の正しい姿を見ることを怠らないように。お父さんが生きるかぎり楊子の応援をしています。いや、たとえ死んでも、楊子を守っていますよ。

封筒と便箋やっと手に入りました。実に立派な便箋で使うのが惜しい位です。これは日常は使いません。やはり封緘が便利ですから、あったら入れて下さい。(検閲の上でも便利でしょうから。)

二月二十八日　　実

楊　子　様

七七

春の雨が夜来蕭条として降っています。その音を聞いていますと心が限りなく和みます。

だがまだ春寒は肌に沁みます。

本は入らなかったでしょう。来週もあやしいと思います。実はうんと溜ったところへもって来て、内で買う本は制限外でも入るのでつい余計に買い込んでしまったのです。そのうちの一つ「新ドイツ偉人伝」〔アンドレーアス、ショルツ共著、青木重孝訳〕は、これは巻頭にローベルト・コッホ博士の伝があったので、楊子の進級祝いの贈物のつもりで買いました。この本は面白い本でした。楊子には少しむつかしいかもしれませんが、是非よんで下さい。読み方は、第一に、フラウンホーファ(光学者)――アッベ(科学者)――コッホ(有名な結核菌の発見者で、近世細菌学の始祖)、それから、オットー・リリエンタール(グライダーを最初に作った人)――ハーゲンベック(これは有名な動物園主)などの順がいいと思います。ヒンデンブルグやシュリーフェンはともかく、ナチス・ドイツの新らしい愛国者のことは、今の楊子にはよくその意味が分らないと思いますから、後まわしで結構です。

オットー・リリエンタールで思いついたのですが、私の今のペンネームをオットー・オリエンタールとしようかなど考えています。(オリエンタルは東洋ということです。)どうです、いいでしょう。そうして支那式には、尾崎亜夫(これはアジアの男という意味、読む時はツギヲ、又は音でそのままアフ)――欧亜夫などもいいですね。――春雨をききながらこんなことを考えています。だが、今に楊子の子供でも生れた時には名前をつける参考になるかもしれません。

○私の生きる態度の結論は次のようなものです。参考のために二人に書き送ります。

根本的には永遠に悠久に生きるよろこびと落ち付きを獲得したこと。

人生では生涯の計画をたてて生きることがよろしい。従って先の先までいろいろと思いめぐらしてゆくことは正しいと思います。しかも生命に対する覚悟は、実に一刹那に全生涯をこめて充実して生きることとです。

お釈迦様が、お弟子に命をどう観じているかと質問をされた時、第一の僧は一日の間と答え、第二の僧は御飯を喰う間と答え「未だし」といわれ、第三の僧が吸う息と吐く息の間と答えて「汝道を得たり」と許されています。それはほんとです。しかし常識的にはその日一日を充実し、力一杯、しかも楽しく生きて行く、その次の日に世を去らねばならなくなっても少しも悔いない、というのが立派な安心を得た生き方ではないかと思います。今のお父さんはその境地にどうやら達したようです。こんなことを云っても楊子たちにはどれほどの参考にもなりますまいが、私は実にそれこそ命をかけての体験と思索から、やっとこの平凡なしかし偉大な結論を得たのです。だからきっと何かの時に思い当ることがあるでしょう。よく嚙みしめて下さい。

ずっと歯(左の奥下)が悪くて困っていましたが、勿論手入れも出来ずほってありましたところ、この頃は気候の加減か痛んで飯も嚙めない始末――だがそれこそ歯を喰いしばって頑張るより他はありません。しかしそれ位は立派に堪えられるつもりです。

切手帳は手許に置くか、誰か東京の人で倉でも持っている人にあずけるのがいいのではないでしょうか。非常避難の時には、持ち出すには及びません。(1)

なお家にあるもので多少金目のものは絵です。「支那夫人」は七百円のを五百円にまけてもらって、二百円、百円ずつの月賦で払ったもの、佐渡海岸の方は八十円でした。(2)それから別の画伯の杭州の風景は百三十円払いました。私の考えでは、五百円の絵は画伯に乞うて展覧会その他の時に売ってもらったらいいのではないかと思っています。

ではまた。(第十九報)

三月十日　陸軍記念日に　　　　実

英子様

楊子様

(1)　前にも云った彼の愛蔵の切手帖。それは後に埼玉県粕壁在の友人山崎謙君に預けた(松本)。

(2)　柳瀬正夢氏。尾崎は氏と親しく、幾枚か画伯の作品を持っていた。その一枚は私が三木清君に話して二百円で引取ってもらった。支那夫人の画はいまも尾崎家にある。画伯は尾崎の死後約半歳、一九四五年五月二十五日の夜の東京大空襲で、新宿駅附近で焼夷弾の直撃を受けて、惜しむべき死を遂げた(松本)。

七八

昨日は布団を屋上に曝さしてもらうために、屋根に出ましたが、実によく晴れて、風はまだ冷たいながら、陽の光はあらそわれぬ春の色でした。富士山の雪をいただいた姿を何年振りかに眺めました。大菩薩峠から、秩父の山々、それから筑波山がはっきり眺められました。議事堂や、新宿の伊勢丹のビルヂングもよく見られました。飛鳥山のあたりには花の雲ではないが、しかしこんもりとした丸味を示していました(高等学校の頃、二春、小石川の大叔父さん[尾崎市三郎氏、父秀真の叔父]に引率されて雑踏した山に遊んだことを思い出します)。何といっても富士山の姿は美しいですね、学生時代、秋から冬にかけてよく戸山っ原から見られましたね。震災の時には「おや」とおどろく程、東京の街の中のところどころから眺められましたっけ。三浦三崎から見た富士の姿も忘れられません。

ところで一生懸命のびあがってみましたが、「妹の家」のみは残念ながら見えませんでした。

歯はまだ根本解決にいたりません。抜いてもらうつもりで出かけたのですが、前に歯を抜いて死にかけた話をして、どうせ死ぬのなら歯で死ぬのは本意でありませんと冗談を云ったところ、お医者さんは真面目に大事をとったのでしょう、しばらく様子を見ることになりました。しかし結局は抜いてもらわなくてはなるまいと考えて居ります。

人生はどんなに苦しいことがあっても、しかも生きるに値する。――この一事こそ私が今日まで摑み得た確信であって、いわば、今日まで英子たちに書き送り、云い伝えたことはこの一事に集中されているのであります。

このことは是非楊子に分らしたい。そのためにはまず英子が自分の確信としてこのことを理解してほしいと思って努力して来ました。恐らく二年半のうちに、英子たちもそういう境地に到達したことと思って居ります。

しかも今は大きな時代であり、人類が高い段階に飛躍向上するための意義ある時代を経過しつつあることは確かであります。私などはこうした形で死ぬことすら充分意義のあり、生甲斐のあることだと考えて居ります。況んや、自由な身であって、生きてこの時代を経過出来る英子や楊子たちは、羨むべき幸福ではないかと思います。私は真実こんな風に考えて居ります。

椿の花が次第にほころびて来ました。喜んで毎日可愛がっています。しかし、日光が不足しているために花の色がまるで薄い桃色です。それに勢よくは開かず、可憐です。窓辺のビンにさした桜の枝、花はしおれましたが、青葉が出て来たので、まだ棄てかねて居ります。

「三十三年の夢」〔宮崎滔天著〕はなかなか愉快ですよ。文章は少し下手糞ですが、しかし面白いです。英子も読んでごらんなさい。一体この一族の人々は、非常にスッ頓狂で、ちょっときつねを馬に乗せたようなところがありますが、しかし一種の夢想家で、情熱を持っていることはとるべきでしょう。滔天が始めて揚子江を遡って上海に入った時、何とも知れず感極まって泣いたと書いてあることは、同感出来ます。私も最初に上海に入った時の感激は、一生のうちの最大のものの一つです。——楊子よ、お父さんとお母さんと二人で、連絡船ではない船で神戸から出かけたのでしたよ。まだ一等に乗れなくて二等船客でした。英子は船に弱かったので、私程この船旅を楽しんだり張り切ったりはしていなかったようでしたね。

二十一日、春季皇霊祭の日から丸善の石鹼を下しました。ほのかな匂い、形も色も愛すべきです。この日はお彼岸の中日で、［以下二行抹消］

今や、どこからでも、いつでも、おいでなさいといった気もちです。しかもそれは、江戸の俠客のあの勇みの棄て身の態度ではなく、春風のうちに静かに身を委せているような和やかな気もちをもってしてです。

実

三月二十三日(第二十三報)

英子様

楊子様

楊子は試験休みの楽しい日が始まりましたね。

七九

もう四月になろうというのになかなか春がやって来ませんね。たしかに今年は半月は気候がおくれているのではないでしょうか。もう袷に着かえる時が来ているのでしょうが、まだこの暖かい綿入れを脱ぐ気にはなれません。今度——来週差し入れの時には、よほど暖かになったらにして下さい。もっとも季節が移って衣更えするというような小さなことでも、この中にいては一つのかすかな喜びではあるのです。

肝油薬を郵送してくれた由、どんなのが来るかと実はたのしみにして昨日から待っていますが、まだとどきません。薬品類は一番早く手渡してくれる筈なのですが、今日一日待ってみて入らなかったら、しらべてもらうつもりです。書留にして発送しましたか。

歯は抜いてもらいましたが、すでにだいぶ歯根がうんで居りました。もとはむし歯からですが、ほっておいたのでうんだわけでしょう。ところが厄介なことには、これは奥から二番目ですが、一番奥のもどうやらいけないらしいのです。全く、余計な苦しみをするようで馬鹿らしい話ですが、これも運命でしょう。結局も一本抜いてもらわねばなりますまい。幸に出血はありませんでしたが、その後引つづき歯ぐきもろとも脹れ上って難儀をしています。

英子は私がまたひどく痩せたと心配してくれましたが、約一ケ月も苦闘したあげくがこれなのですから、むしろ当然で、現在の昂然たる意気が無かったら、きっと身体などもっと参ったろうと思います。幸に胃腸障害も大して進まず、春とともに追々回復のことと思います。何事でも、じっと頑張っていればきっと明るい方向に転回して行くものだというのが、私の経験から得た確信です。ここの歯科の先生は若い人ですが親切ないい人です。実際お礼の心を表わしたいと思っているのですが。

家に「マキャベルリ全集」(「マキャヴェルリ選集」多賀善彦訳」の中の数本がありましたね(創元社版)、そのうちに「王侯論」(「君主論」となっていましたかもしれません)があったら入れてくれませんか。もしなければ他の巻でもいいと思いますが、要するに彼の思想がもっともよくあらわれているものがいいわけです。「フィレンツェ史」のあることは知っていますが、他にはどんなものがあるかは知っていません。一冊読めばたくさんなのですから、誰か友人に、宅にあるもののうちから選んでもらえば結構です。——英子が選んでくれても結構です。

昨日英子の着ていた着物は柄は見覚えがありましたが、裁ち方は実に珍らしいものでした。英子によく似合っていました。あれが戦時下の標準の婦人服(第何号かの)であるとすれば、なかなかいいものだと思いました。服装の点でも戦争は日本の旧弊を打破する一契機をなしています。実に各般にわたり否応なしに、古いものがこわれて行きますね。待合や高級料理店、歌舞伎芝居のための大劇場――そうしたものは当然清算されるべきものだったのです。古い封建的なものが、明治以後の資本主義的な外被を借りて生き残って来ていたのです(更に制度としての公娼廃止まで行くべきでしょう。公然と公娼が認められているということは何といっても日本文化の恥です)。――勿論このことは社会の日蔭に私娼などの存するであろうという事実とは別個の問題です。

楊子、学校が休みになってどうして毎日を暮していますか。休みのうちにまたたよりを下さい。待っていますよ。(第二十六報)

三月三十日　　実

英子様

楊子様

八〇

この前面会の時、楊子が私に会いたいといっているときいて真からうれしかった。実は長いことそのことについて考えていたのだ。始めの頃はとても顔を見る勇気が無かった。そうして、私が家を出る前の元気な姿のままで永久に記憶してもらった方がいいとも考えていた。しかし最近では、もしも楊子さえいやでなかったら、僕は会って訣別のことばを残したいと考えるようになっていました。しかしそれをいい出すことは躊躇していたのでした。

何にしても十六の楊子は、私の考えているよりも遥かにしっかりとした、一人前の女性になっているように想像され、頼もしいかぎりです。

三十一日付けの英子の手紙をもらいました。庭の様子など、眼のうちに浮んで来ます。信代さん[武谷信代氏、英子の女学校時代からの友人]がたずねてくれたそうですね、あの人もさぞ英子の今の境遇には感慨の深いことでありましょう。英子たちはあの人の両親の代から、またその子たちの代まで、お互に知りあっているわけですね。一人の一生のみでなく、三代のうちのいろいろな人間の運命の変化が思われることでしょう。

このあいだの肝油薬「ビタメール」実に結構でした。毎日愛惜しつつ服用しています。それからもう家に兵児帯は無いでしょうね。今使っているのが残念ながらひどくやぶれてきました。この中で日常使うのならこれでも差支えはないのですが。もしもあったら、木綿でも人絹でも結構ですから入れて下さい。交換いたします。

今日は四月五日、公判の日であります。勿論結果について何等特別の期待はもっていないわけですが、しかし正直なところ一昨日あたりからやはり心のすみにどことなく一種の感情があるのを感じました。そういう時には、香をたく気もちになってじっと心を澄ましました。

今はすでに正午を遥かにすぎました。一切は終った筈であります。

楊子や英子と一しょに会う日は、この九日が楊子の休みだからとも考えましたが、やはり少し先に行ってからの方がいいかと思います。十六日の日曜がもしも休みなら(女学校は日曜でも休みでない日がこれからあるらしいですから)、その日あたりはどうかと思っています。

楊子は今日から学校のおひっこしで大変ですね、ひょろひょろの楊子が重いものをかついだりして大丈夫かしら。その面白い恰好を想像しています。——第二十八報—— 実

四月五日

英 子 様

楊 子 様

八一

まことに光まばゆき春です。陽の光が土を明るく照らしているのを眺めていると、何ともいえぬいい気もちです。

窓辺には沈丁花の花がすっかり開いて、すばらしい匂いが部屋の中にたちこめています。椿の花も四つ咲きました。今や私の部屋はらんまんたる春です。

四月五日(1)、私の運命が最終的に決定された前後をふりかえってみましても、殆んど気もちの上に変化も、抑揚すら感ぜられませんでした。流石に長い間生死の問題に真剣にとりくんで来た私の心の用意に間然することの無かったことを知りました。それは喜びでありますが。しかし英子に会った時には、私はたしかにそれでいいとして、英子や楊子の気もちはどんなだろうと深く心に反省して心が傷みました。私はこの間一方において自分自身の覚悟を進めるとともに、全力をあげて英子や楊子にせめてあきらめに徹してもらおうと努力して来たつもりです。英子はしっかりしているから案外私の考えるよりもずっと早くから覚悟が出来ていたことかと思いますが、どうかもしもまだ心のどこかに傷みが残っているならば、一日も早くそれを脱却してくれるように祈っています。

私の昂然たる心境をのべたりして、ずいぶん自分一人身勝手なことだと思うかもしれませんが、どうか許して下さい。私はやはり本質的に時代の荒波に敢然として身を抛うつ態の男だったのです。

英子は外にいる私の友人たちがどれほど私のために努力してくれたかしれないということを話しましたね。私にはそれは充分分って居ります。それはこれまで特に何をきかなくても感じて居りました。特に誰々がということはよく分らない場合も多いのですが、決して少ない数の人の好意をうけたのではないということが感ぜられました。感謝、感謝、ただ感謝あるのみであります。思えば私は幸福な人間でした。この一生いたるところに深い人間の愛情を感じて生きて来たのです。わが生涯をかえりみて、今燦然と輝く星の如きものは、実に誠実なる愛情であったと思います。友情はそのうちに一等星の如く輝いています。

楊子よ、愛情の輝きをくもらすものはただ我慾と利己主義だということを知っておかねばなりませんよ。私は幸にして生れつき珍らしい位私慾の少ない男でした。——恐らくは平和な単調な時代には不適当な性格の男だったのです。——そのために私は愛情——特に男の友情には人一倍恵まれて来たのだったと思います。

楊子は私のためにつくしてくれた友人たちの恩を心から思って、その一生涯を通じてそれに報いるように努力して下さい。

英子と楊子と三人で近いうちにゆっくり語りあえる日をどんなにか楽しく期待しているかわかりません。昨日舎房の責任の部長さんがいつでも立会ってやると云ってくれました。みんな親切にしてくれます。有難いことです。只一つだけ約束しましょう。その会見は、決して悲しい別れではなく、あくまで楽しい一家の地上最後の団欒なのです。だから三人とも涙は一切出すまいということです。そういって私が一番あやしいものです。もっともそれはうれし涙ですがね。

昨日帯を入れてくれるように云いましたが、別にそれに及ばないと思います。事情をよくしらべた上で新らしい事実がわかったからです。最後の時の装束はすっかりととのっています。私は約二年前位から心がけてあったのです。それで真白なチリ紙、新らしい草履(この二つなぞは今はどうしても手に入りません)、新らしいハンケチ、新らしい足袋、これだけ別にとりのけてあるのです。

執行までどれだけの時間があるか全然見当もつきません。勿論、私としては明日でも結構ですが、しかしまだ二、三、申し残して置きたいことが無いでもありませんから、順を追うて申しのべましょう。

新たに物の差入れなどする場合は大体私の方から頼んだ上にして下さい。一般に事足りておりますし、物の貴重な際無駄になってももったいないと思いますから。

春光とともにうらうらと残りの日月をわたって行きたいと思って居ります。心すこぶるのどかです。父上始め、心配をかけた友人諸君に心からなる私の感謝を伝えて下さい。

昭和十九年四月七日　第一書　　実

英子様

楊子様

(1)　この日、上告棄却の言渡しがあった(松本)。

八二

楊子、ほんとにすまなかった。喜びの限りないお前の青春にこんな深い悲しみを与えてしまって、親として私は何とお前にわびてよいのかわからない。他人に対してのあやまちは、死をもって詫びる、つぐないをつけるということが出来ます。しかし英子や楊子のためには、死んではつぐないにならなかったのです。私はどんなに苦しくとも恥をしのんでも、楊子のために生きられるかぎりは生きようと思ったのでしたが。この上はただ一日も早く楊子がこの悲しみにうち克って、勇ましく前進してくれることを祈るばかりです。僅に十六の春を迎えたばかりで、まだ病気でもない人生の活力の頂点にあるべき父親を突然奪い去られるのですからさぞ辛いことだと思います。しかし楊子はきっと立派にこの苦難に堪えてゆくことと確く信じています。このお正月の手紙に楊子が書いた、立派な決意は何よりもこのことに対する覚悟ではなかったかと私は信じて居ります。

世の中で見事な足跡を残した人達を見ますと、大ていはその半生に人一倍辛い目を経験していることがわかりましょう。艱難が人間を鍛え上げるのです。楊子もこの苦難悲痛を立派に生かして前進のための踏み切り板にして下さい。

英子に申しますが、私は今のところやはり英子は現状を出来るかぎり維持するのがよくはないかと思います。そうして一切を先の先まで考える必要はありません。楊子が学校を終えるまでの二年として計画を建て、そこに全力を集中して生き抜けばいいのではないかと思います。私の考えや理由は今度ゆっくり話すときに語るつもりですが、まずぼつぼつ私の物を整理して行き、本なども楊子が将来いるものと紀念のものとをのぞき売り払う。そういう風にして次第に楊子中心の新らしい生活に発足出来るように生活を単純化しつつ、楊子の訓育をはかり、静かに時世を眺めつつこれに対処して行くのがいいのではないかと思います。去る九日には竹内弁護士を中心に、私の死後の英子たちの将来の方針について協議してくれた由(1)、まことに有難いことと思っています。どういう意見に決まったにしろ、英子が最後に決定してくれるなら、私に異存は少しもありません。

竹内さんにはほんとに感謝の言葉もありません。最後にこのような人と知り合ったことは私の幸福でした。竹内さんは英子を「女丈夫」といわれました。あの控え目なじっと家内だけの静謐を守ろうとするような消極的な英子を否応なしに「女丈夫」たらしめた、過去二年半のまことに苛酷な苦練を今更ながら思わずにはいられませんでした。英子の健闘をあらゆる感謝をこめて祈ってやみません。

ところで実に多くの人たちに厄介になったことと思いますが、これから発信日にぼつぼつそれらの人達に、最後のあいさつを送りたいがどうでしょうか。中から手紙をもらったとて別に迷惑をするわけでは無いと思いますが、もし英子が賛成ならそれらの人達の住所と名前を書き列ねて手紙を下さい。

例の特別面会のことは、この十九、二十、二十一日のうちあたりにしたいと思いますが、そのつもりで用意して下さい。近日中に決定した上、速達をもって知らせます。大てい受付けの人が事情を知っていて、問題はないと思いますが、要するに「刑が確定しお別れをして、将来のことも話し合うについて特別面会の許可を得たから」と云って、そのまま所定のところに通してもらうのです。所管の部長さんはいつでも立会ってやるといってくれています。

魔法壜の無いのは残念ですね、例の水筒に烏竜茶など。甘いものの夢は、まんじゅう、ぼたもち、一等下っては、あんぱん、ようかん、次には甘い菓子何でも、また、ジャム、ジェリー、コンデンスミルクなど。［以下四行抹消］

人間はこの世に執着を持たなくなると、結局全く自然な一生物としての本然の姿にかえるのだと知りました。これからの僕の生き方は全くの「無為」に近いものだと思っています。

三十一日付の楊子の手紙受取りました。楊子の新入生歓迎の辞は読みたいものですね。楊子が全校一の文章家だってちっとも不思議はありませんよ。お母さんは大したものだし、私もまた、小学校から中学にかけて全校一の文章家だったのですからね、――今でこそ下手くそになりましたが、これは時世が私を文章家たらしめなかったのです。楊子が小さい時に書いた黒犬のこと、益田［豊彦］さんのおばさんの亡くなった時の文章など、今でも上手だったことを覚えています。

今日は久しぶりに明るい日ざしです。早くほんとの春がくればいいのに。

四月十二日　第二書　　　実

英　子　様
楊　子　様

(1)　四月九日夫人と私が竹内邸を訪れ、刑執行後の遺骸引取方について相談した。拘置所から竹内さんに電話で知らせてもらい、竹内さんから二人に至急電報をうつことにしようときまったが、私たちはまだまだ絶望してはいなかった(松本)。

八三

昨日は面会有難う。時に特別面会の件決りましたからお知らせします。

日は来週木曜日(二十日)としましょう。(これはそちらの都合がどうしてもわるければ前後に変更も出来ます。) 午前でも午後でも結構、そちらの都合のいい時に来て下さい。ただし午後なら一時頃に到着するように早目の方がいいと思います。

普通の手続によらず、保護部長の増山さんを直接たずねるようにして下さい。すっかり話はついていますから(つまり刑が確定して親子が将来の相談をするために許可を得て特別面会をするのだということを受付けの人に通せばいいのです)、部長さんが時間をさしくって立会ってくださることになっています。ほんとに有難いことだと感謝しています。

私がこの会見の日をどんなに心から楽しんで待っているか、想像して下さい。

父上が御上京になった由、この度のこの結果については父上には何とも申上げようもなくすまないことと思って居ります。お心の中をお察し申上げ断腸の思いがあります。

併し乍ら私たち親子三人は今日まで二年半のあらゆる心の苦闘を戦いぬいたあげく今日では、一種の静けさを得、それのみかすでに朗らかさにすら到達したように感じて居ります。勝手なお願いではありますが、どうか父上も一日も早く、さらりとさっぱりとしたお心もちになっていただきたいと心から祈って居ります。人生についてすべてよく御存知の父上ですから、きっと直ちにその境地にお入りになれることと確信いたします。なお私の最後はすでに見とどけていただいたも同然でありますから、処刑執行の後まで御滞在下さらなくても結構だと存じます。これは人により事件によって要する日数が不定でありますし、既にあまりに長く、家をあけて居られて留守が御心配なことと存じますから。

父上は生涯の営々たる御経営が最後に私のことで一切失われたとお考えになっていられることと存じます。まことにそれにちがいはありません。しかしまた一面考えますならば、今や父上という一本の幹からは名古屋の秀彦君[兄秀波の長男]たち、東京の楊子、台北には秀枝とその子(!)、それに秀樹君たちという四本の枝が生れたのであります。何とすばらしい発展ではありますまいか。生物として、人として父上の生涯は決して貧しいものでは無かったのではありますまいか。その枝は風雪や嵐を経ていためつけられることがあっても、やがて小枝を伸し葉をしげらせて栄えて行くことでありましょう。私はこれを思う時、ひそかに父上のために万歳を叫んでいるのであります。

私は父上は郷里の家にお帰りになるのがいいと思って居ります。しかし枝たちは、それぞれの太陽を追い、思い思いの方向に小枝をのばさせるのがいいのだろうと考えて居ります。

父上はどうかお身体を大切にして枝や小枝の発展をいつまでも見守ってやっていただきたいと存じます。も一度お目にかかれますかどうか。もしもお気にむきましたら、お目にかからせて下さい。

楊子よ、七日付の手紙は実にすばらしかったぞ。実は刑の確定した後の日付けだったし、楊子がどんな気もちだろうかと実は天を仰ぐような気もちで開いた、ところがどうだろう。絵入りの面白い学校のお引こしの報告がいろいろと書かれてあった。おやまだ知らないのかしらと思っていたら、最後のさりげない一句で何もかもはっきり知っていることが分ったのだ。しかも結びには、これから友達のところに遊びに行くのだと書いてあった。僕は思わず楊子万歳と叫んでしまった。この手紙を通して、僕は楊子と英子の心の用意の深さを知ることが出来た気がする。感謝したい気もちだ。

村上［知行］君の「秦の始皇帝」は面白うござんした。その前の徳齢の「西太后に侍して」はまことに現代の奇書です。楊子も面白いから読んでごらんなさい。セミラミス女王とロシヤのカタリナ女帝、東洋では、唐の則天武后とこの清朝末期の西太后の四人が、歴史上の最大の女王だと思います（怪物の意味）。そこにはしかし人間としてのえらさもあります。書いた人は近代支那の第一のハイカラ女性です。よく読めばそこにはまた現代支那の悲劇の真相の一端もうかがわれましょう。

花をありがとう。花はいつみてもいいものです。桜の花もまじって咲いています。では今日はこれで。第三書　　　　実

四月十四日

英子様

楊子様

八四

昨日はほんとに嬉しかった。私の生涯に幾度も無かった大きな喜びの日だった――勿論深い悲しみをも内に包摂してはいたが――。

実をいうと、朝から一張羅に着換えて今か今かとしらせが来るのを待っていました。「哲学史」を読んでいましたが一向頭に入りませんでした。ふと二十歳頃の人を待つ時の心を思い出して苦笑した程でした。楊子が大きくなって、太って、肩巾なども堂々として来たのには驚きました。あんなによく顔を見ておきましたのに、別れて後から目をつぶって楊子の顔を思い出そうとしても、なかなかすべての部分が思い出されません。〔一行抹消〕白い沈丁花の花やつばきの花の色に庭の春をしのびました。それからあの石鹼のいい匂い――石鹼はまだ充分ありますから差入れには及びません。

いろいろ話したつもりでしたが、後で考えるとやっぱりまだ云い残したことがたくさんあることに気がつきました。しかし幾十年一しょに暮して来ましたが、私は昨日ほど多くのことを一度に語ったことは無かったと思います。楊子は昨日私が語ったいろんなことについて今は理解しにくいことが多かろうと思いますが、そのうち心の隅からとり出して考えて味わって下さい。きっとこれからの人生の旅路で役に立つものがあるでしょう。

家を売る話、まだ何となく惜しいような気がして賛成しませんでしたが、後でよく考えてみると、ほんとに理解のある人が好意的に申し出てくれる時はたしかに一つのチャンスであるとも考えます。それに私のことが結末する時はまた生活様式を変える一つの機会であることも確かです。ただしその場合のお金は一纏めにして、例の二ケ年計画資金の生活費とは別にして、そっくり、例えば鶴見の工場の重役〔三木喜延氏〕などにたのんで、増資の場合株を買ってもらうとか、或る種の事業資金として出資するとか(現存の事業会社なら直接の軍需関係でなくとも時局的な産業として国家の保護を間接にうけていると見るべきでしょう)、またどうしてもいい便宜の無い場合には野村か小池あたりの投資信託にでもあずけてしまうのがいいと思います。

白水館[従兄野尻彪雄氏経営の旅館、岐阜県加茂郡西白川村]の経営に参加する話など、勿論平生の場合なら英子なら立派にやって行けると思いますが、何しろ、今は物資が極端に窮屈なのですから、その点で見こみがありますまい。総じて、個人的な商売は、今後はむつかしいと思って下さい。商売のことは考えない方がいいと思います。個人の才能や経営能力を智能・技術的に生かす仕事が適当だと思います。英子が筆耕で生れて始めてのかせぎをした話は大いに愉快なニュースでした。

英子も楊子も今や完全に都会の子なのですから、都会の中に生き抜くことを考えるのが正しいと思います。ただ、今日まで三代にわたって積んで来た文化的なインテリとしての蓄積を発展させて行くことがその使命だということを忘れないように。

万年筆の話はちょっとびっくりしました。勿論あれはもともと高価なものでしたし、私の商売道具として無理をしたものでしたが、いかに物の貴重な時代とはいえあの値段には驚きました。そんなに高く売れなくても結構ですから、こうしたもので楊子や英子に直接役に立たないものは思いきって希望者があり次第、どんどん捌いて行くことがいいと思います。お金は頼りにはならんとはいえ、また物にもあまり執着することはよくないと思います。食生活に第一の注意をはらい、日常生活を立派に維持しつつ、この大きな時代の中から学問と経験とを汲みとって次の時代へ生き抜いて行くこと、それこそ、私が二人に希う一切の希望なのであります。このことを忘れないように。

父上はもう郷里におかえりになったそうですね。折角御上京になったならも一度最後にお目にかかりたかった気もしますが。父上の書き残された私へのお手紙是非見たいものです、差入れて下さい。

昨日は、面会の模様が急にかわって予定とちがったのは遺憾でした。ことに心づくしのことが無になったのはどんなにか残念だったろうと思われます。私も少し残念でした。しかし勿論、そんなことはあの大きな会見の喜びに比べては問題にもなりません。部長さんの好意はお前も深く感謝してよかろうと思います。

お金五十円有難う、いつまでもお前たちの大事なとっときのかつぶしを削りつづけることですね。

春はしきいまで来ながらなかなかたゆとうて入って来ません。今度の日曜あたりは、しかしいいお天気になって、丁度満開の桜を見に楊子が野山に出かけられればいいが、などと考えています。　第五書　　実

四月二十一日朝

英子様
楊子様

八五

昨日の日曜は楊子どうでした。野山に花は咲いたでしょう。今日はうららかなお天気です。

家のことまだ考えています。やはりこれは最後までとっとくことがいいような気がします。今度会った時話しましょう。

本のこと惜しめばきりがありませんが、やはり楊子は新な出発を楊子自身の要求に基づいてすることにし、一たん整理するのがよいでしょう。この際特に著者からおくられたものは残したらいいと思います(例えばタウト全集、ガンジーの伝など)。それから著者や訳者の献本の署名のあるものは残すこと。「国際年鑑」から「世界年鑑」にわたる一連のものなどは誰か適当な人にまとめて引とってもらうようにしたいと思います。これらのことは具体的に友人と相談したらよいと思います。なお、最初にもって行かれた本たち、差支えのないものは返してもらったらいいと思います(これは中村検事〔中村登音夫氏、一高の同期生〕か平松検事に話したらよいと思います)。その際、研究室に鶴見の友人〔森山喬氏、朝日新聞の同僚」の本がお引越しのため一時あずかってあったのが、一しょにもって行かれてあります。これは皆何でもない本たちですから当然かえる筈です。そうしたらおじさんに自分のものは引取ってもらうようにしたらよいと思います。辞書類には惜しいものが多いのですが、また一面嵩みますから、選択して英子たち入用なものにかぎるよりほかありますまい。冨山房の百科は置いておく方便利でしょうが、これもお引越の時には考慮を要するでしょう。

　インフレーションが始って居り、滔々たる換物時代に私が物を売ることを云うのは、何も換価をいそぐわけではないのです。端的にいえば時代をもっと深刻に考えていて、身軽になること、物にとらわれることなく一切を経験及び肉体の養いとして時代に生き抜く用意をすすめているからなのです。この精神と覚悟を忘れないように。

　この前面会の時云ったことですが、私は時々英子が私と根本的に気が合わないというのを淋しく聞いて居ました。しかし今はっきり云い得ることは、決して気があわなかったのではない、二人の生きようとした時代が別だったのに過ぎなかったのだ、つまり時代の認識がちがっていただけなのだと断言できます。今や英子の時代に対する認識が透徹して来たならば、二人の距離は必然に極めて接近するのではなかろうかと思うのです。そうなる時決して気があわないどころではなくなると確信しているのです。これも私の身勝手過ぎる希望なのでしょうか。

やがて天長節です。私はお母さんからその日にほんとは生れたのだということをよくきかされていましたが、(日本書紀をよんでいましたら、成務天皇は武内宿禰と同じ日にお生れになって、武内宿禰の子の平群木菟宿禰は仁徳天皇＝大鷦鷯尊とまた御同日だったということがありました。一種の伝説かもしれませんね) 私はやはり五月一日生れの方が私にふさわしいと思っています。この頃は一年中でも一番いい時候で、昔から雨が降った記憶がありません。どうかもし私がまだ健在であったら、楊子と二人で祝って下さい。私は満四十三歳になるのです。

楊子の最近の写真はこの前ちょっと弁護士さんと一しょのを見ましたが、お母さんと二人のをとっておきませんか。そうして間に合ったらみせて下さい。もっともこの頃でも街に写真師など店を開いているかしら。

封緘はがきが欠乏しました。料金が改正になりましたから新らしいのが売り出されたかもしれませんね。その他新らしい郵便切手、官製はがきなど出ましたら、それで手紙を書いてみせて下さい。

私の誕生日も過ぎると、やがておわかれの日が近いような気がします。私はこの日頃生をむさぼろうとしたのではありません。ただ大いなる時代を知り、そうして自らの使命を感じて生きられるかぎり生くべきだと考えて、むしろ謙虚な心で心がけただけであります。しかし死ぬこともまた、生きることと同じように大きな意味のあることを充分に悟った今は、静に安らかに死に就こうとしているのです。大いなる時代が既に動き出している時、もはや先覚者は必要は無いので、ただ若々しい力が潑剌として働くことでしょう。つまり楊子たちの時代なのです。

楊子におくる感懐

人の世の無知のいばらを披《ひら》くべく峻《さか》しき道に命はてなん　実

四月二十四日(第六書)

英子様
楊子様

八六

昨日の靖国のお祭りは雨でいけませんでしたね。こう気候が不順では野菜などの配給が無いのではないかと心配しています。

お父さんが台湾へ帰ろうとなさらないのは、僕のことで気が引けて帰る元気を喪われているのではないでしょうか。お父さんは気の小さいところと、一種の意地とがありますから、それでまことにお気の毒なことだと思います。思いきってさらりとつき抜けられると、案外道はからりと開けるのではないかと思うのですが。

今日は少し本のことを書いてみます。

グラネの「支那人の宗教」〔津田逸夫訳〕流石に立派なものでした。現代の中国人の宗教観については全然同感です。道教の民間宗教としての意味については少し解釈が浅いようですが。古代宗教のところは最もすぐれています。この訳者は一種の主張をもっているので始めは読みにくいですが、しかしある意味で名訳だといえましょう。

この内の本でヘルマン・クラーチの「人間の歴史」〔石川千代松・中目向義訳〕というのを読み興味がありました。千倉書房の出版です。(訳は粗雑ですし、第一校正は全く無責任。)この本など楊子にも読ませたいと思います。

「世界年鑑」をぼつぼつ読んでいます。日本の部のところを読んでよく出来ているのに感心したのですが、経済のところ、統計の採用の方法には、も一苦労あってしかるべきだと思いました。それに数字の単位や、表の指示の本文との番号のちがいなどもあり、校正では数字の部分はよほど念を入れる必要があると思いました。

官本で子規の「病牀六尺」をもう一度借りて読んでみました。子規は全く人間として大したものだと思います。これは死ぬ三日前にまで及んでいますが、多くの人達は彼が彼の生活のため義務のため無理をしたのだといったのに対して、鼠骨〔寒川鼠骨、俳人〕は跋文でこれを彼の芸術に対する愛に帰しています。私はしかし、それもそうですが、もっと本能的、人間的な欲求に基づいたものだと思います。私がせっせと手紙を書いたでしょう。あれは一種の喜びなのです。不思議に書き度い欲求を覚えるのです。子規の場合もやはり身内にあふれるばかりの計画や、夢や、云いたいことが一杯に充ちていて、しかも一方に何ともならない制約を感じている(彼の場合は病苦)、その時、その制約を通して、たとえ此の如きわずかな表現にせよ、何事かを書き、云いたいという強い要求のあらわれなのです。

八重子さんのところ[篠田英雄氏のこと]は高等学校の時に子規のものを通読して私に、身体からうみを出しながら糞をかんだように頑張りつつ意気旺んなのにおどろく、と語っていたことを思い出します。岩波文庫にある、「墨汁一滴」と「仰臥漫録」とがもし得られたら読み度いものです。(フランクリンの伝も前に頼みましたが、家になければ裕子ちゃんところから借りて下さい。)

読書の興味で最後まで変らなかったのは、現下の世界情勢と直接関係のある政治経済の書物と、一方には伝記と随筆とでした。随筆はしかしくだらぬ人や未熟な人の書いたものは全く目もあてられぬみじめさです。(かつての尾崎秀実先生の統計入り随筆のたぐいはこの範疇に属する冷汗ものです。)

ところで英子たちは私の郵便切手趣味のことを少しおかしく思っているでしょうが、私は単に蒐集狂的な意味だけではなかったと思っています。図案や、色や形や紙質にまで、一国のもつ文化というものがよくあらわれていて、実に興味があるのです。大きな古い国のものはやはり堂々としています。植民地のものは個性がありません。これは蒙古や、タンヌウ・トヷ[タンヌートゥバ]などの切手を見ても、満洲国のなどを見てもわかります。——それはそれとして別の興味はありますが。重慶がアメリカの独立何百年祭の紀念切手を発行したこと(つい四、五年前、しかもアメリカで印刷発行したらしい)なども今の重慶の従属関係がうかがわれて面白いではありませんか[この文は線で抹消]。また時局の急激な変化も端的に現われて来ます。例えばインフレーション時代の切手の値段の変遷など。日本の切手でも御覧なさい。同じ東郷さんが緑色の四銭から樺色の五銭に変ったり、また一銭切手に働く女性の肖像(?)が採用されたりしています。印刷のインキの色や、紙質にまでよく見ると変化があらわれて来ます。こういう立場から私の蒐集の興味があったのです。そのことを楊子に一言弁解らしいことですがしておきます。私の蒐集品は勿論、楊子たちの生存の資料にかえられれば本望ですが、この時勢ですから換価の最も困難なものでしょう。

肝油、なるべく純粋なもの一瓶ほしいですね。味噌汁に入れたり、その他お菜や御飯にまでふりかけて喰べていいと思っています。この間のビタメールも結構です。また手に入ったら頼みます。　第七書

四月二十六日　　　　　　　　　　　　　　　　実

英子様
楊子様

八七

今日は五月一日です。私が確言したとおりのすばらしいお天気です。窓外には実にさわやかな五月の風が流れています。こういうよき日に生れた僕は幸でした。今日は楊子と二人で私のために祝ってくれたことだと思います。そう、去年は「尾頭つき」があったそうでしたね、赤の御飯も。それも今年は無理でしょう。

先週の面会は実にお気の毒でした。この頃面会は半日仕事だとは聞いていましたが、木曜の日はたしかに手違いがあったのです。金曜日は雨の中をかさねて来てくれて嬉しかったですよ。今後午後にまわされるようなら、用事も多いことだし帰ってしまうことにしておいて下さい。私の方はもっとも何も用事はないのですから、少しも顧慮しないで結構です。

木曜の日は英子がさんざん待ちあぐねて帰った後、私が呼び出されて、夕方まで面会室に居たわけです。私はしかし寧ろ心静かに待合い室のボックスの内で、英子との二十年の過去の生活を回想していました。今となってふりかえってみても、何一ついやな記憶はありません。すべて楽しかった追憶に充ちていることを思いました。ただ少し心残りなのは私がずぼらだったために、いそがしかったとはいえ、英子の好きな旅行や、好きなものやそんなものを殆んど望みをかなえてやれなかったことです。(英子の望みはあんなにも謙遜なつつましやかなものであったのに!)

(楊子の方は大てい希望がかなえられましたね。ただ犬を飼うこと、自転車の希望がかなえられなかったこと、これは残念でした。都合の悪い住居に住んでいたのがわるかったのです。)

本の差入れ有難う。鷗外の「妻への手紙」は是非読み度いと思っていたので読みました。時代と環境の差こそあれ、何とその甘さの似ていることか。写真のことを私が遠慮がちに書いて出した後で、この本を見ると実に大ピラに堂々と書いてあるのも興味がありました。「哲学史」第二巻と一しょに下げました。哲学史上の人物では私は人間的にジョルダノ・ブルーノーや、スピノザに、また文学的哲人ではシラーやルソーに興味を感じますが、しかし何といってもカントをよく理解しなくては、いやしくも近代的な学問の方法論的基礎は摑めないと思いました。私なぞも高等学校時代にカントだけは少くとも勉強しておくべきだったと思っています。

四月二十五日付けの(二十四日記の)楊子の手紙とどきました。畑をつくるのも大いに真剣に研究する値うちはありますよ。トマトとうがらし(これは実に栄養価があるらしいです)、それににんにくなど植えたいものです。庭の隅の一番大きな木を切ってしまうと、もっと日当りがよくなり、小さな面積が少し広くなるかもしれませんね。もみじの葉は食べられますよ(これは箕面の山で天プラにして売っていたのを思い出して云うのです)。

私はこの頃しきりに夢で食い物の夢をみます。——非常に娯しいですがね、これは飢えている証拠です。しかしこの程度の飢えはむしろ有難いですよ。何となれば一切の食い物がすばらしく美味いからです。今はきらいなものなど何もないばかりか、凡そ喰われるものなら何でも素敵にうまいのです。

楊子の新らしい学課の配置をみていると、たしかにこれでいい成績をあげることは無理だと思われます。一生懸命最善の努力をすることはいいことですが、成績は気にするには及びません。それよりもこの学制に頼っていたのでは、知識は決して獲得出来ないと思われます。自分でよっぽど心がける必要がありましょう。なお、これから上の学校へでも行くことになれば、学問のことで御相談するのには、美代子さんのおじさん[古在由重氏]はえらい学者ですからいろいろ教えをうけるように。あのおじさんはもと女子大学の先生でもあったのですから。楊子はまだお目にかかったことはないかもしれませんが、是非うかがうことです。

先日英子がちょっと話していた、地方で小さな家を買うことは反対です。今時のインフレで騰貴した家など買わないことです。要するに今の家に出来るだけ頑張り、それが出来なくなれば身軽にして時代の波に対処し易く生きること。いずれにしても身軽くしておくことは必要でしょう。

週刊類は出来るだけ続けて下さい。興味をもって読んでいます。朝日のこの頃の巻頭時評など、流石に要領のいいものと感心しています。なつかしいいろいろの人の名が見られるだけでも有難いです。

ところで一高同窓会の名簿の一番新らしいもの見せてくれませんか。友人たちのこの頃の消息もうかがいたいものと思いますから。

楊子この前の手紙で郵便切手のこと書きましたね。試みにこの封緘にはってある切手をこれまでのものと比べてごらんなさい。蒐集家はこれを大東亜戦時版とでも名づけるでしょう。印刷がこんなにも違うのですよ。面白いでしょう。

そうそう封緘を有難う。父上の手紙差入れ(郵送)願います。(第八書)

昭和十九年五月一日　第四十三回の誕生日に　　　実

英子様
楊子様

八八

何というさわやかな五月の陽光でしょう。五月の空は若人の意気の奔騰する時です。私は今が気分の上でもまた健康の上でも入所以来一番良好のようです。(一般的な衰弱のあらわれとしての啖〔痰〕のからむこと、腰から下のだるいこと、痩せたこと等の慢性的な徴候をのぞいては、全く無病息災です。）

○ビタメール、ほんとに有難う。英子はこの前僕が頼んだ時もうなめてしまったかという顔をしましたが、あれは六十粒入で、一日三回一回一粒の処方を忠実に守っていても二十日で無くなるのですよ。今度空瓶を下げました。残念ながらオリザニンとメタボリンの壜は捨ててしまいました。もっとももう買えないでしょうし、差入れには及びません。

○パパーニンの「北極探険記」〔竹尾弌訳〕は実に近来の面白い本でした。それはソ連一流の政治的、宣伝的な本ではなく、忠実な科学的研究日誌ですが、何よりも科学を通じて祖国に尽そうという意識の強烈さに驚かされます。強い祖国愛です。ここに現在のソ連の抗戦の意外なねばり強さの理由がうかがわれます。ところで浮漂する氷上の科学者たちの家族に対する愛情の強さにはほほえましいものがあります。パパーニン先生なぞ「ウオロジーチカ」――愛妻の名――は共白髪まで一しょだ、彼女は同志だ、そうしてもし戦争になれば戦線まで一しょだ、なぞとおのろけを臆面もなく述べています。この本は楊子なぞ読んでも面白いのではないかと思います。

○楊子に外国語を勉強することをやはりすすめたいと思います。私は戦後世界はたしかに一層狭くなると思っています。そのわけは、第一に戦争を通じて技術や交通が急速に進むこと、第二に植民地の国々が擡頭して来(これは東亜で現に日本もそれを第一の使命としてかかげています)、それらの国々が世界の舞台で国際関係を緊密化する役割をつとめるでしょう。第三は喧嘩した後で仲よくしようとするのは自然な勢いだからです。今は嵐のさ中です。嵐のさ中では一生懸命にそれを凌いで戦いつづけることが大切です。併しすぐれた人は、同時にその先のことを慮る必要がありましょう。嵐の後には否でも応でも美しく晴れた日が来ることは確かなのです。

参考のために私が修得した語学のことを楊子に知らせて置きましょう。私は中学の時非常によく英語が出来ました。書くことも、話すことも(読むことは勿論)出来ました。それで高等学校では、進んで他の語学をものにするためにドイツ語科をえらんだのです。高等学校を出た年の春、試験を受けて外国語学校の夜学の専修科へ入りフランス語を始めました。これはすぐやめましたが、しかしフランス語は大体本を読んだり新聞を読んだりして意味をとるには不自由をしないくらい勉強しました。その後大阪に赴任した直後に自分でロシア語を勉強し、すぐパンフレットを二つか三つ読みました。その後も引つづきやってはいましたが、これは字引をうんと引き長い時間をかけてやっと意味をとる程度で、大して実用にはなりません。その後上海に赴任した時、支那語を始め、三人の先生につきました。一体上海は北京語の勉強にはむかないところです。(私の上海語は相当なものです?)しかし漢文の力が割にあるのと新聞をよく読んでいるのとで、読む方はたしかです。話すことも旅行する程度には足ります。その他に大学一年の時、ラテン語を一ケ月、またエスペラント語を二週間程、ここに来てマレイ語を一月半位勉強しましたが、これらは概念を得た程度です。

眼はやはり広く世界を眺め、また上下に歴史の流れを汲みたいものと思います。楊子に奮発してもらいたいものと思います。

○家に残す本のうち、おじいちゃんの書かれた「台湾四千年史」の雑誌「台湾時報」大正十三年三―十月号に掲載」からの切り抜き、古い台湾の経済史(?)のパンフレット、詩集などを加えたいと思います。それらは家にある筈です。探して(気をつけて)下さい。

○いろんなことを書きますが、楊子の将来の結婚のことなどについて。やはり親族結婚は既に血が濃くなっていますから、今後は避けた方がよいと思います。男性は充分選ばなくてはなりません。これは実に大切なことです。僕等が大学を出る最後の時間に、社会学の時でしたが、上杉慎吉博士がしみじみとした口調で、いい女房をもったものは立派に人格を伸ばし社会的地位も次第に高くなったが、立派な才能を持ったものも悪妻を持ったものは皆いけなかったと云いました。ソクラテスや、コントの例もあり、またゲーテにしてもルソーにしても教養の無い女性と失敗の結婚をしています。ことに女の立場からは相手を選ぶことが大切でしょう。楊子はこれから先必ず恋愛の難関を突破しなくてはなりますまいが、これは実に大きな問題です。力一杯当らねばなりません。しかし私は確信をもって云い得ることは、これもやはり人生の事業の重要ながら一部分にしかすぎないということです。命をかけるには値しません。変な云い方になりました。
○楊子にお願いがあります。いつぞや一緒に行ったと思いますが、伊東屋の五階あたりの切手屋がまだ店を開いていたら、あそこへ行って切手趣味のパンフレット類が沢山ありますから、そのうち少し買って毎週一冊ずつ差入れて呉れませんか。或いはこれは制限外で頼んだら薄いものだし入るかもしれないと思います。このことは前から頼みたかったのですが、あまり趣味に堕するのもどうかと思って差控えていましたが、もういいでしょう。学校のかえりにでも寄って買って下さい。もっとも戦時下の今、もう無くなったかしれませんね。

市電の乗換えがなくなって学校通学の費用がかかるようになったでしょう。何かと不便の多いことでしょう。第九書

五月三日　　実

英子様
楊子様

八九

ほんとに暖くなりました。季節の不思議を思います。

月曜の日に大審院の平野[利]検事と友人の課長[堀内信之助氏]とが会いに来てくれました。この判事の昔に変らぬ真情を心から嬉しく思いました。この人はお前たちのためにも永い将来の助言者となってくれることでしょう。その際検事さんの話では、つまらぬ弁護士があって、私の弁護士のことを、今日の結果についてとやかく云うものがあると云っていました。それに例のミルクの件なども耳に入っている(早速に)とのことでした(どんな風にきいているのかは私はきいてみませんでしたが)。私は今日の結果になったことについて何の不満も感じてはいません。竹内弁護士に対する信頼は絶対ですし、ただ感謝し満足しきっているのです、否竹内さんのみならず、堀川氏に対しても同様ですし、第一審の小林氏に対しても何等の不満を感じてはいません。根本的にいって私はとっくに自分の運命を見透していたのですから。いつかも云ったでしょう、丁度不治の病の床についた病人と同じことで、周囲の人たちはいろいろと薬だ療法だともちかけて、病人や家人を親切気からではあるがまどわすものだと。そうして、結局後までも家人にはあの時ああもしたら、こうもしたらとの心残りを残すものなのです、よほどしっかりした自信を心の内に持っていなくてはなりません。(お母さんは茂さん[父秀真の末弟、明治四十年没]の死んだ後で、私に度々、当時家が貧乏で世話が出来なかったからだと悔んでいました。又私としては秀束[秀実の弟、大正十二年没]の死んだ後や、お母さんの亡くなった時[昭和八年]のことなどについてやはり同じ様な思いが残っていました、しかし多くはどうにもならない結果なのです。）私の場合こそは病人自体が自己の症状の不治をはっきりと自覚して些かの動揺も無いのですから、家人もやり易い筈です。とにかく充分に言動は周密に気をつけて下さい。私のことは世間がいろんな意味で注目していることです。どんな噂やら、デマが行われているかも分りません、恐らく死後もそれは絶えることはありますまい。私はどんなことを云われても今や全く平気です、しかし英子たちや、第三者に少しでも迷惑がかかるといけませんから。

○先便、楊子と会うことの提案の日を二十日金曜と書きましたが、あれは土曜日でした、土曜日学校が半日で終えるならその後で落ち合うのもいいかもしれませんね（次の土曜日二十七日あたりの）。

○家に鵜崎鷺城という人の書いた犬養毅先生の伝があったかと思いますが、あれを入れてくれませんか、もっといい伝記が木堂先生についてはあるのではないかと思いますが、それがあればみたいものです。又西園寺公望伝も前に田中貢太郎のを入れてもらって読みましたが、家に木村毅の書いたのがある筈ですから、みつかったら入れて下さい。広告で見たのですが、太田正雄［筆名、木下杢太郎］という人の「吉利支丹史」という本が中央公論社から最近出ています、もしも入手の便宜があったら読みたいものです。

○このところ週刊もの（毎日でも朝日でもどちらでも結構）是非骨を折って入手、入れて下さい。先日所内の教誨放送で日本軍が黄河と新黄河を渡って進撃中なことを知りました。

この河南平原での策戦は私は注目すべき戦局の発展だと思って特に留意して居りますから。
○楊子の手紙ではレコードを処分しているそうですね、その必要があるでしょう。あの中には支那のいい僕の大好きな曲がありましたね。あのポータブルを上海から香港の宿まで持って行き一人で娯んでいました。音楽はいいですね。ここでも先頃レコード放送で「六段」をきいて昔の中学の寄宿舎時代をなつかしく思い出しました、私のハイカラな寄宿舎にはピアノがあって、上級生の上手な人が放課後六段や越後獅子を上手に弾きました。ひる寝から覚めてこれをきく時の何とも云えぬ甘い、それでいて一種の淋しい感じを今も思い出します、「六段」は特に好きなのです。
○いつぞや、お葬式は絶対にしないようにと申しましたね、但し、ほんとに親しかった友人たち少数が集ってくれて、お茶でも飲みながら(昔なら当然一杯やりながらというところですが)、思い出話でもしてくれるのは異議がありません、賑やか好きな私のことですから、その人達と一しょになって愉快に談笑したくなることでしょう。その際は一しょに加わっているつもりで、にぎやかにやって下さい。
○私の生涯をふりかえって見て反省することは、私に一ばん欠けたところは「剛毅さ」であったと思います、それは私の生れついての性格にもよるでしょうが(私は元来一種の勇気は持っているのです)、何よりも過去の時代的環境と、私自身あまりに「智慧」に頼り過ぎた結果だったと思います。孔子は子路に答えて勇気を論じています、これは中庸の中にあるのですが、「国無道、至死不変、強哉」といっています、その毅然たる強さを思います。
○私は過去二年有半、英子や楊子に対する接し方において、全く赤裸々に自己をすなおに開いて示しました、自分のくだらなさ、小ささ、弱さを少しもかくそうとはしませんでした。(それらは私自身よく自覚していたことです、生涯常にこれについて自己嫌悪に陥り、またこれと戦って来たのでした。)勿論、英子がその底を流れている私の真実性、熱情、そうして正義観、それらをのせて一貫している意気を見逃す心配は私には無かったのです、要するにあらゆる欠点をもこめた真実の私を出来るだけ多く理解してもらいたかったのです。
○先日証人として引ぱり出された時、ある判事さんが君に思っていることや持っているものを書き残さして置きたかったと云われました。私としてもそれを思わぬではありませんでした。せめて、二、三の著書を今手を入れて書き直おせたら、などと空想したこともあります。ネールの自伝を読んだ時には、ほんとにあれを書ける立場を羨ましいと思いました。
　今の私には内部には多くの思想と貴い経験の集積が充ちているのです。しかし客観的にもまた主観的にもそれは絶対に許され難いことでしょう、永遠に私一個の内部のものとして地下へ持って去りましょう、それでいいのです。

近来身体頗る好調です。安心して下さい。――第十二書――

五月十日午前

実

英子様

楊子様

九〇

何だかもう初夏のような陽気です。長い冬の間御厄介になったあの膝掛けもこの次の宅下げにはおろしましょう。あれは実にいいものでした。しかしずいぶん傷みました。非常時局用に使って下さい。

○非常時局用といえば今度の「写真週報」に非常袋の作り方と内容が説明してあります。これを参考にして我が家の非常袋を準備しておくといいと思います。あまり慾張って尨大にならないこと肝腎です。

◎この頃いろいろの人と話した後でふと反省したことですが、実はその人達との話がひどく喰いちがっていることを感じたからです。つまり私がすこしのん気になりすぎているのに対して、周囲の人達は私の直面している境遇のことを何よりも問題にしていて、その立場から話しかけているので、ちぐはぐになっていることを気がつきました。しかしよく考えても御覧なさい。私のように絶体絶命の境地に立ち到ったものが、少くとも「死」について考えないというようなことがあり得るでしょうか。もしそれが出来得たとしたら、それこそ驚嘆すべき超人という他はありますまい。私は決してすっかり死生を超越しきったのだとか、死を忘れたのだとか、敢て豪語しようとは思いません。正直なところ生物であるかぎり、ほんとに生死の問題から解き放たれるのは、死んでしまった後だと云い得るでしょう。ただ私は実に真剣にこの問題ととっくみ合い、にらみ合い、それこそ血みどろの闘争をして来たのです。(このことは私の手記の中の死生観を読んだ人には分ってもらえる筈です。)そうして今やわずかに一つの平静な境地に達し得たのです。もしも私が客観的に既に万事終った時に及んでもなお、此の問題とのとっくみ合いを続けているとしたら、それこそ悲惨でもあり、みじめでもあるでしょう。実は私はもはや人とこの問題を語りたくもないのです。只すなおに私の残された人生の日を日月とともに、おおらかに過したいのです。英子は私のこの気持ちを充分理解してくれていると思います。

勿論私が動揺したり、今更ら命の惜しくなったりする気づかいのあろう筈はないのです。ただ私の露悪的傾向が少しでもはたの人達にそうした印象を与えるようでしたら、それは私の不注意でした。しかしほんとはずばりと平気で、地上の「生」のめでたさを云い得るようになったのも、かえって私が揺ぎない心境を一段のぼり得た結果であると私は信じているのですが。

○差入れの「戦争史」〔「戦争史概観」〕(四手井〔綱正〕少将の)は面白そうですね。楽しみにしています。この頃毎日少しずつ「万葉秀歌」〔斎藤茂吉著〕を読んでいますが、実にたのしいです。かつてあれを――歌だけ――楊子と一しょに読みましたね。私はここに来て古典の研究をやったおかげで、今度読むと言葉の面白さや気もちなども実によく分って愉快です。茂吉先生の注釈はたしかにすばらしいものです。楊子もこの本はくりかえし読み味うがよいと思います。ところで歌についてですが、こうした上代の歌を鑑賞するについては私は無条件に従いますが、しかし現代人が歌をつくる場合には現代語を自由に駆使して現代人の感情を充分に表現し得るのでなければならないと思います。もしもそれが不可能ならば、もはや遺憾ながら古い歌の形式と言葉とが、現代文化・芸術の表現形式として不適当になったという結論になるのだと思います。僕はたとえどんなに立派なものであろうと、万葉時代の言葉や表現法をそのまま借りて歌おうとするのは誤りだと信じています。英子はすぐれた歌人だから(私は無条件にこの点そう思っています)、またこれに対する意見もあることでしょう。

漱石のものは私はたいてい読みましたが、どうした都合か「明暗」を読んでいません。(恐らく私は中学時代に主なものを一通り読み、その時はまだ朝日に連載されつつあり単行本になっていなかったという関係かと思います。)何といっても先生の最後の、恐らくはやはり人間的に最も円熟した時の作と思いますから、誰かから借りられたら入れて下さい。

○楊子に先にお母さんへの孝行の材料として、住むによきところを語りましたね。今日は、食物のことについて少し話しましょう。これはある意味において大東亜戦前の文化史的の一資料といえばいえるでしょう。（少くともわが家にとっては。）私の経験によると元気で活躍している人は大ていい健康であるとともに、食物について深い趣味を持っているようです。露骨にいえば食いしんぼうなのですね。手近なところを見ても、渋谷の田中老人［田中清次郎氏］、大崎の老人［風見章氏］など。（お二人にはずいぶんいろいろの御馳走をたべさせてもらいましたっけ。）大倉喜八郎という人は九十歳位まで毎日うなぎどんぶりをひるの弁当にしていたそうです。すべて脂濃いものの好きな人は胃の丈夫な人のようです。ところでお母さんの好きなものは日本料理のさっぱりしたもの、日本料理は関西が何といっても上です。小料理屋のちょいとしたのでもなかなかよいものがあります。北の新地の菊屋というのによく行きましたが（大阪）、そこの鯛の頭の山椒焼、えびのさしみを思います。（大谷［光瑞］伯はその名著「食」の中で鶴屋の山椒焼を天下の珍味として推賞しています。）鯛は、場所によって味が違います。日本のは瀬戸内海あたり最もすぐれていますが、例えば香港は実に安い鯛が多いのですが、まるで味は劣ります。うしお、塩焼が最も適当な処理法でしょう。（さしみはどうもまぐろが一番のようです。これは関東のもの。）

京都には有名なすっぽん料理屋がありますが、行ったことはありません。京都といえば十二段屋の朝めしの味を覚えていますか。すべて魚のほんとの味は海岸の新鮮なところでなくては味えません。その点まだ楊子はほんとの魚の味を知っていない筈です。(I)

後はまたそのうち余白のある時に書きましょう。

五月十五日(今日は私の厄日です。この日は回想と反省、そうして沈思の日として居ります)　第十四書　　　　実

英　子　様

楊　子　様

九一

金曜日の面会(1)はほんとに嬉しかった。だが今度もまた一人でしゃべってしまった。楊子には、自分一人で合点していてあれもこれも云っておきたいというような話ぶりの僕の話は、よく分らなかったのではないかと、後で思ったことです。後日英子からゆっくり話してやってもらいたいと思います、分らなかった点は。

英子は私の様子をつくづく眺めて、私が外にいる時の二分の一位に痩せたと、いたいたしそうに云いましたね。だが今の私にはただ最後の場に臨むだけの健康が残されてさえ居

ればそれで充分だと思います。去年の夏健康を失った時には、ひそかに心配したのは最期の時に足腰が立たないようなことがあってはならないということでした(瞿秋白の場合のように)。それで健康回復に努力しました。実際病気では死にたくなかったのです。梁川星巌は安政の大獄の直前に当時流行したコレラで死にましたが、時の人は彼が縄目の恥を受けなかったことを以て彼の幸福としました。去年の夏、宮城〔与徳〕君がもういけないという時、高田裁判長は私にその方がかえって幸福かもしれんという意味をふと洩らしました。しかし私はそうは思いません。国家の大罪を犯した以上、国家の裁きに最後まで服することが正しいことだと思って居ります。ともかくもこの環境の悪条件の下で、僕の如き大きな悩みと苦しみとに闘いつつ、今日までの長い月日を生き得たということは、僕の健康＝身体も相当弾力を持っていたものだと寧ろ感心していることです(これはきっと遺伝の形で楊子にも伝っていることと確く信じています)。

此の頃気のついたことですがね、私は身体よりも神経がずいぶん傷んでいることを感じています。やはりあまり苦しみ過ぎたのですね。いけないことだと思います。過去二年半の間の私の言葉や、態度や、手紙などの中に、それははっきり現われていると思います。どうかそのつもりで加減して判断してもらいたいと思います。かつて京洛の巷に剣戟の下縦横の政治活動(主として諜報任務だったようです)に従事した桂小五郎は、明治維新以後の木戸孝允としては晩年一種の神経病者に近かったようです。西郷さんも死ぬことばかり欲していたように神経が弱っていたようです。レニンの如きもあの鉄の如き神経も晩年は脳をすっかりやられていたのです。要するに精神をあまりに労してはいけないようです。

この前の話で誤解があるといけないと思う点を補足しておきます。

洋書が売れないと云ったのではなく、特殊の理論的なもので友人に紀念として(特定の友人に)あげるものはあげた方がよかろうといったのです。僕としては書物には無論一番執着はありますが、今となってはさらりと捨て去りました。英子や楊子の生活の足しにすることが出来るのを一番望んでいるのです。

ゆふ子(2)さんのお父さんが亡くなった由、お気の毒でした。理解の深い父御だったのに。御結婚はおめでたいですが、健康はどうかしら。

それから楊子に一つ気のついた点を注意します。実は前の時に気がついたのですが、今度も気をつけて見ていましたが、楊子はじっとしていられないらしく、すぐに身体を動かし始め、手で壁をなでまわしたり、あちこち見廻したり、しきりにします。あれでは教室などでも注意が散漫になりはしまいかと心配になりました。誰でも年頃で元気な頃にはああした傾向のあるものですが、女の子ですし、やはり注意してじっと坐るようにしなくてはなるまいと思います。楊子はおぼえているでしょうか、いつか三人で日光から帰った時の汽車の中のことです。あの時、年輩の上品な御夫婦がありましたが、英子も気がついて私に話しましたが、実に感心したのはその奥さんで、汽車が上野へ着くまで殆んど少しの身動きもしない位、端然と腰かけ続けていました。しかも驚くべきことには、それでいて少しも窮屈らしくなく、くつろいだ様子だったことです。あれは一朝一夕の作法で得られるものではないでしょう。日本の伝統のたしかにすぐれた一面をあらわしたものです。楊子も機会があったらお茶を習うとか、腹式呼吸をやるとか、坐禅をやるとかするといいと思います。お茶と云えば私はお茶が好きですから、官本で松本宗円子の「お茶のたて方」という本を読んでいます。一通りのお作法を通った後で、煩瑣な形式をのぞき去って現代日本の家庭日常生活にとり入れたら役に立つだろうと考えています。

「戦争史概観」は実に興味津々でした。政治と統帥にかんするこの将軍の見解はまことに妥当のように思われます。

「万葉秀歌」の下巻の最初の数首は実にいいと思います。「石激《いわばし》る」はかつて私が秀歌として英子にえらんだところです。「遠き木《こ》ぬれ」の実感は一昨年もまた今年も私はこの所内の調べ室の窓からしみじみ味わいました。ところで面白いことには、上代の人々が野の草をしきりに摘んで食用にしたことで、それがちゃんと歌になって趣を現わしていることです。菟芽子《うはぎ》(今の嫁菜)、芹、山萵苣《チサ》、それに菫も食用として採られているのですね。近頃しきりに野草を喰えということが唱えられていますが、上代の人はこれが御馳走だったのでしょう。

前の戦争の時、ハンブルグの博物館の東洋部につとめていた人の話では、ドイツ夫人たちは戦時下でも講習を受けに来たそうですが、しきりにくさい瓦斯を放散したとか、それはこれらの夫人が野草を主たる食用にしていたからだという話を、興味をもって記憶しています。

食品文化史料のつづき(Ⅲ)

地方料理で有名なものには、英子も楊子も大好きな鯛茶がありますね。これは博多が本場です。(これには鯛を漬ける汁に味噌を用うるものと醬油を用うるものと二種あります。)震災前、西銀座七丁目にあった筑紫という家は味第一等でした。博多にはなお、にわとりの水たきがあります。また、ふぐ料理もいいです。ふぐは何といっても天下の珍味で、別府でも門司でも下関でもしきりにやります。東京では「佐久間」など有名です。肝が一番うまいようです。さしみもひれ酒も、また雑すいもすてきです。(白こはふぐばかりでなく、鯛やあんこうなども結構です。)長崎のしっぽく料理は支那料理から転化したもの、かく煮(支那の東坡肉と似たもの)など特徴があります。東京では築地の宝屋が有名です。(宝屋のねっとりしたおしる粉は、英子におみやげに鶴見の重役[三木喜延氏]からももらって持って行ったことがありましたね。あれはすてきでした。)長崎チャンポン、皿うどん等はげてものですが、すてがたいですね。――第十六書――

五月二十二日　　実

英子様

楊子様

薬はもうなくなりました。

（1）死刑が確定したので、家族との特別面会が許されました。

（2）高橋ゆう子さん、東京女子大出、満鉄調査部資料室にいた方で、尾崎は非常に嘱望していました。

九二

十日付けの英子の手紙と十六日付の楊子の手紙とを同時に受け取った。（私の前便を出した日の午后）有難う。英子の手紙は感慨を描いて胸に迫るものがある。決してそれは軽い愚痴ではない。かつての日にいろいろの場所、いろいろの時に、私に述べた言葉（希望や注意）を私に思い起させる態のものだ。悲愴の思いがある。だが今更に何をか云わんや、である。私には心の底に何もかも予見し、かつ覚悟していてのことなのである。もうこの上責めないでほしい。

楊子はよがちゃんのおじさん［吉田松治氏、当時シンガポール勤務］にいろいろのおみやげをもらったそうで、ほんとによかったね。大事におしよ。楊子の背丈は五尺一寸に少し足らぬ位、目方は九貫七百匁強（私はやはりメートル法ではピンと来ないので尺貫法に換算してみた)になっていた。実にすばらしい生長だ。それにつけてもこの後の二年ほどの栄養が心から気にかかる。というのは生長を終ってしまえば後は大てい栄養条件がおちても身体は応えられるものなのだからだ。

郵便切手はほんとに有難かった。眼の前に色と図案が浮ぶようだ。なお臣ちゃんからジャバ、それからビルマに誰か居たらビルマのももらって、それを例の赤い表紙の帳面に貼っておいたらいいと思う。貼る場合には、一つの所のは一頁にして、そうして裏を決してベタに貼らずにヒンジという薄いパラフィン紙を使って貼ることです。(未使用切手では裏に糊があることが大切な条件ですから。)

ついでに私が集めていたスプーン(紀念匙)はなるべく家にとっておくこと。もっともこれは他人に紀念品としてわかつ場合には手軽ながら適当な品ですから、利用してもいいとは思いますが。(ヨセミテのなどいいでしょう。あれは一本ずつわけていいのです。)

先日面会の時ちょっと手紙のことを云いだしましたが、意味がよく分らなかったと思いますから取消します。従前どおり心得てくれていて結構です。

私は元来辛抱強い方ですし、ことにここの環境で修養もしましたし、運命にもすっかり従順になったつもりでした。しかし元来御承知のとおり極めてはげしい、怒りっぽい一面を持っています。――これは要するに私の傲慢さや、我儘の過去の環境条件だと思いますが――それがやはり時々に頭をもたげるのです。去年の夏の第一回の判決のあった直前の頃、そうしてまた、愈々判決が確定した直後など、やはり反省すると身のいたらないために、そうした気分が手紙にも現われていたのではないかと思われました。私は全く一個の凡人です。典型的です。だがそれにつけても、古代のわれわれの祖先が人に和霊(ニギミタマ)と荒霊(アラミタマ)とがあるという考え方は、実に面白い考え方だと思われます。一人の神様をこの二つの性格によって全く別個な神として祀っていることなど、真理を摑まえているように思われます。

ゴンチャロフの「日本渡航記」〔井上満訳〕、これは近来読んだうちで面白いものでした。開国期の日本の姿をこの「オブローモフ」の作者の筆が実に生々と描き出して居ります。私はかつて日本側の記録を読み、幕府の役人達の実に小手先の、その場のがれの詐術と消極的な態度を不快なものと思っていましたが、滑稽なことには相手側はこちらのからくりをすっかり知り抜いていたことです。なお上海の昔の姿もよく描かれて居り、イギリス人の惨忍酷薄な異民族圧迫のやり方を暴露しているところは小気味のいい点です。(その点ロシア側もあまり違いはないでしょうが。)ところで同じ文庫にゴロヴニンの「日本幽囚記」の訳が同じ訳者によって出版されている筈ですから、もし手に入ったらこれも是非読み度いものと思います。

「世界年鑑」は読みごたえがあります。一体読み了えられるかどうか疑問な位です。だがしかし手許において、地理・政治学的参考書として重宝しています。忌憚なく云えばいろいろ文句があります。やはりもっと推敲する必要がありましょう。総論、歴史的部分と、年報的部分との統一に気をつけることなど、やはり老巧者の検閲が必要でしょう。地図は苦心の作で立派なものですが、本文との内容的不一致(本文で力説した点が地図にはあらわれず)又、読み方の不一致が目につきます。それから事変後の新たな変化は余程注意して本文に採り入れる必要がありましょう。たとえばナウル島など早く日本が占領したのにそのことが少しも書いて無いことなど。地名、件名、人名等の索引を、も少し詳しくしてみたらどうかなどの点——要するに暇だと他人の著書のこまかいあらなどまで、いろいろと気になるものです。

フランクリン伝、面白く読みました。これは早速楊子にも読ませて下さい。後からといっていると本は読む機会を失うものです。臨時試験も丁度終った頃ですから。勿論時代も違いますから、その心がけは必要ですが、人間の誠実と、勤勉とを第一とするこの人の生涯の修養はたしかに学びたいところです。私はも一度生きるなら、ああもしたい、こうもしたいと思うことがまことに数多くあります。そうしたことを楊子には是非告げたいと感じているのです。　第十七書

五月二十六日午前　　実

英子様
楊子様

九三

このところまたずっと陽気が寒いようですね、今年は少し変調のようです。
○先日楊子から美しい郵便えはがき(満洲国では前から発行していましたが日本で発行されていることを始めて知りました)をもらいました、——日付けがありませんでした。日付けは必ず忘れないように——いろいろの果物の木の消息もききました。梨はあまり賛成出来ませんが、無花果《いちじく》はいいですね。柿も植えた筈ではなかったかしら。梅も実の生るようなのを目的で植えたらどうです。ここしばし花よりは実です。
○ビタメールと封緘有難う。封緘は丁度無くなったところでした。薬瓶を下げましたが、欲しいのはビタメールの方です。も一つの方はもう結構です。それから、この次、風呂敷を別に一枚入れて下さい、こちらのとって置きの予備は毛布を包んで下げてしまいましたから。
○砂町の疎開のことをまた後でよく考えてみたのですが、東京の近在にとどまって時代の荒波とたたかって行く方がいいと云うのは、それは私自身だったらのことであって、和美ちゃん(1)「とこ」の場合は、小さな子供が二人も居ることだし、それに、私たちとは違って腕に覚えの天職もあることだし、やっぱりこの際思いきって地方に疎開するのがよくはないかと考えます。そのかわり、本格的に腰を据えて、生涯、本業の国手として地方に生活するつもりがよいと思います。そのことは充分意義のあることではないかと思います。寧ろ我々から見ると羨ましい条件をもって居ると思われるのです。そのためにはやはり薬品の入手や、その他生活の便宜からみて、地方の小都会などがよいのではないかなどと考えています。大都会の生活は今後急速に困難の度を加えるでありましょうし、私がかねがね云うように必ず大きな時代の荒波をかぶるのですから、その場合は地方の疎開者の方がどれだけ安全だかしれないと云うものです。

○この頃思うことですが、全く世の中には想像もつかない悪い人間が居るものです。大ていそれは無知と裏はらのものですが、楊子などは周囲に好い人たちばかりをみているので少し心配です。ただしどうすれば世の中に処してそれらの人たちに足をすくわれずにやって行くかということになると、やはりおずおず警戒して行く態度は駄目です。私は少しもおそれずやって来ました。それは自分に自信があって、積極的にそれと闘って勝つつもりだったからです。楊子の場合も、びくびくせずにただ、そういう人が居ること、そうして人を見分けることの能力だけをそなえることです。ふとこんな注意をしたくなりましたので一言します。

○英子たちのような立場にあるものを世話してくれる人の態度には凡そ三態あろうと思います、第一には、その家に財産があったり、また未亡人や娘などを獲得しようとするもの、第二には、一種の物好きやおせっかいで近づくもの、第三にほんとの親切や同情——先人に対する友誼、又は後に残されたものへの思いやり、——からのもの、だと思えます。私の家の場合は第一については客観的に資格がありませんから、従ってその心配もいらないわけです。しかし、第二と第三の区別は心得ておかねばならないと思います。何にしてもあまり人に頼らない心がけは必要だと思います。誰も誰も皆自分一人が背負い切れない程のいとなみを持っているのですから、長く人の面倒をみてくれるということなどは余程のことでなければ出来ないことなのです。

○いつぞや面会の時英子の話した石田三成のことは身に沁みてきいた。「盲目物語」〔谷崎潤一郎著〕も入れば読みたいし、「東亜先覚者列伝」〔「東亜先覚志士記伝」黒竜会出版部刊〕も読みたい。

○マキャベルリの「君主論」——今更ながらこの訳者〔多賀善彦＝大岩誠〕の学殖の深さだけには感心させられる。その人柄は私にはよく理解出来ないものがあるけれど。

○官本で有名な小川正子さんの「小島の春」を読んだ。これは救癩事業に献身する女医さんの手記だが、紀行文としても優れたものだ、歌もあまり上手ではないかもしれないが、真率なのがいい。これを読んで考えることだが、病と闘う前にどうにもならない頑固な無知と闘わなくては業病を克服することも出来ないということです。

○山崎謙氏の著「科学者のための哲学」、興味深く読みました。私は、量子論はここに入って以来の私にとって一つの大きな問題でありました。それはたしかに新らしい生活秩序に即応した哲学――世界観樹立のために有力な途を示す示唆となるものでしょう。勿論かかる世界観自体は私には何等明確な形をもってあらわれてはいませんが。著者の時代に対する鋭感が感ぜられます。口調もまた特に親しみ深いものです。この書は寧ろ頭の硬化した今の科学者たちよりは、かえって時代に敏感な一般の人々によき刺戟を与えるものでしょう。この著者の「次代の理念」というのも、もしも入手出来たら読みたいものです。

こうした新らしい問題を捉えた本を読むと、私も身内に云いたいことが一杯みなぎって来ることを感じます。

○先便で楊子は新らしい学課の中で漢文が一番面白いといっていましたね。それも頼もしいと思いますが、是非どうか「物象」の研究を怠らないように。新らしい世界はやはりこの面への探究からひらけて行くでしょうから。

○楊子が一杯ごはんをたべるところがほんとにみたいと思いますよ。昔はあんなに食慾の無かった子だから。

○僕は身心ともにすばらしく元気です。

入所以来もっとも好調といっていいでしょう。　第十八書

五月三十一日　　実

英子様

楊子様

（1） 牛島勝四郎氏、医師、台湾時代から御夫婦ともにお親しくしました。

九四

私は初夏の日ざしが大好きです。上海の街や、銀座の街頭にきらきらと光る陽光はなつかしいものです。ああ、いつのまにやら夏になってしまいましたね。夏衣がとどきました。立派な夏羽織も。実は私は例の父上から拝領の大時代の紋附を一着に及んでその場にのぞむつもりで、英子にもそう告げた筈でしたが、佐久間玄蕃は最期の時、秀吉に乞うて「大紋付けて、紅裏の広袖の小袖、白帷子に香を薫べて賜りたし」と大いにしゃれています。武人の心にくい風懐です。そうそう、「名将言行録」(二)〔岡谷繁実著〕は興味をもって読みました。気の付きし点はその謀略や戦術、そうして日常の言動まで、支那の史記や三国史〔志〕張りなのが目につきますが、しかし日本のは悪どさが少くてすっきりしていて気持ちがいいです。

○日本の名将の行為の後をよく味わってみて感じるところは少くありません。小さいことですが贈りものの大切なこと、誠実をこめたものでなくてはならないことなど賛成です。

これは武田信玄が織田信長についてほめています。英子は私が例のある御大家の節季の贈答品が形式的で誠意がないのを憤慨していたのを覚えているでしょう。決して立派なものたることを要しないのです。ただ真心の籠ったものでありたいと思います。例の西太后もまた贈ものについてはひどくやかましかったことが、徳齢女史の本に書いてありました。
○それから上杉謙信という人は、名将として恐らく信玄よりもずっと手腕では下ると思いますが、日本人にはずっと人気のあるのは何故かといえば、その純真さ、誠実さだということが分ります。「輝虎信義を重んじ仮にも偽ることを恥とし他を欺くことなき故敵もまたその信に服し」上杉家からは人質を要求しなかったと云います。（武人の正直さと対比し得てやはりすがすがしいものを感じるのは学者の正直さです。たとえばドイツの哲人フィヒテの如きは懶惰と虚偽とをはげしく斥け、方便としての嘘も許さぬ峻厳さを示して居ります。）
○なおまた心に残っていて英子たちにも参考になるだろうと思うことは、前田利家の臨終の時の秀吉の後に対するはげしい擁護の意気です。彼はまた或時述懐して、信長のもとでかつて同朋を斬って浪人した際には、平生懇意の者も目をかけてくれるものは只、森可成、柴田勝家等二、三人にすぎず、また其後小田原陣の際、秀吉に不首尾だった時には「平生兄弟のようだった木村常陸介重茲すらささえ言を申せり」。ただその時蒲生氏郷、浅野長政が殊のほか執り成してくれた。「浪人せし時は実に見継ぐ者は希なるものなり」といっています。逆境に立つ時にのみ味い得る真理でありましょう。

○私は明智光秀は智将として第一人者だと思います。そのインテリたる点においては遥に群を抜いています。ことに嬉しいのは貧乏時代の夫婦仲です。楊子は知っていますか。有名な細川忠興の妻——三成方に攻められて壮烈な自刃を遂げた——ガルシャ夫人(?)は光秀の娘だということを。この人のことは外人の宣教師も書いていると思います。何かいい伝記でもあったら読んでごらんなさい。

○ところで私は食物のことは特に興味をもって注意していますが、この名将の言行録の中でも面白く感じたことが二、三あります。封建時代の武将が食生活に於て淡白だったことは当然です。たとえば直江山城守兼続(有名な上杉の武将)が或る時安田順易をたずねた時、丁度朝めしを食べている時だったが、何を喰っているかと聞いて蓼《たで》と塩が菜だといわれると、蓼だけは余計だと答えています。(蓼といえばおじいさんにさばと蓼だけのすしを御馳走になったことがありましたがうまかったですよ。あれもおじいさんの手打ちのうどんとともに忘れられない故郷の御馳走です。)たしかにあまり口のおごったのはいけないことです。フランクリンも自分は若い時にどんなものでも黙って食べ、実は物のよしあしは分らないのだから、どんなところへ旅行しても不自由はないと云っています。(先月下げた「実業之日本」に本多静六博士の「耐乏生活」という記事があります。それに独特の野菜料理のことが書いてあります。野菜の新鮮な芽の方の部分を軽く塩漬けにしてそれを主なる菜とするのです。今ではこれも及ばぬ贅沢でしょう。)

しかし武将の中でも細川幽斎の如きすばらしい通人もあります。彼が川の鱸《すずき》を海鱸のようにつくった話など、余程庖丁も冴えていたようです。その時代によりましょうが、料理のことは私は相当高度の文化を内包するものだと信じています。こんな意味で私は生涯に味得したところをこんな際に語っておきたいと考えているのですが、どうもこうした手紙ではただ筋書をのべるだけになってしまいます。

ところで前につづき(Ⅳ)。地方料理でよかったものでは、土佐の高知でたべた「かつおのたたき」があります。気のついたことはその薬味に蒜《にんにく》を使ってあったことです。蒜というものはあのたまらない臭いさえなければ大した調味料です。支那料理でもこれをよく汁の中に(ソースとして)使ってあるのです。お寺では「葷酒山門に入るを許さず」といいますが、これは匂いを忌んだのですが、しかし或る人の説では中国人が大好物の食品を絶つ克己を意味したものだという位です。(葷=蒜です。)女は蒜、韮《にら》はもとよりねぎ(楊子のきらいな)あさつきのたぐいは、喰わない方がいいかもしれません。私は昔の物語りで或る男が久しぶりに女をたずねたら、女がうれしがって出て来たが、ねぎをたべてくさかったので、もう熱が冷めたといっていました。　第十九書　実

(六月二日)

九五

雷雨霽《は》れて今日は実にすがすがしい日の光りです。楊子も勇躍して学校に行ったことと思います。

昨日は思いがけなく堀川弁護士さんの来訪を受けまことに嬉しく思いました。実は英子にはないしょで頼んだことがあったのですが、(私の身後に処理を頼んだことでしたが、堀川さんのはからいで早くも片付き——それも気もちのよい片付き方でまことにうれしいことでした。) 結局堀川さんから英子に知らせそうですから、私ももはやかくすことはやめます。借金のことで僅かながら相当気にかかっていた件なのです。くれぐれも英子は気にかけないようにして下さい。そうでなければ私があれほど気にかけて心を砕いた意義がなくなりますから。堀川さんはまた心づくしの水飴を差入れて下さったそうです。子規の「仰臥漫録」には鳴雪翁[内藤鳴雪]から水飴を恵まれてたべたことが記されてあります。私は前から咽をいためて声がかれていましたので水飴は実に有難いわけです。私は子供の頃、お母さんが浅田宗だったので、かぜをひいたりするとすぐに浅田飴をたべさせられたことを思い出し、あれは今どうしたろうかと思っていましたら、先日雑誌の薬の広告で、神田鍛冶町二ノ十堀内伊太郎商店というのが「浅田飴本鋪」とありました。英子に頼んで買ってもらおうかなどと、空想していたのです。(此の前の冬のことです。)

子規は岐阜提灯を病室に吊ることを書いています。夏になると私の家にはよく昔岐阜提灯と団扇とが郷里の誰からかとどきました。あれは美しいものです。丁度今頃の季節です。

本三冊の郵送は実に適時でした。もうすっかり本がきれてひたすら例の年鑑にのみかじりついていたところでした。「聊斎志異」〔蒲松齢著、柴田天馬訳〕は不許可でした(前の分四冊の中)。何の謂たるかを知りませんが、しかし風変りな小説、物語だからでしょう。しかし大して残念でもありません。

「支那戦争経済の研究」〔増田米治著〕は大東亜戦後の現実情勢の発展を知らない私にとっては、大いに参考になりました。著者が支那経済を共栄圏(占領地)経済と抗戦支那の経済とに対照しつつ、これに租界と接敵地区の経済とを解剖し加えつつする説明は要領のいいものですが、しかしこの平面的な理解の基底に、実は共通の底深い地盤が存在しているのではないかと思います。それは実際にはその両側とも一応分離していると思われることです。将来の問題はしかし実にこの部分をいずれの経済力(=政治力)がこれを把握するかという点にあるのではないかと思います。(この基底は急速に崩壊しつつあることもたしかです。)(ここに基底というのは広大な中国の農村地帯――経済社会――をいうのです。)このような立体的な把握が充分でないように思われます。

「名将言行録」面白く読みつづけています。

山内一豊は夫人の思いがけない才覚によって十両の名馬を買い得て出世の端緒を得たことは有名な話ですが、秀吉の謀将竹中半兵衛は、馬などはあまり立派なものを買うな、十両のを買うより五両のを買って、敵陣へもかけ入り、また惜しげもなく乗り捨てよと云って居ます。興味ある対照です。彼は物を惜しみこれにとらわれて戦機を逸することを深く戒めたのです。だがしかし前者は馬揃え(観兵式)が目当てであり、後者は実戦が目当てであったのです。

豪将蒲生氏郷の辞世の歌――限りあれば吹かねど花は散るものを心短き春の山風。

私の本のうち、文学関係のものは楊子にも役立つでしょう。総じて本は自分の趣味や専門の必要によって集めたものでなくては、自分に役に立つものではありません。楊子はその方針によって、そのかわりそうして集めたものは一生持ちつづけたらいいと思います。この頃本も貴重で、古本屋などにはいい本は店頭には無く、必要者や、金のある人たち相手に店後で高価な取引が行われているという由。さもありなんことです。

食物考をつづけます(VI)。地方の名物というよりは、日本人一般の好物になっていますかまぼこは、しかし名産は地方にあります。土佐、伊予のはすてきです。伊予には鯛を材料にしたすばらしいのがあります。下関のも上等でしたね。よくこれは暮にあちらの友人二、三人からもらいましたっけ。関東では小田原の「ちんりう」のかまぼこが有名ですが、変に甘くて到底関西の上物とは比較にはなりません。大阪では、かまぼことはんぺんのあいのこみたいなものを「てんぷら」といっていますが、これがなかなか味のいいものです。尼崎の木くらげ入りのものなどいいのがありました。

ところで、てんぷらで思い出しましたが、前の追加をしますと、本郷の帝大黒門の方の近くに、何とかいうお座敷てんぷら屋がありましたが、すてきにうまかったように思います。小さな二階屋でした。材料としてはえび、はぜ、めごちなどよきものです。高七という家ではあなご、ぎんぽうなど名物でした。（それからすしの材料としては、何といっても中とろが一番ですが、変ったものでは生えび、赤貝（ひも、ことによし）、アワビ、アジ、カンパチ、キスなど、その他甘いものでは、タマ子、アナゴもよきものです。）

ところで関西ばかりほめることになりますが、牛もあちらです。神戸牛が有名ですが、伊勢の松坂［阪］の牛が最上です。すきやき専門の店でも神戸にはみつわ、菊水など有名です。大阪ではみやけ、網清など有名です。すき焼の方式もいろいろありますが、関西流には始めざらめ砂糖を入れて焼くめずらしい方式があります。この頃バタ焼というやり方も行われています。ちょっとよきものです。東京では三河屋が有名です。一頃花月が銀座に居た頃、すき焼を専門にやっていたことがあり高級なものでした。大衆的な店は無数にあり、なかなかすてがたい味がありますが、これは批評のかぎりではありません。第二十一書

六月七日　　　　　　　　　　実

英子様

楊子様

九六

昨日所長さん(1)からお話があって感想文をかいてみたらとのことであった。もとより望むところ、とらわれない気もちでのびのびと書いて行きたいと考えている。別に誰に見せようという気もなく、いわば一人ごとを云う気もちです。これからの残った月日の暇つぶしと思ってください。それで万年筆を頼んだわけです。インキはこちらで入れます。しかしパーカーならその必要もありませんが、その他の分だとスポイトが必要だったかとも思いますが、もう月日がたったので機構を忘れました。私の著書もこの際勇気を奮っても一度自ら通観して置きたいと思いますが、これは冊数の関係から見て別扱いにしてもらおうと考えています。そのうち手続がすんだら知らせます。その時一括差入れてもらいたいと思います。

○「支那戦争経済の研究」は大へん参考になりました。支那のインフレの研究の部分は極めて重要かつ興味ある部分ですが、多くの問題を含んで居り、この究明は明らかに不充分です。支那社会の半封建制の問題あたりでは相当の混乱を示していますが、これは前便でも示唆した如く、平面的な理解が立体的な把握を阻んでいるためではないかと思います。

なお木村禧八郎君の「インフレーション」岩波新書と、土屋喬雄氏の「日本資本主義の先達？」「日本資本主義の指導者たち」が家にあった筈ですから適宜差入れて下さい。
○「名将言行録」の三――やはり秀吉は何といっても日本人の当時の一般水準を遥に抜いた――(寧ろ日本人離れのした)卓越した人物だと今更ら感じます。大陸遠征についてもいろいろな観点から種々の批評が成り立つことは確かです。彼が家を失ったこと。日本朝鮮支那(明)の人力財力を消耗せしめたことはたしかです。しかし一方封建的な日本を統一的国家の方向へ決定的に推進せしめたものは彼であって、決して家康では無かったと思います。(蘇峯先生などは朝鮮征伐の失敗ばかりをのべていますが。)秀吉は最後に、小出、片桐等に語って、七年にわたる朝鮮、明との交戦の失敗を自認し、自分が死んだら十万の将士一人も生還し得ないであろうとのべ、逆にその反撃を恐れていたようです。しかし問題はそこには無く、巨大な消耗のうちにあったのだと思います。武将では柳川の立花宗茂が一番すっきりしていて気もちがいいです。
○衣類の差入れを受けとりました。きれいに洗われた下着の類に接すると、いつもせいせいした気もちになります。足袋はもう秋まで差入れなくて結構です。それからこの頃協会の品物購入が週一回になっています。その時でなくては差入れの花なども手に入りませんから、それで英子の差入れがまだ手に入らないわけです。この前の花の差入れは五月十日でした。――参考までに。

○楊子の学校の父兄会はどうでしたか。「写真週報」で見ましたが、楊子にＢＣＧワクチンの注射をやらしたりしたらどうでしょうか、多少とも効果がありそうですから。私は今日以後の栄養条件といい、何よりも楊子にとって肺病が恐ろしいのです。

○第二戦線の成り行きに深い関心をもって注視しています。

〔以下八行抹消〕この項自ら抹殺しました。

実

○英子たちのための疎開問題について最後の具体的断案、決論〔結〕に達すべく、毎日一生懸命に腹を据え、思いをねっています。それはいろいろのファクターを同時に考慮しなくてはならないのでむつかしいのです。何よりも現実状勢を確実に把握しなくてはならない。ただし今やその可能な一つの段階的な時期に到達しつつあるように思いますから、そのうち——近いうちに私の結論を告げ得られるでしょう。期待していてください。

そこで余白に食物考(Ⅶ)を記します。

地方料理で、信州料理というのが東京でもちょいちょいあります。赤坂のアスナローという家が前にありました。蜂の子などの下手ものがあります。下手ものは、要するに食料の不足のところに発達するようです。支那料理の広東(へびや海狗〔?〕やねずみの児など)、四川(ここでは有名な「夏草冬虫」)——これは青幇のところで御馳走になったことがありますが、実はある虫が卵を草の根に生みつけて置き、それがかえって、草を喰いつくしてしまうため、草が虫に変るのだと思われるとのことです。なお四川では蚊の眼玉の料理があるそうです。(これは洞窟に住む無数の蝙蝠の糞から集めてあつものにするとのことです。)

信州ではソバが名物になっています。戸隠山で楊子たちの喰べたのがあれが最上品です。東京の藪でも、更科でも皆他の粉が混入しています。ソバばかりは関西は駄目です。うどんは関西が発達しています。汁がいいのです。例のうすい色の塩味です。東京の汁は砂糖けが多く、まっ赤な汁でとてもいけません。ただしのりをかけたざるの汁はみりんが入った方がいいでしょう。地方料理で記憶に残っているのは一高時代によく泊りこみで御馳走になった湯地家の鹿児島料理です。そのうち印象に残っているのは「春かん」——あつものという字——忘失——という汁です。豚を主役にした、野菜をたくさんに入れた澄し汁でした。丁度、ロシア料理のボルシチ(これは主役は牛肉です)に似たものです。これは琉球料理の系統かと思います。琉球といえば宮城君から塩豚をもらったことがありましたね。あの喰べ方をもっと研究したらうまく喰えたろうに、もったいないことをしたと思います。英子などはてんで箸もつけなかったでしょう。第二十三書(昨日のはがきを二十二書として)

六月八日　　　実

英子様

楊子様

（1） 当時の東京拘置所長、市島成一氏。死刑確定後、氏のはからいで、尾崎は随感録を認《したた》める機会を与えられた（松本）。

九七

このところ梅雨季に入ったようですね。雨はまだ本当には降らないものの、霧滴が青々とのびた木や草の葉に立籠めています。この季節は私にとっては思い出の多い、好きな時です。青春の蔚然たる精気をこめた憂鬱とも云うべきものを象徴しています。
○五月一日付の英子の手紙は大変具体的で興味がありました。勿論食糧事情の深刻さはここでもよく分って居ます。私が前々から云っているようにこの問題にこそ日本が勝ち抜くための第一の根本条件が横たわっているのです。政治の指導部にあるものは、もっともっと問題を自身の問題として深刻に考えなくてはならないのだと思っています。英子が今日まで一度も買い出しに出かけたことが無いというのは正しい態度だと思います。国民の一人一人としてはその態度を守るべきだと思います。この頃大ぴらの闇行為や買い出しを禁絶することが出来るものは、全くただ上からの政治の正しさと力とにあるでありましょう。
○我が家の疎開を決定すべき断案を下す時がここ一、二週間中にあると、私はひとりで決めて心を澄まして思いを練っています。私の最後に残すお前さん方の将来の方針への助言が、もしも方向を誤っていたらとりかえしのつかないことだと思うのです。参考のために私がたてている疎開一般原則をまず申しましょう。第一に、食糧事情のなるべく好条件にある土地、第二、親類、友人等で協力出来る人の在る所、第三に、社会的混乱度の可及的少なかるべき地域(爆撃などもこの範囲に入る)、第四、楊子の学業の継続の可能なること。以上です。そうして条件の重要度は、この順位です。ところで今の段階での疎開問題にはいろいろ考えさせられるものが含まれているように思います。英子たちにもよく考えてもらいたいことですが、大都会の底に生きる労働者や都市小民たちは、既に故郷を持ってはいないのです。私は細民街に強制疎開令の下された時のことを考えると胸が痛むのを覚えます。

○数日前、第一審の高田裁判長が面会に来てくれました。別れに来てくれたのです。一緒にひるめしを食べながら(珍らしい会食でしたよ。私はここの官弁を、高田氏は御持参のお弁当を採りながらです)いろいろと歓談しました。

○感想録は気の向くままにもう書きすすめています。今度のは全く楽しいですよ。多くの人の好意がなくてはこの機会も与えてもらえなかったことと思います。私はここでも皆んなによくしてもらって幸福だと思っています。そういえば私は生涯、いつもどこでも多くの親しい人々があって皆によくしてもらって、不思議に幸福な男だったと思います。それはある判事さんも私に、君は不思議に相被告たちから親しまれなつかしまれているが、何か特別な秘訣があるのかね、と冗談にいわれたことがあります。
○花は差入れられました。有難う。石竹の花が可憐で鼻を寄せるといい匂いがします。だがこれから花の差入れはやめて下さい。私は例の我が家の紀念日を中心にして、自分で組合から花を買いましょう。その方がカードの都合で間違いなく手に入りますから。
○ビタメールもう無くなりました。あれは実にこの頃の唯一のたのしみです。たやすく手に入る薬なら一度に二粒ずつでものみたいところです。
○我ままを許してもらえるなら、今年は夏ぶとんを作ってもらいたいと思います。台湾のうちにあったような大きさのもので、薄手のものです。もっとも折角作ってもらっても無駄になるかもしれませんが、頼みたいと思います。
○よくもそんなに面白い本を次々にえらんで入れてくれるものと感心したり感謝したりしています。「日本吉利支丹史鈔」さっそくに入手有難う。やはり期待通り非常に面白いものでした。もっともこの著者は少しずぼらで、考証にはあまり力を入れていない傾向がありますし、この一巻にまとめるにしても、も少し手を入れてくれたらと思うのですが。残念なことにはこの本には二六八頁―二八五頁にかけ落丁があります。厄介でも取替えてもらったらいいと思います。
　吉利支丹渡来の頃のことを思いながら、私は今、あの今ではうらさびれたマカオの港に遊んだ時のことを思い出して居ります。あの時は香港の満鉄代表〔大形孝平氏、上海時代以来の友人」が一緒に行きましたっけ。日本の鎖国についての功罪はいろいろ論議があるようですが、私はやはりどう考えても残念だったと思います。よくこの頃日本人には悪い好奇心があって、ともすれば外国崇拝になるといって憤慨するものがあります。それはたしかに事実ですが、その原因はどこにあるといえば、無理に外国から自らを遮断しようとしたことに基くのです。やや皮肉に聞えましょうが、実は極端な外国ぎらいこそ外国憧憬と紙一重なのです。

私は堺と長崎とを実地によく研究しなかったことを今心残りに思っています。堺には大阪時代にも一度も行きませんでした。この外国文化と接触の深かった自由都市はたしかに日本文化に特異なものを残しているに違いないのです。また何故にキリスト教があの初期にあれ程急速に伸びたかという理由は、私はそれが宗教としてすぐれていたためではなく、実は高級な文化を背景にしていたからだと思います。(同様仏教の興隆の場合も実は大陸の実際的な文化が圧倒したためだと解釈しています。)その証拠には、明治以後キリスト教が自由な布教を許されて以後は、もはやその勢力の伸張はさしたるものではありませんでした。これは現代科学が既にキリスト教文化を遥に超克している時代となっていたからと思います。要するに日本人のような理性的な人種は単なる宗教には風靡されないのです。(この点、現実的な支那人も同様です。だから外人の宣教師や、日本の僧侶などが宗教だけで支那人の人心を把握しようと考えるのは見当違いと思います。)

なお姉崎〔嘲風〕博士の著に「吉利支丹宗門の迫害と潜伏」というのがある筈、もしも誰かから借りられる便宜でもあれば見たいものです。

堀川弁護士へ手紙を書き、お手紙入手せずと書きました後、すぐ入手しました。実に真情のこもったいい手紙でした。その旨伝えて下さい。

なお小林[三]弁護士へもそのうち一度御あいさつの手紙出したいと考えていますから、住所と宛名(俊造氏なりや)を知らせて下さい。第二十四書

今朝は愈々毛のような雨になって来たようです。

六月十四日　　実

英子様

楊子様

九八

万年筆を受けとった。この懐かしいペンを思いもかけず再び握ることの出来た喜びは、ちょっと他人には想像出来ますまい。感想録も楽しんで書いている。だが紙がいかにもひどいから、場合によれば紙を差入れてもらうように願おうかとも思うが、しかしもう家にも原稿用紙やにじまない罫紙の如き類は無いのではないかと思う。いかが。

○楊子の六月四日付けの手紙有難う。学校生活のことがいろいろ書いてあって面白かった。ところで少しうるさいと思うかもしれないが、気のついた楊子の不注意からの誤りを訂して置こう。(僕は今のうちに注意しなくては永久にその機会が無くなるし、そして私がしなくては、誰もよその人は小さな誤謬など数えたててくれないものだからね。)第一に漢文のところで林春斉とあったが、あれは斎でなくてはならない筈だ。第二に、物象のうちで分子式などとあるからには、楊子が「科学」と書いたのは「化学」でなくてはならないと思う。第三に、「窓からむせぶ様な青葉の香りが……」とあるのは「むせる様な」でなくてはいけないと思います。実は小さなことのようですが、これらはいずれも漢文・物象・国語の本質的なものと関連があるから注意するのです。(本当はまだ「覧」・「議」など誤字あり、脱字もあり。)

楊子はガリレイやキュリイ夫人などいい伝記を読んだってね。ほんとにいいことだ。ところで早速にネールの「娘インディラへの手紙」[脇山康之助訳]を読みなさい。これは是非に。これはネールがその一人娘に獄中から手紙をもって書き送った独特の世界史なのです。私には実に感興の深いものだった。きっと楊子にも面白いに違いないのです。そのうちにはさまれている言葉は、あまりにも私がこれまでお前に語った言葉、それからまた今から語りたいと思う言葉に似ているのに驚ろくのです。史眼としても東亜の独自的な立場をシャンと立てた点、また印度を中心とする東南アジア史を織りこんだ点で、これまでの西洋人や、その亜流の日本人が書いた世界史を大きく修正するものだと思います。勿論史実なり解釈なりについてはいろいろ異論もありますが、ともかくも立派なものです。ところで本を大切にして読んで下さい。この頃の本は装訂［釘］もいい加減ですから、充分注意していても傷みやすいのです。それにしてもこの本の校正の悪さは少し呆れます。全く誤字だらけ。――やはり本屋が悪いと、いい本を出してもこんなところでボロを出すものです。私の最初の著書の場合もひどい目にあいましたっけ。

○「上海生活」［若江得行著］という本もなつかしく読みました。失礼な云い分ですが、この著者の支那に対する理解などは甚だ浅いものですし、全くくすぐったい位の上海讃美に終始しているのですが、しかしそれでいて少しも軽薄に陥入っていないのは、著者が真面目であり、寧ろ童心とも云うべき心で支那を見、上海の生活を娯しんでいるからでしょう。これは確かに内山［完造］老みたいなすぐれた老上海とは別の変った味があります。そうしていろいろいい忠告をしています。この人の推賞している中国にかんする英書のうち、私も読みたいと思って遂にはたさなかったものを二、三あげておきます。楊子が他日、支那に興味をもつ時が来たら私にかわって読んで下さい。一、アーリントン「青竜過眼」(これは滞支四十年という人です)、二、ロバート・フォーチュン「茶の国への旅」、三、カール・クロオ「支那案内」、この“Handbook for China”という本は、私の満鉄の私物棚に持っていたのですがどうなったでしょうか。

○楊子は先学期もいい成績で私も満足です。ところで楊子は今でもまだ犬が苦手ですか。経堂のおばさん〔堀江邑一氏夫人〕とこ、船橋のおばさん〔細川嘉六氏夫人〕とこ、鶴見〔森山喬氏宅〕、どこにも犬がいて楊子の足をとめましたね。しかしこわいものを無くすることです。それからきらいなものも、ねぎは今でもきらいですか。今時そんな贅沢はいっていられませんね。

○この頃よく考えてみると「楊」という名はやはり悪くなかったと思えます。それからおかしな話でまた、楊子に「アラ、イヤーダ」といわれそうですが、「柳」という字もいいと思いますから、他日楊子に女の子が生れたら一字名で「柳」とおつけなさい。(楊子も戸籍面では一字名でただ「楊」だけです。)

○英子はまた重い本をえっちらかついで帰ったことと思います。お気の毒さま。僕も気をつけているのですが、時々手続の上でそごが生じます。夏ぶとんについてはまず毛布を下げてみますから、その代りに入るかどうかためした上持って来て下さい。勿論梅雨があがってからで結構です。

○一昨日竹内弁護士の訪問を受けました。皆さんお心づくしの差入れの水飴もとうとう入りませんでしたが。先日ビルマ前線から帰来したという人の放送を聞いたところ「突撃の前にみそ汁を一杯呑みたいな」と兵隊さんがいったということでした。私が「死ぬ前に饅頭を喰いたい」などというのは贅沢な話でしょう。それはいわば土匪的慾望です。口腹の欲望は終りがありませんからね。

○この頃官本で呉文炳さんの随筆「わびすけ」というのを読んでいますが、非常に興味があります。そのうちに鰻漫談という項があります。

楊子はもと鰻があまり好きではなかったですが、何といっても関東の食文化の最高峯だと思います。関西のうなぎは蒸しが無く、もしくは足りないのです。――子規居士は関西でうなどんのことを「まむし丼」というのをひどく嫌って、もし自分が総理大臣になったらまっさきにこれを禁止するといっています。関東でも震災後関西流をとり入れて速成法につかったのです。そういえば昔はうなぎは時間のかかるものでした。私は一高の頃台湾への帰省の夜汽車に乗る前、日本橋の有名なうなぎ屋にのぼって、待ちながらひどく気をもんだことがありました。そういえば昔お母さんのお供をして浅草の「前川」という家に行ったことがあります。ここは有名でした。(浅草の駒形には有名などじょう屋がありま す。) 私がよく行った深川富岡八幡前の「宮川」はむしろ今では大衆的です。埼玉県の代田窪の家は変った田舎風景です。味はそれほどでありません。ここではなお鯉こく、鯉のあらいを出しました。(この項食物考Ⅷ)

この手紙は主として楊子にあてたものです。受け取ったら返事を書いて下さい。ネールもいつも自分の手紙がつくかどうか心配しています。しかしあのとおり立派についていますす。しかし私のは時に到達しなかったのがあるようです。(第二十五書)

父より

六月十六日、朝——明日は我が家の紀念日です——

ようこさま

九九

先週英子が二度立戻って差入れてくれた二冊の本——「東亜先覚者列伝」並びに「娘インディラへの手紙」下巻がともに不許可になった。期待していた続巻のみすみす手にし得なかったことは、残念とも何とも云いようがない。この上は僕の思いをこめて楊子に味読してもらうよりほかはない。〔この間二行抹消〕先日入らずに心残りだった「自叙伝」の下巻は英子が読んでくれた筈だ。

ところで台湾のことというと僕には気になるのだが、ネールの「世界史」の上巻の中で、台湾に印度の影響が及んだ、それは台湾はスマトラの印度教国スリ・ヴィジャヤ王国の支配下にしばらくあったからだと書いてあった。このことは僕は全く始めて知ったことだし、いつぞや読んだ「蘭領印度史」(岩波版)〔「瓜哇史」フロイン・メース著、松岡静雄訳補〕にもこのことは出ていなかったと記憶する。便宜があったら調べておいてほしい。「台湾四千年史」の著者(父上のこと)もこのことは御存知あるまい。

〔二行抹消〕そこで「詞選」〔張恵言編、中田勇次郎訳〕を読んでいる。実に美しい詞が多い。

ことにいずれも哀艶、悲調を帯びている。南唐の後主李重光や、北宋の徽宗皇帝の句など、惻々人の胸を衝くものがある。楊子は漢文が好きだという。これはお家の芸学だ。しかし本当に漢文を理解するためにも支那語を学ばねばならないと思う。詩や詞などの美しさは、音韻を理解しなくては到底分らないのだから。支那語では音が大事なのだ。日本人式に「かえり点」的によんだのでは、意味は大体分っても味など分る筈がないのだ。音に従って棒読みにする癖をつけないといけないと思う。

「詞選」の訳者中田勇次郎氏が同じ叢書に清の劉源長の「茶史」を訳している。もしも手に入れば読みたいものだ。なお家にあったアンドレ・モーロアの「英国史」〔「水野成夫・浅野晃・和田顕太郎訳」、それから「エドワード七世時代」〔「エドワード七世とその時代」岡田真吉訳〕なども読みたいもののうちである。

○石鹸はそんなにも貴重高価なものとは思わなかった。だがこれもインフレーションがそこまで来ていることを思うだけで、別に驚ろく程のことはないのかもしれない。万年筆の場合と同様だ。ともかくもそんな上等品をここで使う気にはどうしてもなれない。折角もらったものだから英子たちが使うことだ。あきすにまたもって行かれるくらいなら、誰か値うちの分る人に贈物にでもすることだ。

○私の生れた芝の伊皿子という地名が語源がわからないと思っていたら、呉文炳さんの随筆によると、「江戸砂子」という本には「おさらぎ」――大仏という言葉の転化だと書いてあると出ている。大仏陸奥守貞直(鎌倉時代)の所領ででもあったかというのである。
○楊子は将来学問で身を立てるつもりなら、やはりどうしても外国語を勉強しておかなくてはならないと思う。学校で教えないならひとりでやらねばならない。(「英独仏露四国文法」という本は僕は二度も愛読した。あれを楊子に贈ろう。ただし少くとも一ケ国語が充分に会得された後でなくては読んでも無駄だ。語学というものは数多くやればやるほど易しくなるものだ。僕はこの頃、特別に勉強はしなかったが、イタリー語は大方おぼろげな意味がとれる。オランダ語もほんの少しは分かるようだ。)
だがまた時局の要請によって工場へでも動員されるようだったら、またその時はその仕事に充分意義はあると思う。それこそ全身を打ちこんでその仕事ととっくむことだ。ただいやいやながら目前の仕事をする態度だけは、いつの場合でも之を絶対に避けなくてはならない。これは貴重なる人生時間の空費たるばかりでなく、生涯の行路の障碍をなすものであろうから。
○六月四日付の楊子の手紙をも一度読みかえしてみた。そうしてこの手紙はすばらしいものだと今更ら気付いた。この前の私の手紙は、まるであらさがしみたように誤字をかぞえあげて居たが、すまなかったと思う。楊子のこの手紙は立派なものだ。お前は呑気で大雑把だが、たしかに問題を大摑みにする能力を持っていると感心した。ガリレイ伝を読みとっていると思う。問題の所在を確かに把握している。ジョルダノ・ブルーノー(?)の最後の言葉は何といいさぎよい言葉であろう。僕はこの言葉を深く心に銘記するであろう。
○僕はかつて蘇峯の「近世日本国民史」中の義士篇を読んだ後で一度書いたと思うが、機会があったら、義士の母、妻について研究することをすすめたい。ことに小野寺十内夫妻の愛情と義気を示す手紙――十内の妻はすぐれた歌人だ。大高源吾の母のおもかげを彷彿たらしめる源吾の母への手紙など是非一読の価値がある。
○年鑑[世界年鑑]のあらさがしをやることになるが、やはり誤りが目につく、地名にも数字にも。ところによって戦時的性格がはっきり出ているところとまるでそうでないところとがある。年鑑たる以上戦局の推移には充分注意すべきであろう。地図と本文と照応させる必要もある。地図は苦心は充分認められるし立派なものではあるが、少し細か過ぎる感じだ。本文に現われる程度に近寄せてもっと簡略化した方がかえって効果があろう。図の縁に経緯度は示した方がいい(経緯線は引く必要はないが)――本がきれたときには尨大な年鑑は喰いつきでがあってまことに結構だ。
○久しぶりで食物考のつづきを書こう。(前書の中のは補遺) 実はこれを書いていると、今は全く地上から消えた世界を再現して第一に胃袋が楽しいからね。
すき焼のことを前に書いたが、大阪に魚すきというのがある。宗衛門町の高級な料理屋で喰ったことがあったが、大衆的な道頓堀の「まる万」という家のも結構うまかった。(これは東京における牛肉のちんや、米久のたぐいとは違う。) 鍋ものも冬はいいね。鯛ちり、ねぎま(いつか三人でいった室町の丸花という店、震災前にはよかったのだが)、大阪にはかき舟というのがあって、そこでかき飯と一しょにどて焼というのを喰わせる。これは英子と一しょにいったことがあるから知ってのとおり味噌を入れてのすき焼だ。あんこう鍋もすてきだ。(何といってもふぐが一等だが、ふぐは関西ではてっ、又はてっちりといい、またカムフラージュのためにあんこうともいう。これはあんこうの味がふぐに近いことを意味してもいるのだ。)日本料理は東京でも近来、所謂関西料理が風靡している。星ケ丘茶寮、それから芝の青松寺の裏山にある何とかいう家(私は始終行ったのだが今ど忘れした)、錦水(築地の方よし、赤坂の方おちる)、いづゐなど有名だが、私のうまいと思ったのは、築地の京亭、築地の錦水、それから数寄屋橋際の小学校の横手の、フランス料理の隣りの家などだ。これも名前をふと忘れた。第二十六書

実

六月十九日

英　子　様

楊　子　様

一〇〇

今年はまことに典型的な梅雨型です。今年のようなのも近年珍らしいことです。併し今

日はゆうべの雨も霽れて朝から陽がさしています。十五日付の楊子の手紙受取りました。何よりも親子が、私の家を出てからこの方のこの困難な時期の下で、淋しいとはいいながらともかくも安穏な生活を続けているということを思っては、何ものかに対して感謝の念を捧げずにはいられない気がします。楊子の大好きな夏休みが来ますね。休みがあれば遠慮することはない、うんと有効に使うことだ。若い日は二度来ないからね。遊ぶのもよし、何か勉強するのもよし、また働くのもよし、要するに後の思い出になって残るような暮し方をすることだ。ぐずぐずと無意味に日を過ごすことだけは絶対に避けること――これが人生の正しい生き方だよ。それから注意しておくが、学校の成績が自分の予期したところと違った場合、必ずどこがわるかったかをよく調べて置くことだ。それをやりっぱなしておくくせをつけると決して進歩することが無いのだ。

裕子ちゃんとこ疎開(1)したそうだが、おくにに帰ったのかしら。おじさんひとりで御不自由なことだろう。皆がだんだん疎開して淋しくなるね。

○前の便で原稿用紙を用意せよといったが、その後所長さんから素敵に立派な紙をいただいた。いたずらな文字を書くのがもったいない位である。紙はもはや僕のためにととのえなくてよい。ただし先の用意のために、これは英子たちにも必需品だから、紙、ペン先、インキの類は機会あるごとに準備を怠らぬ必要があろう。今後ますます得がたくなるであろうから。この頃は本を読むよりもペンを執る時の方が多い。楽しんで感想をかき記している。それはあたかも砂の上に文字を書くにも似てはかないものに違いない。しばしたたずんでこれを眺める人があるか否かも知れないことだ。しかしもとよりそれで結構だ。思うに人の世のいとなみで、総べてかくの如くはかないもので無いものが何一つあるだろうか。ニュートンは海辺で小石を拾うにたとえて学問研究のことを云ったが、私は無心なる小児の積木細工に向う姿を想う。要するにたちまちにして崩れ果てるにしても、しばし無心に没頭する瞬間が意味があるのではなかろうか。お前たち見る人もまた積木を見ずともよい。そのことに没頭する後姿を眺めてくれれば足りるのだ。

○凡そ人が刑につく場合に三つの態度があるのではないかと思う。第一には、恰も屠所に牽かれる羊の如く、全く打ちのめされた態度、第二には、慨然として慷慨死に就くの態度、第三には、全く生死を超越し平静水の如き態度で死に就く場合であろう。僕はこの冬手記を書いた時分には、既に生死の問題は考え抜いて漸く第三の段階に達し得たのだとひそかに確信していた。しかしながらやはり死を多分に観念的に見ていたことが感じられる。僕の今の態度はやはり正直なところ未だ第二の段階にあると思われるのである。古来東西の多くの志士の場合も、殆んど総べてこれであったように思われる。梅田雲浜、吉田松陰、頼三樹三郎等の志士、長會[宗]我部盛親、石田三成等の武人、また支那の文天祥、段秀実、方正谷等の学者志士、さては快川和尚や竜口にのぞんだ日蓮の場合にしろ、いずれも第二の段階に於てその気力と志気とを発揮したものだと思うのです。大石義[良]雄は本懐を遂げた後で「あらたのし思ひは晴るる身は捨つる浮世の月にかかる雲なし」と詠んでいます。彼の場合はたしかに第三の段階に入っているのでしょうが、これは実に、自らたてた至高至純な目的を達成したというすばらしい幸運を得たよろこびの後に到達し得た境地であったと思うのです。なおこの大問題についてあくまで討究の余地があろうと考えて居ます。

○週報、週刊のたぐいはぼつぼつ入っています。面倒でも引続き御願いします。世界の状勢は時々内部の教誨放送でもききます。戦局の苛烈さはますます加わりますが、現段階の特徴はまさに遺憾なく世界全般にわたる世界戦争たる相貌を完全に露呈して来たことであります。今年度の重点は云う迄もなくなお欧洲にあります。

○藤村の「夜明け前」が官本にあって、私は根気よく希望書目の中に書いて出していますが、借りられません。それでもし誰からか借りられたら入れてくれませんか。(これは勿論是非読み度いという程のものではありませんが。)

○そこで食物考を続けます。(X)——現実に味わえないから空想でたのしむという次第。東京の特徴ある料理屋二、三あげましたが、少し風がわりな家では、田町九丁目あたりに「いづみ」という家がありました。これは有名な食通の柳沢伯爵の後援による家とかいうことでした。食通といえば大谷、柳沢両伯とならんで木下謙次郎氏がありますね。この人には「美味求真」の著があること周知のとおりです。関東長官をしていたので遼東の「うずら」のことを書いています。私も大連でよく鍋を喰いましたが、いつぞやもらった糀漬

(粕漬だったか)もおいしかったですね。うずらの卵の珍重されることも御存知のとおり。卵といえば支那料理では鳩の卵を珍重して湯によく用います。鶏卵を材料にして皮蛋、塩蛋などがあります。西太后は塩蛋を作るのが御自慢だったと徳齢女士が書いています。これは私の大好物、上海では我が家のお正月料理に加えました。茶と塩と香草を加えてうでるのです。その他あひるの卵を材料にした糟づけ、糟蛋というのがあり、少し濃厚ですが酒の肴には珍味です。(ついでにあひるのことをいえば、あひるは支那でも北京が一等です。あの焼いた脂の多い皮のところは何ともいえません。)

小鳥料理といえば凡そうまいものとなっています。市中にも「喜多八」などのように、しぎや、田しぎや、つぐみなどくわせる家があり(雑司ケ谷にはもとすずめ焼をくわせる家がありましたっけ)ますが、八王子附近の陣場山などの小屋でかすみ網をもってとりたてのを喰えばこの味は比較になりません。つぐみが一番です。(故郷の山もつぐみの有名な産地です。)

さて大衆的な料理でうまいのは麦とろ、これは上野の広小路附近に有名な店があります。(裕子ちゃんのお父さんはとろろ好きでしたから、きっと知っているでしょう。)それに湯豆腐、京都の南禅寺の中で喰べたのはうまかった。豆腐といえば支那の醤豆腐(チャンドウフ)はいいものです。普通、紅で染めたのと白と二いろあります。父上の好物です。酒の菜によし、またしおからの如く飯の菜にも結構です。しおからといえばこれは大したものです。支那では古い時代から最も珍味とされています。(孔子様もしおからのことをいっていましたっけね。) かつおのしおから、つぐみのわた、いかの黒づくり、鮎のうるか、このわた、更に似よったものでうにの類い。(うにといえば鯨の軟骨をまぶした松浦漬――これは粕漬が本当でしたか――これも私の好物の一つです。)

実

六月二十一日午前　第二十七書

英子様

楊子様

(1) 私のところでは昭和十九年六月家族を故郷に疎開させた(松本)。

一〇

昨日から急に暑くなりました。本格的な夏を思わせる日の光です。

先日、官本で柴田宵曲という人の「子規居士」(三省堂刊、十七年版)というのを借りて読んでいます。私は子規が大好きです。娯しんでいます。この本は編年的になっていますので、居士の生涯を瞥見するには至極便利です。それについていろいろ思いついたことを楊子に話したいと思います。というのは、私は小さい時によくお母さんからいろいろの昔ものがたりをきかされて楽しかったことを思い出すからです。私は今となっては楊子にそうしたいろいろの話をきかす暇のなかったことを、悔んでいます。お父さんもまた晩酌（長い晩酌でした）の時にはいつも上機嫌で、よく中国の歴史談をきかせてくれました。漢楚の戦の話など嬉しかったものです。（英子もあまり昔ばなしなどきかせる方ではないようですね。）ところで私たちの興味を持つ時代というのは、明治期もあの「文明開化」時代から明治の終り頃までです。その頃が一番なつかしい。（英子もいつぞやあのえらいおばさんたちの少女時代の思い出の記をよろこんでいましたが。）

だから子規が一高（その前身）に居た頃のことは、私には特に面白いのです。菅虎雄先生や田中［清次郎］老人などからきいた昔の学生生活のことは何べんでも面白く思いました。だが楊子たちにはきっと、もっと後の時代、大正の終り頃から昭和の初め頃がなつかしまれることになるかもしれませんね。そうして私たちにはもう幕末や維新の頃のことが縁遠くてピンと来ないように、私のなつかしむ時代のことはあまり興味がないかもしれませんね。ともかくこの頃楊子の写真が私と真正面に向きあって壁にたてかけてあります。私は時々読書や感想録の手を休めて楊子に話しかけているのです。

子規がまだ郷里松山中学の学生だった頃、天下を風靡した自由民権の風潮に大分あおられたことがあり、しきりに講演会などやっています。彼は若い時から政治家的志望が強かったようです。そうしてとうとう田舎にはじっとしていられなくなって、東京に学校の中途で上京してしまったのです。

私は中学時代には政治的興味は殆どありませんでしたが、文芸—思想的興味はたしかに人より強かったようです。よく演説のまねごともしましたが、題目はたいてい文芸乃至時代思潮的なものでした。中学二、三年の頃上京熱にうかされて困りました。子規はユニオンの四の巻を読んでいますが、私も入学試験の準備期にこれを読みました。大へん面白くよく出来たリーダーです。それが原文と対訳になって英語研究社というところから出版されている(小型の写真版本)のを後に見ました。これなぞ楊子も読んでみると面白かろうと思います。子規は向島が好きなようで、早い頃長命寺の月香楼に下宿し、後にはまた大学の試験勉強に木母寺内の茶店の二階をかりたとあります。震災前まではまだ向島には昔の面影が残っていました。土堤の桜は若木でしかもやせては居ましたが、春には花が咲きました。水は濁りに濁っていましたが(お母さんの話では昔は実にきれいな水で、お母さんの兄さん達二人は古河藩の水練の先生だったそうです)、しかしボートを漕ぐのは楽しいものでした。私は言問のだんごの味は記憶していませんが、長命寺の桜もちは、その境内に我々の組のボートの選手が合宿していたので、出かけてよく喰べました。あの桜の葉の塩漬にした匂いが思い出されます。

また子規が学年試験(一高卒業の時)を終えて郷里へ帰った後で、漱石が葉書で及第を報じていますが、そのうちの赤沼というのは、一高の歴史の創世紀的人物で有名な赤沼金三郎という人です。(この人のことは岩波の主人もあの創業紀念日の祝宴の時に語っています。)米山というのは米山保三郎という哲学志望の秀才で、漱石が文科大学空前絶後の英才だといっている人で、「猫」の中に天然居士という名で出ている人だそうです。山川というのはわかりません。なおまた郷里からその後一しょに旅して東京にかえった人に、小川尚義という名があります。この人は台湾の視学官をしていた文学博士になった人だと思います。私が大学一年の時、淡水に海水浴のためそこの茶店に下宿していましたが(秀東と一しょに)、小川さんの別荘がそこにあって家族の人達とは毎日一しょに遊びました。

伊予の国は実にいいところのようですね。一度行ってみたいところでした。由来あすこの国人はなかなか頭がいいようです。あたりは九州人みたように荒々しくはないが、負けぎらいです。私の同級生の親友に伊予の宇和島から来た人[松本慎一氏]がありましたが、その人は猛烈な田舎者だったので、始めての行軍旅行の時沼津の千本松原の宿に泊った日の茶話会で、郷里を出て東京へ来る迄の話を田舎弁で長々と話したところ、東京人たちにあれは少し馬鹿なのではないかといわれました。ところがその学期の成績発表で三番だったので皆がビックリしました。――この道中はまた子規の最初の上京路と一致するわけですね。楊子のお友達だった中村さんのお父さん[中村純一氏]と中学の同級生で、一番はこの人、二番は中村さんのお父さんだったそうです。中村さんのお父さんは真面目な普通の秀才、この人は少し脱線の超凡な英才です。中村さんのお父さんは同級生の官吏たちの中で一番早く勅任一等官になったそうですね。

子規が露伴に心酔して自分も小説家を志したことがあるそうです。露伴の学殖の深さを味いたく私も思います。「露伴全集」が借りられたら、順を追って読んでみたいものと思います。

○この頃魚は鯡《にしん》のようですね。いろいろ食べ方を研究してみたら案外うまく喰えるのではないでしょうか。鯡の蒲焼というのはうまいときいて居ます。あれを白焼にして塩だけで喰ったらよくはないかなどとも思っています。英国人は北海のニシンを珍重し「キッパード・ヘリング」といって例の油ツーツー式〔油でいためること〕にして喰います。（フライパンで焼くのでしょう。）それもいい筈です。台湾のお母さんは米のとぎ汁で煮るとやわらかくなるといっていましたが、贅沢屋の私は勿体なくもあれは肥料にするものだなどといって一度もたべたことがありませんでした。今は実に舌鼓をうっているのだから皮肉です。北海道の人は実に上手に料理するとか、ある人が岸君〔岸道三氏、近衛首相秘書官〕のお母さんに鯡の料理をいただいてうまいのにびっくりしたと云っていました。

○アラビアのローレンスは禁欲主義者・菜食主義者で一日一食でも平気だったといわれています。私などには到底まねも出来ません。

○「もの皆希望を新にする時《カン・トゥー・ルネ・タ・レスペランス》……」というノルマンディのフランス語の歌を私がよく歌っていたことを知っているでしょう。今はその燕の飛び交うノルマンディの緑の野で世紀の決闘が行われているのです。

○私は概して日々心のどかに、かつ楽しくすらあります。その点安心して下さい。

――第二十九書

六月二十八日　　実

英子様

楊子様

一〇二

昨日は暑いところを、ことにふとんは宅下げと持ちかえりと両方でほんとうにお気の毒でした。夏はふとん一枚残っていたら駄目だということを去年に知らせてくれてあれば、私もわざわざ宅下げをしなかった筈ですが。ではベビー毛布を入れて下さい。それと引かえに毛布を下げましょう。

久我山［太田宇之助氏］が親切に云ってくれるのはほんとに心から感謝に堪えないところです。私が何か異論がありそうに思っているようですが、それは誤解です。私としては、夫婦揃ってお前に同情してくれているところは他にないのだし、第一、田舎人よりは都会人の方がお前たちとしてもつき合いいいことだし、将来の自己の生活を建設して行く上からも東京にとどまることは賛成だし、久我山など最もいい条件だと思っているのです。これからは他人とどうしても協力しなくてはやって行けなくなるでしょう。――これは我が家だけのことではなく。――家族が多い程いいでしょう。だから英子たちもむしろ今はいろいろの家から迎えられるのです。それは有難いことです。しかし私はもっと問題を深刻に、根本的に考えてじっと睨んでいたのです。頼りになる「結構な御身分」がものを云わない時にどうして生活をきりひらいて行くかの点です。地方へけっしてやりたくはないし、また必ず他日は捲土重来することを念頭に始めから置いてもらう位だから、東京に居てよければそれにこしたことはないのです。それにもかかわらず、疎開のことを考えているのは、じっと遠く、深く考えているからのことです。しかしやはり見透しは的確についていても、英子たちの目前の便宜や感情のことも考えなくてはならず、対策としても一足飛びではなく段階的な行き方もあるわけです。そうした過渡的な方法としてなら久我山への疎開は至極賛成です。

そうと決めればその後直ちに着手すべき点は、楊子をあのごく近くの学校に転校させること、これは吉祥寺にいる文化部の有力者〔高橋健二氏、一高の同期生〕あたりに頼んでみたらよいかと思います。そうして、しばらくその土地の土着人となるつもりでお百姓もやり、それこそ、豚や鶏でも飼ってやって行くつもりでどっしりと腰を下ろすことです。金銭的収入――家の場合では居喰い――に頼る行き方はやがて必ず行詰ると思います。こうした生活方式が成り立てば何も好んで故郷へ招かれざる客となるには及ばないと思います。ここのところ一つとっくりと考えて下さい。僕がこの問題でこんなに前から決しかねているのは、通り一ぺんに事がらを見ているのでないからです。このことをよく腹に入れて下さい。

東京にとどまり又は久我山その他近傍へ身を寄せる場合にはそういそぐには及びませんが、思いきって根本策を講ずるなら直ちに、順を追って実行にかかることです。その場合私には一つのことしか考えられません。

一、場所は岐阜のいとこの家に合流。楊子は岐阜市の女学校に通う。英子はここで生活の――当分の――基礎をつくる。田舎の家での農業家畜の飼養、白水館[従兄経営の旅館]での手伝い、岐阜市内での務め、大家族家事の世話等のうち。なお飛騨線の高山市その他或いは関町、美濃町等での何かの仕事。――但、常に食糧の確保を念頭に置くこと。

一、以上の方針に基づいて、まず具体的に、お父さんや、名古屋の兄貴や、彪雄君一家、岐阜の前敵司令たるおばさんたちの意向を調査する。――手紙できさあわせるばかりでなく、最後には英子が一度現地調査に行くこと。それが出来なければ、楊子に命をふくめて派遣してみること必要です。疎開と決めれば直ちに――

一、楊子の転校の手続をとる。そうして、まず楊子を先発させる。(勿論この際、家の後始末、疎開手続が丁度うまく合致すれば一しょに行けるわけですが、この夏休み中にうまくてきぱき運ぶというわけには行くまいと思います。)

以上の順序をもって事を運びます。この際もはや私のことを特別考慮に入れる必要はありません。不自由の点などはもうそうなれば喜んでしのびます。元気で他日の捲土重来を期して一たん草鞋をはいてもらうのです。

いずれにせよどちらかに決定する時が来たようです。英子の腹は一体どうなのですか。

――この手紙には返事を下さい。

〇今日はむつかしい問題を一気にかいて少し疲れたので、楽しみの食物考のことを少し書かしてもらいましょう。順序から云えばまだ料理がいろいろありますが、子規のことを読んでいたら、彼は木曾旅行で「猿が馬場の木いちご」「木曾の桑の実」「奈良井の苗代茱萸《ぐみ》」を喰ったとありましたので、くだもののことを書いてみます。今頃はくだものの清新な魅力をます時ですからね。子規は後に東北旅行をした時も、岩手へ出る道で(六郷から)「覆盆子」を喰っています、道ばたの木いちごです。子規はくだものが好きらしく「くだもの」という一文もある由です。「仰臥漫録」にもしきりにくだもののことが書いてあります。彼が明治二十八年日清の従軍からかえり喀血して神戸の病院にいた時には、衰弱して牛乳もスープも飲めなかった時に、苺だけは毎日喰ったといっています。(寺田[寅彦]博士の臨終日記にも小林[勇]氏が千疋屋から苺をとどけたことがありました。)

私は夏おじいさんのところで桑の実をしきりに喰べて笑われたことを思いだします。東北ではさくらんぼ――山形のはことにいいようです。青森や、信州の青い林檎ももう夏には出て来ますね。土佐のニューサンマーオレンジ、紀州の三宝柑など、それからびわの上等のもの、水瓜も夏のものですね。

しかしどういうものか外人は水瓜をきらいますね。昔鹿児島が英艦と闘った時、水瓜売りに侍が化けて英艦に切りこむつもりで出かけたら寄せつけられなかったという話があります。それは水瓜だから話にならなかったのだといいます。アメリカではネグロかインヂアンしか喰わないといいますが、あすこには実にすばらしいメロンがふんだんにありますから無理もありません。(ハネジューとかカンタロープとかマスクとか、何でも私の短い滞在中だけで数種も喰べました。)日本のメロンは問題になりません。水瓜の方がずっと上です。あれを二つに割って中に氷を入れ、それにウィスキーか葡萄酒を入れて喰べた味は忘れられません。くだものは何といっても南方かアメリカです。アメリカの葡萄、サンキストのオレンジ。私はグレープ・フルーツが王者だと思います。朝冷たく冷えたのに少量の砂糖をかけて喰う味は天下一品です。くだものの美味の条件たる、漿多きこと、甘きこと、酸味のあること、加うるに適当の苦味をもってしているのです。おまけに果肉の柔かいこと。南方の果物には、例のマンゴー(私の大好物)、マンゴスチンなどあり、バナナも台湾のは話になりませんが、南洋の或る種のもの(あまりひつこく甘くなく、酸味あり)などいいものです。パイナップルもハワイの生はすてきでした。(缶詰もハワイと台湾ものとでは比較になりません。)台湾の竜眼肉はいいです。それと広東の茘枝《ライチイ》(これらも乾したのはまるで別ものです。）秋になれば私の大好きなのはいちじくです。しかし大谷「光瑞」さんは、日本で果物の誇れるのは柿と台湾の柑橘類だけだといっていられます。（ポンカン、文旦（白柚）、ジャボンなかなかいいのがあります。）喫茶店では銀座の千疋屋、後に新宿の高野もまねる。料理屋では星ヶ丘茶寮の果物は有名でした。（XI）第三十書　実

六月三十日

英　子　様

楊　子　様

サイパンの非戦闘員なる同邦の婦女子のことを想いつつその無事を禱って居ります。

一〇三

昨夜来霖雨性の雨が降りつづいて濛気がたちこめています。つゆの名残りの雨でしょう。だが今年はおかげでまだ暑さに苦しめられることのないのが何より幸です。

〇協会に頼んだ薔薇の鉢植えもどうやら駄目のようです。「子規居士」の歌の中からばらの歌三つ、句を一つ拾いました。（消されてもつまりませんからここには記しません。）居士の明治三十四年（死ぬ前年）五月に成った「しひて筆を執りて」という題下の一連の歌はまことに千古の絶唱と思います。だがこの歌のほんとの味は、世の中の幸福人たちには分

らないかもしれません。

○南天棒［中原鄧州］の禅話を官本で借りて読んでいますが非常に愉快です。その中で山岡鉄舟の死ぬ時に坐禅を組んで一家眷族、知人朋友たちにかこまれながら神色自若として往った話が書いてあります。（勝海舟がその場へお別れにいった時の話が引用してあります。）この話は一高時代の禅をやる友人から直接聞いて居る懐しい話です。あの友人の風格がこの頃思い出されます。彼のみは、たしかに吏臭に湮没されないものを最後まで持ちつづけるでしょう。

○ところでいつぞや北条時頼の偈頌を本居宣長が評していることを書きましたが、その第一の句を「葉鏡高懸」と書きましたっけ。この意味がよく分らなかったのですが、この本によると「業鏡」となっています。それとてもよく意味は分りませんが、この方が正しいのでしょう。前のは「玉勝間」岩波本の誤植でしょう。訂正しておきます。

　訂正といえばこれまで云ったり書いたりしたことが実に訂正したくなることばかり多くてこまります。そんなわけで自分の古く書いた著書や文章は見るのも恐ろしいような気がしているのです。だがしかしこれは人間が元気で前進しながら行く時の態度ではないのですね。誤りを訂正するのは、振り向いて立ちどまり、立ちかえったりするのではなく、勇ましく前進しながら新しく書き記して行くことの中に（行動して行く）求むべきものなのです。そう思いつつもこの環境ではやはり止むを得ません。

○前に鈴木豹軒先生が漢詩学の大家であることを云いましたが、子規居士を読んでいたら子規の最初の歌の同人の中に先生が居られるのを発見しました。蒟房子というのがそうでしたろう。「日本」歌壇に左千夫、節等と名を列ねているのです。「台日」にはわずかしか居られず、京大に行かれたのだと思いますが、東都の歌壇に参加して居られるというのは少しおかしいので、或いは私の考え違いかもしれません。また歌人安江秋水というのは、例の五渓さんのいとこかなにかの法学士(?)の人ではないでしょうか。そういえば、五渓さんはもうとっくに亡くなったことでしょうね。私はいつか兄さんが名古屋に兵隊に居た時台湾からのかえりに会いましたっけ、(行きだったのでした。)

○先日来プシャンの「太平洋の民族と文化」〔『南太平洋の民族と文化』小堀甚二訳〕を読む時、平行して年鑑〔世界年鑑〕のそれらの部分も読んだのですが――こうした時地図ともまた案内書ともなり至極便利です。そのクリスマス島は(フマレニング諸島中の)は十七年の四月九日に我海軍の占領に帰した旨が書いてありますが、実は私はその時の発表がジャワ島の南にあるクリスマス島(同名の)のことだとばかり今日まで思っていたのです。恐らく私の考え違いかと思いますが、地理的にみるとどうも腑に落ちませんので疑問を起しました。その他気のついたことでは、北ボルネオの説明のところにしきりに蘭領部分の地名など混入、また自然の項についてはサラワクだけしか書いてないことなど、またユーゴーの分割のところではハンガリーについては出ているが、ルーマニア、ブルガリアにはそのことが出ていないといったような細かなことにも気がつきます。ああした立派な年鑑もこの頃のように次第に出版が窮屈になって来ては、これまでのようにつづけて出して行けなくなるのではありますまいか。いずれにしても私にはこれが最後のものとして楽しんで読んでいます。

○支那の地図の詳しいのがどうしてもほしいです。あんなにいいのがたくさん家にあったのに皆とられて残念なことです。誰か上海へでも行く人があったら一葉おみやげで買って来てもらいたいものです。支那地図は、東京、大阪、大連、又は上海でなくては今手に入らないと思いますが、この前の話では東京にはなさそうですね。（この前、後から入れてくれた「大東亜共栄圏全図」なるものは全くひどい、インチキなものでした。）

○いつぞや野草を喰う話の時に、万葉集中の食用の草をあげましたが、そのうちに「萵苣《チサ》」をあげたと思います。これは新村〔出〕博士の最近の考証によると、岩たばこという高山植物系のものだとのことです。（徳川夢声との問答の中で円覚寺の朝比奈〔宗源〕管長が語っています。）夢声はこの中でこの頃映画の撮影所の中で有名な女優さんたちが話すことがすべて喰いもののことだけで、しかも昔のことを「あすこの天丼の車えびはすてきだった」など話合っていると云っています。（ここのところの夢声が言論人の意気地無さを叱るところが一番生彩のあるところです。）

ところで私の食物考もこの女優さんたちの心理と同じ産物なのでしょう。（XIII）

野菜は日本のものはなかなか味は優秀です。もっとも大谷さんみたように、寄生虫を恐れる人は近づかないのが安全でしょう(生のものには)。私の好きなものは例の春の菜(1)(油でいためる)、白菜、キャベツ、春の牛蒡、タケノコ(中国料理の北京で珍重する細い筍(笋)を焼くようにいりつけたものは実にいいです)など。ただし野菜は単独でよきもの(生でよきもの、煮てよきもの、油でいためてよきもの)、また他物とのとりあわせによって味の生きるもの死ぬものがあります。外国種のものではアスパラの生(これは缶詰は問題になりません)、レットウス(玉チサ)、これは生で喰う、ともに豪華なる味です。支那料理では四川料理に実にいい野菜料理があります。あのとけるような白菜のふかのひれとの煮つけ、牛乳を用いたものなど。野菜だけの精進料理も支那では発達していますが、皆普通料理の外観に似せて作ってあるのはいやです。私はかつて宇治の万福寺の前の精進料理を喰いましたが、これはさっぱりしていいものでした。蘭の花の吸い物を思い出します。汁の味はすべて昆布のようでした。　第三十二書

実

七月五日

英子様

楊子様

(1)　早まき小松菜に蕾の出来かけたのを強い火で青くいためて芥子醤油でいただきます。

一〇四

昨日夕方英子の先月十七日附けの手紙を受取りました。こまごまといろいろのことが書いてあって近頃の家の事情がよくわかりました。ますます不便も加わると思います。英子もまことに御苦労なことですが、どうせ人は斃死するところまで奮闘しなくてはならないのですから頑張って下さい。一月七十円余もこの頃貯金の義務があるとのこと今更びっくりしました。それでは無収人のまま一家を維持して行くことの困難が思われます。
○非常時袋には鰹節を一本ずつ入れておくといいと思います。
○薬のことも雑誌のこともそんなにどうか無理をしないでほしい。どうせ無理をしなくては手に入らないには違いないが、過度に心身を労してまで骨を折らないで下さい。(朝日と毎日〔「週刊朝日」と「サンデー毎日」〕とはどちらか一方手に入った方で結構です。勿論双方ならこれに越したことはありませんが。)
○堀川さんの水飴さぞおいしかったでしょう。今の私としてはそれをきくことは私自身でなめたよりも嬉しいのです。(郷里の新潟から持って来られたとのことを竹内さんからききました。)　堀川さんは実にいい人だと私も感じて居ります。外に居る時につきあったら、きっと気の合った友人として恐らく肝胆相照す仲となったと思います。堀川さんに何か紀念のものを贈りたいと思います。考えておいて下さい。なお小林弁護士にも何か紀念の一品を差上げたいと思っています。失礼でなければ日常私が使っていた品物がよくはないかと思います。(両方ともに)

○楊子の写真がよくとれなくなったというのは、楊子が色気が出て来た証拠です。子供の頃無心なうちは写真はよくとれるものです。よくうつろうとする意識が出て来るとかえって変にうつるようになるのです。こういうと楊子に叱られるかもしれませんが、実は私も男のくせに経験ずみなのです。

○私はあの中学の先輩[福原敬次氏、海運総局長官に就任]のことをいつも思っていました。浪人をしていましたからね。しかし船舶方面には立派な経歴のある人ですし、きっとその方面の営団か運営会かで起用されていることだろうと思っていました。人柄が真面目過ぎて少し頑固だから、純粋の実業界には向くまいと思っていました。今官界に返り咲いたときくことは嬉しいかぎりです。私の下級生が局長に早くも二、三年前になっているこの頃ですから、今更局長ぞやの感がないでもありませんが、しかし国家有時[事]の際有用の才を適所に活用する意味でも喜ぶべきです。私は中学時代には一人で無闇に高く標置しており、同級生や一、二級上の友人など相手にしなかったのです。そんなわけで親友というのは実にこの五級上の友と、四級上のあの六高から工科に来て工学士になった人[永田年氏]と、大先輩二人です。年は私よりも二人とも六つ七つ上だと思います。(この友人は昔は非常に親しかったので今でもなつかしいのですが、すっかりつき合いは絶えてしまいました。内務省の技師時代に一度会いましたが、その後「東北振興」へ行っているとききました。）もっともこれらの先輩たちは、大いに生意気だが、しかし真面目でそうしてひたむきな、快活、また(当時は)無比に聡明な少年を可愛がったわけだったのでしょう。

○英子の手紙は我家の紀念日に書かれたものだった。ところで発見したのだが、子規は実に慶応三年九月十七日に生れているのだよ。もしまだ九月に健在だったら、この九月の我家の紀念日にはひとつ、子規君もわが家の客人に迎えたいものだ。僕は彼と兆民論を闘わしてみたい。彼のいうところの当っている点もあるが、また当らない点もある。僕にいわせると兆民には子規の芸術的境地は分らないし、また同時に子規には兆民の政治に対する熱意は分らないのだと思われる。子規の環境からはどうしても本当の意味の政治は分らなかったのも無理はないと思う。子規が「一年有半」をまだ読まないうちからもう悪口を云ってかかっているところなど、微笑を感ずるが、誤っていることはたしかであろう。

○ところで私はお母さんの生日と命日とを是非正確に知っておきたいと思う。家に古い戸籍謄本があったのではないかしら。いつぞやお父さんにきいておくように楊子に云った筈だが、楊子から名古屋のおじさんにきく方がいいかもしれない。あのおじさんの一ついい点は、頼まれたことを(大したことは頼まれはしないが)きちんきちんと片付けようとつとめることだ。――この点は私はひどくずぼらだった。その癖責任感は人一倍強いのだから結局無理をして心を苦しめる結果になったのだ。

○私のお母さんは、正直な、明るい、親切な、涙もろい、あきらめのいい人だった。そうして物惜みをしない(その裏にはやりっぱなしのところあり)賑やかな話好きの人だった。だから多くの人になつかしがられ親しまれた。お父さんの方はいかにも円満のようでいて、ちょっと腹の底の知れないようなところがあり、しかも根は農民的な頑固さと負けん気をもっているのだから、台北の家のすばらしい人気は、今から考えると大部分お母さんに依存していたように思われる。それはお母さんが死んだ時からよけいはっきりと分った。英子とはあまり気が合わなかったようだが、英子ははたして今日までに人間としてあの位い人に他に出合ったことがあるだろうか。今はきっと前よりも高く評価していることと思う。あのお母さんの最大の——致命的な欠陥は何といっても学問の無いことだった。従って教養の上でも非常にかたよったものになっていたのだ。生活の上で計画性を全然欠いており、行あたりばったり、その日暮しだったのも、そのためだったろう。もっとも末期の武家の家庭生活というものは無気力極まるもので、しかも生活だけは安定していたので計画性を必要としなかったのだ。お母さんは自分でも学校に入らなかったことをいつも残念がっていた。丁度お茶の水に女学校が出来た時で、東京に居たお母さんは是非入れてくれと、お父さんに泣いて頼んだのだそうだが「武士の娘には学問はいらん」といって一蹴されたのだと口惜がっていられた。その時入っていたら鳩山春子さん(今の秀夫、一郎氏等のお母さん)と一しょの筈だとよく私にいっていました。

○今日は七月七日、新暦ながら七夕祭の日です。私が一高に受験のため上京した時、品川の家に行李を下ろしたのですが、その時この夕、皆が笹の葉に色紙や丹〔短〕冊をくりつけて海に流すのを見たのが印象に残っています。思いめぐらせばあれからもう二十五年経っています。つい昨日のように思われますのに。私は今中学の漢文の先生から教わった白楽天の長恨歌の一節を思い出しています。「七月七日長生殿、夜半人無く私語するの時、天に在っては比翼の鳥となり、地に在っては願わくは連理の枝とならん、天長地久、時あってか尽くるも、この恨綿々として尽るの期無からん。」天地とともに悠久に貫く人の愛情の誓いの言葉。

今から七年前には支那事変の始まった日です。その日は暑い日でした。私は支那人たちを相手に語る日支問題の座談会に出てしゃべっていました。これにもいろいろの感慨があります。

その昔河村瑞軒〔賢〕は七夕で供えて捨てられたうりやなすびを拾って漬物にし、これを人夫に売って大いに喜ばれ、また巨利を博し、彼の江戸での経済活動の発足に資したということです。そういえば昨日、始めて今年の最初の瓜を食事に見出しました。瓜の清新さこそ夏を思わせるものです。ここでの御馳走の一つは瓜のまるのまま少しすっぱく漬けたものです。それはあのロシア人の好物の瓜漬けに似ています。(あれは塩水と香草とをもって密封して作るものだといわれて居り、ロシアのザクスカ中の尤物の一つです。)

扇子まさに到着、一葉の漁舟銀波に浮ぶ。まさに見事なものです。ただし大森の待合の銘のあるのはいささか、思い出のよからぬものがあります。第三十三書　実

七月七日

英子様

楊子様

一〇五

僕元来呑気な=ずぼらな性質があるので、この頃などもうすっかり自分の特殊の境遇を忘れはてている。実は平生はそれでもいいわけだが、しかしいざという時不意をつかれてうろたえるようでもこまる。この期に及んでは実に瞬間と雖も白刃を提げて死の問題に直面する心構えを忘れてはならないのだ。そこで毎早朝好きな禅書を読むことにした。今は南天棒の「禅の極致」というのを読んでいる。中々痛快だ。
○僕はこれまでしばしば手紙の中で日々是好日だとか、毎日がうれしいとか、時にはまるでピクニックに行く朝のようにたのしく眼をさますとかいう風に書いて来た。これは概してこの一年来位の私の心持ちの基調をなしている。その理由は実はあまりはっきりしなか

ったが、この頃分ったことでは、つまり日々色々のことがわかって来て、合点がいって来て、丁度夜が明けていくように眼の前はしだいに明るくなって行くからに違いないのである。払暁のことを考えて御覧、明るくなり出すと急に明るくなるものなのだ。外に居る時は勉強したり修養したりしたつもりでも(これは今考えてもいうに足りなかったが)、まだまだ真暗で夜明けには遠かったのだ。それは他人には解らない深い喜びなのさ。

○真新しい浴衣、紺の香もここちよいかぎりだ。よく縫えている。

○疎開のことについて英子たちと多少私の考えと喰い違いがあるようだから、根本の点についても一度強調しておきたい。それは戦争の混乱、災厄を避けるということの外に、もう一つ重要な要件――「暫定的にもせよ、ともかくも生活の基礎を打樹てるべし」ということである。だから生活の基礎のたつ見込みなしのところへただ逃げてゆくのは全然無意味だということです。勿論生活の基礎ということはかなり広い意味をもっているので、ただ何でもかんでも働いて賃銀を得よという意味ではないのです。現在の生活方法はやはり暫定の意味では一応生活の基礎を得ているともいえるのですからね。(当面必要の物資のストックがなおあること、友人たちの好意ある助力のあること、物を売り喰いするにも便利なこと、住み慣れた環境のあること等々。) だから地方に疎開する場合は、その地方で今よりももっと根本的な生活の基礎を打樹てる見込み――或いは少くともその決意が無くてはならないのです。

○田中惣五郎の「岩崎弥太郎」は私が読んだこの人のものでは一番面白かった。この人の維新の立役者たちを書いたものをずいぶん官本で読み、また「現代」などでも読みましたが、かなり主観的で独断が多いと思い、人物評には同意出来ない点が多々ありましたが、この岩崎はよく書けていると思います。その理由は背景の時代がその前の時代よりもよく描けているためだと思います。

○時に「日本新聞発達史」と云ったもので何かいいものはないでしょうかね。北鎌倉の先生［関口泰氏］にでも聞くと一番いいとは思うのですが、民子ちゃんとこでも近所に居ると照会出来るのですがね。いつぞや私は二十世紀政治史を書きたいと云いましたが、それは世界全般のものですが、別に日本現代政治史も書きたかったものの一つです。そしてそれには附属研究として、一、日本政党発達史、二、日本財閥発達史、三、日本新聞発達史を附するのです。この僕の学究の夢を誰かが見事に果してはくれないものだろうか、などと考えてみたりしています。

○先週差入れの本の中「子規全集」の歌論は、去年英子が差入れてくれて読んだものです。僕は手紙で感想も書いた筈です。も一度読めという意味ではなく恐らく英子が忘れてしまったのだと思います。

［以下約五行抹消］

○英子は法師温泉のことをいっていましたね。あれはちょっといいところです。私は昭和十一年夏あすこで太平洋会議出席のためのパンフレット(1)を書きました。全く山間の一軒宿で、谷間には美しい渓流が流れて居り、浴槽はそれに添うて居りました。まだランプでした。夜など全く物淋しいくらいでした。やまめか岩魚の御馳走でした。上越線の後閑という寒駅から入るのでした。途中に有名な磔茂左衛門の月夜野村を通ります。ああした俗化しない温泉もまたいい味がありますね。軽井沢の奥に「霧積」というのがありますが、これは少し不便すぎます。

○楊子の七月二日付の手紙受取りました。私が近頃の楊子の進歩を知らないのでだいぶ憤慨させたようです。我家の紀念日においしい蒸しパンをたべたってね。お母さんは私がまだ健在な時分にはそんな気の利いたものの作り方を知らなくて、私には作ってくれませんでしたよ。残念なことです。楊子の手はなかなか上らないようですが、英習字の字が見事なのには感心しました。なかなかあれだけは書けません。疎開地を岐阜に選んだ一つの理由は、楊子の志望上級学校(2)の考慮もあるのですよ。だが先のことはとにかく、今を一番力を入れて努力することです。

○禅宗では食事のことを非常に大事に取扱います。「五観」の偈というものがあってこれを食事の前に唱えます。「四つには良薬を事とするは形枯を療ぜんが為めなり」とあります。食を尊ぶとともに贅沢心を戒めたものです。

食物考をつづけましょう(XIV)。夏は漬物がいいですね。漬物は日本が第一でしょう。

西洋の例のハインツのピックルなどは、妙に甘酸っぱくてライスカレーの取合せにはわるくはありませんが、とても福神漬にすら及びません。京都の柴漬けも夏のものです。京都は漬物に傑作がありますね。あの蕪の千枚漬、それからすぐき、ともに珍味です。それからいつぞや今、吉浜の友人〔西園寺公一氏のこと〕から京都の菜の花漬をもらいましたっけね。東京にはあの冬のべったら漬けがあります。なすのからし漬けも素的です。(一口なすのぬかみそのうまさ) 伊賀の上野の養肝漬も推賞に値します。あれは味噌がよかったのですよ。沢庵漬もほんとにいいのは何とも云えません。山口、名古屋、東京、信州それぞれの流儀でいいものがありますが、普通品は問題になりません。わが故郷のあの赤蕪の味はまさに天下一品です。私は我家の漬物を実に高く評価しています。(台湾のお母さんも漬物はなかなか上手でしたが。) 実はよそに御馳走になっても最後の漬物がまずいとうんざりしてしまいます。いろいろな色とりどりの新鮮な野菜の漬物を盛った鰻屋の上等な漬物はこよなきものです。漬物も元来支那から手法を伝えたものと思いますが、支那の乍菜(四川菜)などわるくはありません。食卓を賑わすものは塩漬で塩菜といいますが、また「雪裡紅」という菜っぱなど油をかけたもの、油でいためたものなどわるくはありません。油を用いるのは支那の漬物の一つの方法です。私がいつぞや北京からもって来た味噌漬の味を覚えていますか。なお漬物とはいえませんが、わさび漬もいいですね、あれはやはり静岡のものが一等です。(天城あたりでとれるもの) それにつくだ煮、つくだにも我家では玉木屋のからく煮たの一方でしたが、新橋駅の裏側の露路にある少し甘口のつくだに屋のものも優秀でした。(淵岡[鶴之助氏]好みでした。)　第三十四報

実

七月十日午前

英子様

楊子様

(1)　尾崎は太平洋会議[書簡六〇参照]にデータ・ペーパーとして Recent Developments in Sino-Japanese Relations. 22 pp. を提出した(松本)。

(2)　岐阜には女子医専がありました。

一〇六

ずいぶん暑くなりました。しかし今年の僕は頗る元気です。はじめて南国児本来の面目が出たように感じています。虫どもも蚊も今年は少しも気になりません。そうしてはじめて知識慾に目ざめた時のような清新なよろこびで本を読み、そうして物を考えまた感想を録しています。こんなに知識に対して飢え渇くが如き喜びを覚えたことは、中学のある時期に英書が自由に読めるようになった時、それから上海の腸チブスの後、支那の経済統計類を夢中に読んだ時(あの間は短かいけれどもまったく不思議な心の状態でした。ああし

た時にきっとムハメッドや洪秀全なども経験したような人間的転換の行われる契機が求められるのでしょうね）以来はじめての経験です。多くのインテリと称せられる人々も生涯こうした経験無く過ぎるのだと思うと、たしかに幸福だと思います――今の学校生活の過程をそのまま辿ったのでは、決してこうした純粋な知識追求の熱意とよろこびとは生れないものです。

○英子は先日の手紙に疎開の着眼のおそかったことを悔いるような文句がありましたが、私はもとよりもっと前からそんなことなど考えていました。ただもっと深くもっと遠く考えていただけです。英子は要するに荷物を出来るだけたくさんかついで行くことを考えるから、そうした気がふと起るのでしょう。実は私にいわせれば、やがてそんなことはどうでもよくなることなのだといいたいのです。僕がこれまでそれとなくいい、また書いて来たことを考えなおして御覧なさい。私は今日までふりかえって見て大きな見透しで誤っていたことは一つもありません。私が矛盾したことをいったりあいまいなことを云ったりしている点は、実はどちらに従ってくれても結局同じことだ――どうでもいいことだという場合なのです。ともかくも今までの生き方はそれでよかったのだと思います。今からでも何もあわてるには及びません。しかし途中の行き方はいろいろ途があるので、必ずしも只一筋というわけでもありません。

ただし疎開をすると決めた場合は、私が前々から云って来た生活単純化の第一階程〔梯〕として、まずトランク・システムに入ることをすすめます。つまり室内に固定する大型の器具を清算することです(その範囲に於いて物を大事にすることは勿論必要ですが)――ピアノ、ストーブ、扇風器、本棚、箪笥、幾組かのふとん類といった類――

○いつぞや株のことをいっていましたが、私が最近の経済雑誌の一瞥からの印象では、前期の決算によると一般に会社の利潤率が低下して居り、従って配当率も下っているように思われます。要するに資材関係がますます窮屈になるため、全体として生産が高まらないことが最大原因だと思われます。今後はますます産業別に、また会社別に、また地域別に時局の要請につれて不均衡に業績がなるものと思われます。株もつまり危険率こそ少ないが、だんだん公債などと同じような性質となり、妙味は少くなると思います。だから地方などへ疎開する場合などは急に換価することの困難な点などを考慮すれば、かえって現金でもっている(当座預金など)方が、いざという時には便利な位です。

○疎開の場所について全然知らないところに行くのだったら、お母さんの郷里、下総の古河はどんなところでしょうか。一つ見て来ませんか。王子の親類たち「母の実家、野村家」は今でも何かのつながりを持っているかもしれませんから、きいてみてはどうでしょう。これは徳川末期には土井大炊頭の城下ですが、昔は例の古河公方の居たところで、歴史的にも由緒のある古い町です。地理的条件もわるくはないと思うのですが。

○上諏訪の友人(1)は来いと云っては呉れないかしら。飛驒の高山もわるくはないが。ほんというとじっとして出来るかぎり東京に居て、いざ最後というところで頼ってゆける友人があればそれでもいいのですよ。その場合上諏訪など一番だと思います。どっちみち地方にゆけば、今英子たちが得ているような生活の便宜も、また人情の上での温い雰囲気も到底得られないことは覚悟しなくてはなりませんからね。その意味で私は出来るだけ長くお前たちをそっとしておいてやりたいと考えて来たのです。

○南天棒の口から聞く乃木さん夫婦の話はまことにゆかしいものがあります。南天棒が将軍の二人の息子さんの供養をした後で、夫人からお餅の御馳走になったが、それは御主人の無事のお帰りを祝った祝餅だったのですが、これは御自分で、那須野で田植をし、田の草をとり、肥料を施し、稲を刈り、籾をこき、臼で搗き白げる迄の全過程を一人の手でやられたのでした。(奥さんは野菜はもとより醬油まで御自分で作られた由です。)私の一高時代の仲よしの鎌倉の友人［湯地孝氏］は乃木夫人の甥でしたが、そうして将軍から学習院で錬われていましたが、叔父さんのことはあまり話しませんでした。きっと日の丸弁当などたべさせられたので好きでなかったのでしょう。将軍の質素は有名ですが、南天棒の実話によると、酒は平生徳利一本、粟飯に漬物、豆腐汁、長さ五寸、巾二寸程の干物の焼魚二尾だけだったといっています。ただお供の車夫にも客と同一の食膳を与えられたということです。——(郷里のおじいさんは醬油は自分で作っていました。味噌の玉がたくさん梁のところに吊してありました。漬物も梅干も何年分も漬けてありましたが、郷里の梅干はからからに乾いて塩をふいて居り、実にいい味でした。あの一本で何石も実のとれる梅の木は今どうしたことでしょう。梅といえば英子自慢の梅焼酎もいいものですね。)

先日久生十蘭という人の前線のある島の酒保のことを書いた記事を読みましたが、壁には、上鰻丼四十銭、並丼三十銭、刺身〇銭、ライスカレー十銭、しるこ〇銭など書いてあり、ラムネ三銭、ビフテキ(但ワニ也)十銭と並んでいるのだが、実はラムネ以上は無いので兵隊さんの空想だとのことでした。まことに空想は食欲においても無限です。私はこの話のうちに何とも云えぬ朗らかさと哀愁と、そうしてなつかしい人情味とを感じました。思えば私の食物考もまた一脈相通ずるものがありはしますまいか。

「食物考」(XV)。ああ、夏日のお茶漬はよきもの。上代の貴族は氷水めしを喰ったことが書いてありますが、支那でも唐代長安の貴人たちはなかなか凝った夏の趣[向]好をしています。[以下十字ほど抹消]「長安の春」の中で石田[幹之助]氏が書いています。

私はいろいろのまぜめしがすきです。家の鳥めしは第一等、いつぞや書いたかきめし、筍めし、栗めしなど。また芋めしもいいものです。浅草にはいろいろの釜めしを喰わせる家がありました。おこわ、小豆飯もたまにはわるくありません。野菜の多いごもくずし、むしずし(すしといえば大阪名物のバッテラというさばずしはうまいものです)、カレーライスのうまいのはすてきです。東京では中村屋が印度産を標榜していましたが、私は「アジア」の方がうまかったと思います。支那の広東炒飯も上手なのはなかなかよきものです。

楊子は広東炒飯をまねたアラスカのあの油いためごはんを覚えていますか。第三十五書

七月十二日

実

英子様

楊子様

（1）小沢正元氏が、御自身は華北でしたが、御家族は疎開して上諏訪へ帰っていられました。

一〇七

暑いところを面会御苦労でした。待望の夏ぶとんも入ったそうで、それにぞうりやオリザニンなどの貴重薬まで、まるで宝舟が入ったようです。私はつくづく思うのですがね。三度三度温かいごはんをたべさせてもらって、それに英子がきちんきちんと清潔な衣類をとりかえてくれ、心の糧の読みものには不自由はなし、今の私の心はほんとに安らかで満足だと、もし私の消息をたずねる人があったらそう伝えて下さい。

○和美ちゃんとこ一家が強制疎開でなだれ込んで来たとのこと、お前もびっくりしたことでしょうが、さぞお困りのことだろうと御同情申上げています。何しろ狭いうちに大家族の同居することで双方ともに何かと不満、不自由のあることと思いますが、どうか英子は出来るかぎり親切にしてあげて下さい。これからはほんとに皆んなが助けあわなくてはな

らない時が来ます。これまでのように、自分さえきちんとしていて、人に迷惑をかけなければそれでいいという わけには行かない時代です。みず知らずの人とも助けあわねばならなくなるでしょう。和美ちゃんのおじさんに私の忠告を伝えて下さい。時局に対してもっと真剣に考えるように、折角東京に地歩を占めたのだが、しかし此の際一たん地方に退いて、半農半医の素朴な生活をして行くのがいいのではないかと思います。時局がすっかり収まって後、捲土重来されてもまだ若いのだし、けっしておそくはあるまいと思うのです。

〔約六行抹消〕

○昨日からお盆だそうです。今年の新盆に冥福を祈りたい人たち。南海に散華した軍医山口庄吉君(戦死は確認されましたか、遺族はどうしていますか)。「ビルマ戦線に若くして散った三浦青年〔半行抹消〕それから兎角縁は薄かったが、この二月に亡くなった英子のお父さん広瀬秋三郎老人。

○ラケットのことふと思いだして云ったのですが、あんなものこそ立派な高価なものですが売れない種類のものだから、私は人に贈ったらいいと思っていい出したのでした(長くおくといたむし、あれは男持ちだから楊子には役に立たないし)。実は候補者を三人考えていたので、あの司政官殿も第二候補だったのですから、それでいいようなものですが、安い金で売ったのでなく贈り物だったらよかったと思います。あの人は実にいい人ですが少し軽率であわてものですよ。（もっとも経験によるとあわてものに悪人はいないもののようです。）だがあの一族ではやっぱり一番親切で親味［身］があるでしょう。

○楊子の大好きな夏休みが来ますね。さて今年は一体どんなでしょうか。私も昔の夏やすみのことを今思い出しています。去年も書いたかもしれませんが、中学の一年の時十三の時、兄さんと二人で故郷へ始めて訪問した時は、飛騨線はまだ全然なく、大津の英子のところから岐阜に行き、岐阜から電車で関町に出、そこの太田家で御厄介になり、朝暗いうちに発って十里の道を歩きました。下麻生で飛騨川にぶつかり（ここであまり美しい水を突然に見たので、私はフィヨルドか何かと感［勘］ちがいして、「海だ！」と叫んで兄さんからさんざんにひやかされました）、深い美しい渓谷に添うて名倉まで行きました。ここでお静おばさん［父秀真の妹］に伴われて島の家にとびこんだのです。かえりには名倉で一晩泊り弘太郎おじさんが送って関町まで行ってくれました。おじさんは道々茶店でコップ一杯の冷酒をうまそうに飲んでいましたっけ。「めがねじゃ」といっていました。関町はなつかしいところです。一高の受験の後の時にも、行きかえりにも寄りました。あすこには学さんという同年配（一つ年下の同級）の人が居まして、ほんとに仲良しでした。その翌年は進さん、学さん二人をともなって郷里の家に滞在したこともありました。そんなに仲良しだった学さんとも疎遠になって、後に金沢の高工（？）だかを卒業するとすぐ亡くなったと聞いただけでした。

夏は旅を思います。（今は禁物の旅ですが。）ゲーテの一族はお父さんからイタリー好きで、ゲーテは二度行っています。ことに最初のイタリーの旅は芸術的に甦生の機縁をつかんだ旅でした。ゲーテの息子もイタリーの旅に出て客死しています。我が家にとっては丁度支那です。お父さんは昔から支那好きで、明治四十三、四年の頃に厦門から福州の辺を旅行されました。私は上海を主として南、北、中と足跡はかなりに及んでいます。楊子はもし他日機会があったら、特に北京を訪れてごらんなさい。それはそれはいいところです。あそこには私のかねて尊敬している中江丑吉先生が住まっていられます。それから懐しい友人の村上知行君も居ます。中国の各地には私の日支の友人がたくさん居る筈です。私の若い時の噂話などしてくれる人もきっといることでしょう。

○南天棒は面白い計算をしています。「燐寸《マッチ》の箱一箱は五十五本入る、一箱を二厘とすると、一本の価は三糸六忽に当る。米一合は約八千粒である。一合を一銭八厘とすると一粒の価が二忽となる。すると米十八粒の価を以ってしなければ一本の燐寸も買われない」と。これは物を大切にすることの要はいう迄もありませんが、微細のところに愛を及ぼすという意味で、人は時にこの顕微鏡の領域まで入る要があるのでしょう。（これは大正四年頃の物価だと思います。それが急に高くなって米が一升五十銭にもなったので、米騒動にもなったわけですが。）この頃の米の値段、楊子知っていますか。今はもう顕微鏡下の時代ではありませんね。「写真週報」によると重慶ではこの二月米一升が三百元になったといっています。そうなればまさに天文学的な数字となって来ます。

「食物考」XVI　日本では洋食はあまりうまくないものと相場がきまっています。しかし私にいわせると支那の洋食よりは日本の洋食の方がずっと上です。上海はどうもあまりよくないようですが、香港のグロスター・ホテルのはうまかったようです。私はほんとにうまいと思ったのは、上海から香港まで乗ったフランスのM・Mの船の食堂です。本式のフランス料理でした。パンもうまかったし昼晩に一本ずつつく生葡萄酒もすてきでした。東京では双葉がフランス料理を標榜していますが。さて東京の洋食でいいと思うのは、帝国ホテルのグリル、食堂、ニューグランド、アラスカ、アジアなどだったと思います。ニューグランドは「料理長《シェフ》のサラダ」という野菜サラダは美味でした。ドイツ料理のローマイヤーもわるくありません。ロシア料理ではあのザクスカという前菜がいいと思います。例のカビアは上等は天下の珍味です。ロシア料理は満洲は上海よりもかえっていいと思います。新京の寛城子というところにあった東支鉄道のクラブのものなどよかったです。大連で昭和十六年の秋たべたのも相当なものでした。満鉄本社の近くにあった家でした。プルニエの魚料理ももと東京会館にあった頃はよかったです。その他正式の洋食といえるかどうか別として、神戸の弘養軒という家の伊勢エビとビフテキ、それから大阪や東京のたくさんある末広というビフテキ屋——東京では京橋の近くのビルヂングの何階かにあった家のがよかったと思います。上海ではオランダ、イタリーといろいろのところをやってみましたが、フランスの本場を知らないのですから語る資格がありません。アメリカの洋食のことはいつぞや話しましたね。パンは郵船のアメリカ航路は上等でした。街のでは震災前の横浜の不二屋のがよかったと思います。（ジャーマンベーカリーは菓子の方がいいです。）第三十六書

七月十四日　　　　　　　　　　　　　　実

英子様

楊子様

一〇八

昨日夕方は待望の雷雨が来たので喜んだのもほんの束の間、忽ち過ぎ去ってしまいました。一ぺん大雨が降らぬことにはこの蒸し暑さは終らないでしょう。

草履の鼻緒はまことに丹誠なもので、色調もしぶく、はくのが惜しい位です。

楊子はこの暑さにへこたれてはいませんか、元気を出すことですよ。この間ゲーテを読んでいましたら父親の心配を私もまた思い出しました。東京に来ていて、楊子が大やけどをしたということを英子が知らせて来た時（一九三〇年夏）、あの時の胸つかれる思い——あのあとがまだ残っていましたね。今はどんなになったでしょうか。楊子をアメーバ赤痢

になならせた時、それから東京に来てからの百日ぜきの時、これは前の家の時でした。それから微熱の続いた時、この時はたしか二、三日品川の病院に入れたりしましたっけ。それからあまりうまくないやつめうなぎ(?)を喰べさせたり、そのほかも一度心配したことがありました。だが楊子が死ぬか生きるかというような病気に一度もかからなかったことは、何といっても私たちには幸でした。これからもどうか元気で育つよう。

今日は十七日、我が家の紀念日です。まことに明るい気もちで家にいる二人のことを思っています。今日は一つ私の人生観の一端を語って置きたいと思います。これは前々から多少誤解もあるように思っていたのですが、何分にも説明がしにくいので書きませんでしたが、今日は一つやって見ましょう。

私はかつて中学を卒える頃であったか、頗る宗教的な気分になり、人生に懐疑をおぼえていました。お父さんは私のこの状を見たためでありましょう、或時、私に「人間は悟りきっては駄目だぞ、悟らぬがよし、人間はあの糞壺の中にうごめいている蛆虫と同じだ」とさとしました。私が笈を都門に負わんとした直前であったと思います。

私はこの言葉が深く心の裡に残って居りました。私はその後今日まで、常にこの現実の人生のいとなみに絶大な意義を認め、地上の生にぶつかって、喜び、悲しみ、苦しみ、楽しみ、泣き、笑い、愛し、いたわり、取り、やり、飲み、喰い、にすらひたむきな生を感じつつ生きて来たのです。だがしかしこれは「悟る」ことを回避した結果ではないのです。

これは実に私の人生観に基づくものであり、また私の主義の実践とも一致するものであったからです。「人は生れてから死ぬまで、この短い人生を力一杯現実に即して生きよ。それに充分の意義を認めつつ」と私はまず云うのです。併しながらそれと同時に人は常に悠久なる宇宙の生命の中に縹渺として無限に生きることを思わねばならないのです。有限、しかも須臾なる生命をもって無窮の宇宙に生きる。ここに人間の生命の特殊性があるので、人生の真意義に徹するとはこの関係をはっきりと見極めるところにあるのです。いたずらに宇宙の無窮の生命に比して人生のあまりにもはかなく短いことを嘆ずるものは、そのまさに正反対に単にこの人生の生命期間の目前のいとなみのみを追って快楽を求めて日を暮す輩とともに、人生にはっきりとした眼を開いていないあわれな人たちだと思うのです。

現実の人生を溌剌と生きつつ、しかも悠久なる宇宙の生命の裡に確乎たる生命を生きることが出来て、始めて人生を完全に生きることが出来るといえるのです。有限の身をもって無限の中に生きんと欲する。その努力と欣求——熱情となって発するところ「宗教」が存するのです。私はかかる意味で宗教を尚びます。ここに私の宗教観があります。だから私は決して無宗教、無信仰人ではないのです。「宗教は阿片なり」ということはたしかに一面の真理です、如何に多くの善良な人々が宗教の名によって哀れにも毒され苦しめられていることか。だがしかしこれは宗教が無知と結びついた場合にのみ現われる現象に過ぎないので、罪は宗教にあるよりもむしろ無知の方にあるのです。僕のいう宗教はあらゆる叡智の上に立ち、更にそれに即してそれを超えたところにあるのです。——有限の世界に確乎として生きるものが同時にまた無限の世界にも生きんとする場合の跳躍板の働きをなすものです。

いつだったかもうずっと前、私は「修養によって喜びも悲しみもない境地に早く到りたい」と英子に書いて、かえって英子を悲しませたことがありましたね。それは私が一人勝手に家族たちを置きざりにして自分一人の人間ばなれのした境地に入ることだと思われたためでした。しかし実は今私ののべたことによって、このことが決して現在目前の人生に没入して全身もて喜びかつ憂える——人とともに——英子や楊子とともに——その態度と少しも矛盾してはいないことがおわかりだと思います。まことに私こそはこの二つの態度を一身に同時に体現し得た男だと信じて居ります。このことは私の過去の態度をよく見なおしてくれれば分ることだと思います。ここに偶然私の意に合した言葉にぶつかりました。「心は万境に随いて転ず、転処実に能く幽なり、流れに随いて性を認得すれば、喜びもなく、亦憂もなし」、私がかつて云った言葉がこの禅僧の言葉と偶然一致しているのです。

少し理窟っぽくなりました。暑いのに読むのも大へんでしょうが、しかしよく読んで分ってください。

ところで「食物考」(XVII)を少し書きます。禅のことをいいましたが、禅寺では多く人里をはなれた処ではあるし、副食物には相当苦労するのです。私の友人の豪傑なども流石に一ケ月の間毎日大釜で煮たなすばかり喰わされたのには参ったといっていました。昔の私なら一日で参るところです――今は違いますよ。そこで、味噌のいろいろな工夫が行われたのです。「金山寺味噌」などというのはたしかにその縁起を示すものでしょう。現に支那のお寺ではなかなかうまい味噌があるということを米内山庸夫氏だったかが「支那風土記」の中に書いていたと思います。大谷さんは日本の味噌では河内のが第一だと「食」の中に書いていたと思いますが、いつぞやもらった秋田の味噌もよかったですね。仙台味噌も有名です。(淵岡君は今考えるとなかなか味覚は発達していたと思い感心しますが、たしか仙台から味噌を引いていたようです。)私の郷里のも同系統ですが、信州味噌の辛いのも悪くはありませんね。岡崎の八丁味噌もすてきです。いつぞや長門君からもらった長崎の味噌は岡崎味噌と同系でしたね。甘い白味噌にもすてがたいものがあります。台湾の家では赤、白半々に使っていましたっけ。楊子なぞも都会のあの速成のひどい味噌を喰って来たので、ほんとの味噌汁の味を知らないのです。今こそ再検討の時といいたいのですが、そのありふれた味噌すらないのですからね。あんこうや、おこぜの赤だし、新鮮な野菜を身[実]にしたもの、とりどりによく、また時には鯉こく、それからさつま汁、けんちん汁、わるくはありません。一頃発達した豚かつ屋の味噌汁にはいいものがありました。

実

(新橋の辺のうち)　第三十七書

七月十七日――わが家の紀念日に――

英子様
楊子様

一〇九

一昨日の降雹以来急に涼しくなりました。まるで楊子の好きな戸隠の山荘にでもいるかの思いがあります。戸隠といえば奥社道の小鳥の森あたりから見た戸隠連山の姿は、目ざめるような印象を今も眼の前に髣髴として描いてくれます。

先日の雹は楊子は生れて始めての経験でしょう。私もあんな猛烈なのははじめてです。大学に居た頃一度六月の半頃にあんなことがあって、大学のいちょうの若葉がすっかり並木道に美しく散り敷いたことを記憶していますが、雹の粒はこんなに大きくはありませんでした。一昨日のは飴玉くらいの大きさがありましたからね。農作にさわらなければいいと思っています。

楊子、夏休みになったら、うんと読書をなさい。緑蔭の読書というものは凡そ人生のたのしみの一つに昔から数えられています。だがこれも生々とした喜びを覚えるのは青春にだけ与えられた特権です。何かいいジャンヌ・ダルクの伝記を読んでごらんなさい。私は実はこの少女を一種の伝説的な人物にしていて、あまり尊重したことはなかったのです。

大きな政治的な行動が、年はもゆかない少女の手で出来る筈もないと、ただ大ざっぱに考えていたのです。しかし、よく当時のフランス(英仏関係)の事情を考究してみると、あの赫々たる成果は、少しも奇蹟でないことがわかるのです。極めて合理的、理性的な計画にもとづいた、信念的行動であったと分るのです。大きな鉄の扉でも開くべき時には恐らく指一本で開くでしょう。要はこれに身を挺して啓かんとする熱意と誠実を注ぎうるか否かでしょう。

鈴木大拙博士の所説には前から敬意を払って来たのですが、「禅の第一義」という本はインテリ禅者にとっては、まことにかっこうな禅の入門書だと思われます。これは禅に深い関心をもつ人、特にインテリの人にすすめたい本です。

和美ちゃんとこに私の最後のおねがいとして、もし出来たらどうか純良な肝油を一本(小壜でも結構です)私のために手に入れてくれないかと頼んで下さい。今更ら健康に注意してみても、との感もあるでしょうし、かつ第一に今からそれを探すいとまがあるかどうだかも問題だと人は思うでしょうが、私はそうなればそれでよし、それ迄は坦々たる大道を無限に歩きつづけて居るつもりなのですから。(この肝油は味噌汁に入れたり、お菜にかけたりして服用したいのです。近来身体からすっかり脂が抜けてしまったことを感じていますから。)

先週来、宅下げの都合がうまくゆかなかったので、こんどの差入れの都合がわるくなるのではないかと、ひどく心配しています。充分注意しているのですが、どうにもならないことが時々起ります。

今日は食物考の最後を書きます。今日は支那料理のことを少しばかり書きます。支那料理では広東料理、四川料理が一般に代表的だと思います。すべてしかし大都市の文化と結びついて発達したもので、北京ではいわゆる北京料理がその長い清朝時代の文化によって発達し(これは四川料理などと同系の塩からい北方系の料理です)、また近年、支那の資本主義的発達と関連して上海の料理が発達しました。しかしここには上海料理という特別の系統をなすものはありません。諸系統の料理の中に、長江特有の料理が加えられているという程のものです。江蘇、安徽、浙江、それぞれ地の料理として特徴がありますが、まずすぐれたものは川魚料理でしょう。揚子江の鱖魚、鰣魚(義太太魚)、それから秋の川蟹などの料理(かの酔蟹はまた天下の珍味です)、また小料理屋で喰わせる小蝦の生きたの、また赤貝の小さいような貝のさっと湯がいたような料理、なかなかよいです。安徽には名物の魚肚の料理があり、浙江には例の鱸魚や、その他、米内山氏がその「支那風土記」に書いている太湖へのぼる何とかいう魚のテンプラなどもあります。(これは私は試みたことはありません。)(いささか下手趣味になりますが、広東の珠江の鹵魚は実にいいです。ちょっと塩しゃけのおしかさん[1]になったのを油につけたといったものですが、飯の菜として天下一品です。)日本では神戸の支那料理屋——広東料理のうちで発見し、淵岡に紹介したところ、彼も喜んで食べたのにはいささか感心しました。

支那料理では私は何といっても魚翅(フカノヒレ)が第一等だと思います。これもピンからキリまでありますが、材料がまず問題です。ヒレ全体がエラにくっついていて、ヒレが長く、透明なのが第一等品です。日本などで喰うときにはエラにくっついているのなどありません。一皿で上等二百元もするのがあります。また六、七十円は珍らしくありません。それ以下でも一卓料理の半を一皿の魚翅が占めるといったものです。僕の記憶しているのでは、上海の李擇一さん〔有数の日本通、福建省政府顧問〕のところで喰べたもの、重光〔葵〕総領事のところである時御馳走になったもの、北京の池宗墨氏〔中華民国臨時政府行政委員会顧問〕のところで御馳走になったもの(これは残念ながら煮る時間が少し不足だったようです。大むねたっぷりとろびで丸一日以上は煮なければならないもののようです)などです。鮑の料理もいいですが、ことにほしあわびの紅焼は素的です。海参(なまこ)もまた好物の一つです。地方料理中では福建料理はなかなかすぐれています。上海でも「小有天」とか「中有天」とかいう名のは、あれは福建料理です。(台北の艋舺か、大稲埕に昔からあった有名な料理屋は、なかなかすぐれた味のものを提供していました。)台湾の麺は素晴らしいと思います。支那中、どこにもあれだけの味のものはないようです。四川の尹府麺や、広東の窩《?》麺などよろしいですが、しかし大陸では麺の油を植物性のものを用いるために、においが強すぎます。台湾では豚の油を使うのではないかと思います。そのため味が軽いのではないでしょうか。

子規の「仰臥漫録」に、岡麓が「酣雪亭の支那料理を携へ来る」ということが書いてあります。これは当時有名だったのでしょうか、私などは知りません。東京の支那料理で日本人経営のもの皆いけません。ただ近年支那に長く居た日本人の経営するものはいささか云うに足るものがありました。山水楼主人は上海に居た人。延寿春の主人は北京の住人です。これらも数人のコックが居て、第一等のコックが念を入れてつくったものは上等です。私は延寿春では私用の菜単を持って居ました。日本では何といっても、神戸、横浜の南京街にはいい料理屋がそれぞれ二、三軒ずつありました。大阪の川口にもありました。事変前の許世英大使と錦水で会食した時、私は東京で一等の支那料理はどこですかときいたら、第一は自分のとこの参事官(名を忘れました)のところのコックで、次は神田の大雅楼のコックだといいました。大雅楼はたしかによかったと思います。渋谷の北京亭も昔は相当のものでした。近頃支那の留学生などは神田の岩波のつき当りの通りの山東軒というのがいいと云っていましたが、私の味ったところでは要するに小料理屋といったところです。

第三十九書

七月二十四日

実

英子様

楊子様

(1) おしかさんというのは少し腐りかけたひからびくさいもののこと。おしかさんというだらしのない女がいて臭かったので、尾崎の母が言い出した言葉。

一〇

今日は久しぶりに晴れてさわやかな風が吹き渡っています。

差入れもの受取りました。金五十円も。有難う。

この前きいた埼玉県下の町に疎開することよさそうですね。第一近いことは移転に便利です。移るときはお金はかかっても必要なものはなるべくすべて運んだ方がいいでしょう。足手まといになる大きなものはこの際割愛して。町の名ははじめてきいたので忘れてしまいましたが、その地理や周囲、環境、条件などなるべく悉しく書いて知らせて下さい。私の考えではたった二間で五十円の家賃はいかにもべら棒だと思いますが、それが今の相場でしょう。今の家をよその人に貸してそれで税金や地代を払って新らしい家賃と相殺出来たら、それでいいのではないかと思います。私思うに、もしも出来たら、その今度借りる家を買ってしまったらどうかと思います。少し高くてもその方がいいかと思います。もっとも今物をもっている人は何でも手離そうとはしますまいから、売ってはくれないでしょうが。今後の生活の方式は、楊子は学校に入り、またそこからいずれ工場か農場に働くことになるのでしょうが、家は手不足だし、英子は一切をきりもりしなくてはならないのですから、内職程度以上の勤めにはつかない方がいいと思います。そうして畑をつくったり、にわとりを飼ったりして二人の生活を専心きりもりして行くことにつとめたらいいと思います。その家が大家の家かこいの中にでもあって、留守番の必要が無いようだと理想的ですがね。この頃経済雑誌などよく見ていますが、事業界などむつかしくなってくる一方のようです。株なども面白くありません。寧ろ、今の生活の基礎になるような直接なものに、お金を使う方がいいと思います。たとえばさっき言った家を買うとか、または野菜を作る畑を借りるとか、鶏を買うとか(豚は飼料が多くかかるから飼いにくいと思います)、とにかく何でも楽なものはもう今時どこにもころがってはいませんが、手近な生活を維持する副業は考慮した方がいいと思います。これも主として――否、専ら食生活を目標としてです。岐阜や須坂よりやはり東京が近いし、埼玉あたりは適当でしょう。思いきって踏みきったらどうでしょうか。もっとも移動先のことをなおよく念を入れて、も一度実地調査してみることとです。しかし腹をきめたらぐずぐずしていると機会を失いますよ。どうせこれからのことは天運がすべてに大きく働くのでしょうから、気を大きくもつことです。

いろいろな文化的な使命を果して来た出版社などが、時勢とはいえ廃社になったということは感慨無量です。しかしこれもまた歴史の中の一つの出来ごとでしょう。要するに物資が足りなくなって来たのと、他に人手が欲しいからのことです。どうしてもだんだん数を減らさなくてはならないのですから、御時勢に一番かなったものだけを残すことになるのは当然でしょう。だがそれらの機関に働いていた有能な人たちは一体どこに向って去るのでしょうか。

僕の家の標札、あれは昔、今度の新大臣〔国務大臣、緒方竹虎氏〕、昔の私の上長が書いてくれたのですよ。知っていますか。あの人は昔から能書で評判でした。ただ私に云わせると、あの人の人柄と同様に少し端麗——美し過ぎるように思われますね。あの端麗さの故に私はとうとうほんとにこの人に近づくことは出来ませんでした。(あの人に云わせれば僕などを懐に飛びこませなくて幸だったと思っているでしょうがね。) 今度の地位はあの人として別に出世ではありますまい。

この頃道元禅師の「正法眼蔵」の中の「現成公案」を秋野孝道師が講述したのを読んでいます。弘法大師でもこの承陽大師〔道元のこと〕でも実にいい先生をこの人生において見出し、その人から満身の愛情をもって教えを受けていることは、讃嘆すべきことです。人生で良師を得ることはまことに難いことです。しかも己れもまた師も共に没我の境に入らねば真実のものは伝え得られないのです。そんなわけで古の道を求める人が、生涯妻帯しなかった意味があるのだと思います。もっともこれはただ選ばれた天才にのみ求むべきであって、制度として僧の独身制の如きを強いることは全く人性にもとる無意味な話です。

「食物考」の残りを少し。この頃のようになると昔のお菓子がなつかしいですね。日本菓子では、京都の虎屋が一等のように大谷さんは書いています。英子は覚えていますか。私はいつぞやさる高貴の人から御馳走になった時、あまり風味がすてきなので楊子にたべさせようと思って紙につつんで持ってかえった京都のお菓子のことを。なんだかボーロの柔いのの中に紫色のさらりと甘い餡が入っていました。東京の虎屋のようかんも相当なものでした。一体徳川時代の江戸の一流の菓子屋たちは、いずれも徳川方と密着し過ぎていて結局とも倒れになってしまったのです。そのことは森鷗外さんのまし屋のことか何か書いたもののうちに出ています。長門とか藤村とかいうのは古い歴史をもった街の菓子屋だと思います。子規は淡路町の風月のことをかいて、あすこの西洋菓子を腹一杯喰べたいと書いています。あすこらが西洋菓子では先駆だったのかと思います。今でも西洋菓子でおいしかったと思うのは、震災前の横浜の不二屋です。あすこのアイスクリームやクリームソーダはすてきでした。（アイスクリームで私が一番うまいと思ったのはハワイの海岸の小屋で食べたものです。）不二屋は震災後東京に進出して来たのです。また震災前の本郷の青木堂の洋菓子特にそのシュークリームは評判のものでした。いつぞやここを訪れてみたら、すっかり様子が変ってもう二階のホールなど無くなってしまっていました。勿論おいしい菓子など影もありませんでした。

　外人はチョコレートを上手に使いますね。上海のアストリアやビアンチ、チョコレートショップなど皆いいです。日本では神戸の元町の入口に何とかいうドイツ人のチョコレートの店がありました。（そうそうユーハイムといいました。）あすこのお菓子はいいです。（東京ではクリームはエスキモーがちょっとよかったと思います。）チョコレートと云えばロシア人は大好物で、従って上手です。満洲にもハルピンや大連に昔は上手な家がありましたっけ。コーヒーやココアなども上海がいいです。日本はおおむね駄目です。私が最後の旅に上海のドイツ人の友人から買ってもらってかえったコーヒーは大したものでした。私はアラビア・モカが一番すきです。ところで支那の菓子（点心）もまたすてたものでありません。今読んでいる「北京年中行事記（燕京歳時記）」〔敦崇編、小野勝年訳註〕にも楡銭糕《ユイチエンカオ》（これは楡《にれ》の莢、三月）や玫瑰餅《メイグイピン》（四月、バラの花）、藤蘿餅《タンローピン》（藤の花をそのまま入れたお菓子）のことが書いてあります。（あの「北京の市民」の中にも藤の花のお菓子のことが風雅に書いてあります。）あの中秋の月餅には、元と漢民族の抗争の伝説も含まれています。端午のちまきもおいしい。荳莎飽《トウサーパオ》のあのまんじゅうの餡はいいですね。それから豚まんじゅうも。支那の点心は甘いものとは限りません。あの焼売や餃子など、それから広東系の新しい店屋での気の利いた新しい点心など――たとえば荷葉飯などといって味めしを（ハムや蓮の実入りの）はすの葉に包んでむしたものなどいいものがあります。あの八宝飯も英子はすきでしたね。点心とつきものは茶です。第四十書

実

七月二十八日

英子様

一一

　とうとう七月も今日で終りだ。月日の流れることはまことに速やかだ。毎日変なお天気だが、二人とも元気なことと思う。楊子はもう工場に通いはじめていることであろう。前にも云ったが、楊子は注意力が散漫になるおそれがあるから注意してほしい。工場での不注意はそれこそ命にかかわる災厄をまねくことになるからね。
○封緘は手配してくれたかしら。愈々今週で切れてしまうことになるのだから。
○近頃は「週報」か何かでみたのだが、蒲団の疎開とかいって、蒲団など大きなものをお寺などにあずけることが出来るように書いてある。勿論災害の時などには避難者用にでも供せられることになるであろうが、勿論そうなったらその時で意味があろうし、重いものをもって疎開したり、または急いで売り払うのももったいない話だから、そう出来たらそれこそ祐天寺へでも預けておいたらどんなものだろうか。
○近頃染料の自給ということが週刊雑誌に出て、煎茶殻の煮出し汁で緑、小豆汁でばら色、黒大豆で薄紫、玉葱の皮・ごぼうのあくで茶色等が示されていたが、支那人の爪を染めるやり方から見てほうせん花はいい紅の染料になるのではなかろうか、またくちなしの実はきれいな黄色になることは、私は子供の時にいたずらをして知っている。(ほうせん花は花をつんですりつぶすのだ。)

「北京年中行事記」は面白かった。家には丁度同じものを取扱った村上[知行]氏の「北京歳時記」というのもあった筈だが、もしあればこれもそのうちに入れてほしい。ところで「良寛詩集」は実は前に一度差入れてくれて楽しんで読んだ。もっともこの種のものは、読む時の心境が違っているのだから、何度読んでもいいわけだ。今度はごくざっと読んだ。やはり面白い。それから「北京の歴史」[村上知行著]を今日下げるが、すぐも一度入れてほしい。実は手順が狂ってうんと読み残してしまって残念だから、も一度読み度いからだ。それはこういう事情なのだ。差入れの都合も慮って、土曜日に宅下げを願うのだが、現物を下げるのは月曜の朝になるので、土曜、日曜二日間に読みきるつもりの本を予定して宅下げを願っておくのだ。ところがどうかした都合で他に時間をとられたり、意外に読書に時間がかかるものがあったりして、ごく稀にこうした手順の狂いを生じるのだ。この本はどう考えても通読しておきたいから、すぐも一度差入れてほしいのだ。長くなるのでこの頃は差入れの本もそろそろ枯渇して来たのではあるまいか。それに新刊本など広告は出てもとても買えないという話だね。そうきくと私の所持していた多数の本などむざと手離すのはいかにも残念なような気がする。売るとなればしれたものだろうからね。やはり処分は友人達に相談したらいいと思う。勿論かさばるし、重いものだし、小さな家に疎開する時など一番厄介な代物であることはたしかである。

○いつぞや中学の同窓会誌のことを「麗生会」とか又は「成」とか書いたようであったが、あれは麗正会の「正」がふと度忘れで思い出せなかったからだ。あれは台北城の南門を麗正門といった、それによってつけたものだ。城といえば人間の古いものに愛着する気持は不思議に本能的なもののように思われる。まだ小学生の頃に、それまでは大ぶん残っていた台北城壁が取こわされて「三線道路」になる時に、子供心にひどく惜しいような気がして名残り惜しかったのを覚えている。

○文天祥の詩を今更めて(「正気歌」)再び誦してみると、何ともいえない共感を胸に覚える。これは恐らく僕でなくてはわからない気もちであろう。正気だけが、あの劣悪な土牢のうちで命と健康を保たせるというのも本当のことだ。彼はほぼ三年あの牢中に生きていたのだ。人々は東湖［藤田東湖］の正気の歌を彼のものと比べる。しかし、それは全然別箇のもので、比較すべきものではない。(いいわるい、上手下手をいうのではない。東湖には東湖の立場からの立派な正気の解釈があることはたしかだ。ただこの両者は全く別のものだというのだ。) 文天祥の場合は一般論ではない。彼自身の切迫した現実の身の上を歌ったものなのだ。異朝に対する行き方でこれと対照して興味のあるのは耶律楚材だ。彼は恐らく東洋史上最大最高の政治家であろう。彼は金に父祖三代以来つかえたが北京の陥入った時ジンギス汗に降って、太祖、太宗の二代にわたり宰相として元朝の基礎を築いた。漢文化が蹂躪されなかったのも、野蕃人の蒙古を立派な文化に導入したのも、殆ど彼一人の人格手腕にまつといってもいい程のものだ。私は彼が自らの使命を自覚し、勿論太祖の人物に傾倒したからではあったが、文化を救うために降ったのだと思っている。その意味で単に自分の命が惜しかったり文化的生活がしたかったりして異朝に降った彼の趙子昂の徒とは別だと考える。だがしかしやはり文天祥的行き方がすっきりしていていい。これは無条件だ。

「食物考」は先日点心(お菓子)のことを書いたから、つきものの茶のことを少し書く。茶のことは前にも一度少し書いたことがあったと思うが――実は「茶史」という本を読み度いと思っている。――あまり本当のことは知らない。日本のお茶の上等――玉露のようなものの味は実に独特だと思うが、あの少しさました湯をそそぐことは、支那では上等の茶に対してもやらないようだ。玉露などはああすると不思議に甘味を帯びてくる。ところで支那の茶は何度湯をそそいでも実によく「出る」が、日本の茶はすぐ出なくなる。あれも不思議だ。支那の茶では緑茶系統の「龍井」の上等が私は一番好きで、其他香片とか水仙とか、菊花とか花の入れた茶のあることはお前も御存知のとおりだ。「西太后」によると、太后は手ずから茶に花を入れている。どうもはっきりしないが、生花を用いているようにも思われる。ばら(玫瑰)の花を入れるようだ。(北京の八太胡同の大きな茶店でいつぞや中江先生がその友人に命じて私のために買わせてくれた龍井は実に美味でした。)紅茶系には普洱(雲南の地名)とか祁門とかあります。南方系のものです。台湾や福建の烏竜もよきものです。また支那の巌茶という系統のものでは「鉄観音」や「鉄羅漢」など少し渋味があって、これまた賞すべきでしょう。しかし紅茶ならダージリンやセイロンの尤物の方が上です。ロシア人は茶には緑茶でも砂糖を入れます。私たちから見ると実に邪道ですが、しかし砂糖もミルクも合わないものではありません。それはチベットや蒙古の食品を考えてもわかります。(ロシア人のサモワールは実にいいものですよ。)

私はひき茶とクリーム(牛乳)、蜜(砂糖)とを配合した飲料を考えていました。きっといいと思います。(私は昔おしる粉に牛乳を入れてみて大いにうまかったのを知りました。)

第四十一書

七月三十一日

実

英子・楊子様

一二

相当きびしい暑さだが、僕は御覧のとおり頗る元気だ。僕をして今日ここに至らしめた天命に感謝しなくてはなるまい。

楊子の二十三日付の手紙を受取った。成績をみるとやはりあらそわれない血すじがあらわれているように思われた。どうしても自然科学方面はおちるようだ。伝統がないのだからよほど努力しなくてはなるまい。工場は楊子が空想していたような生やさしいものではないだろう。二十五円とお米の特配分——それこそ楊子たちの現実の労働の報酬なのだ。如何にお金をもうけるということが、苦しいものだかということがお分りだろうと思う。だが楊子が自分で早くも働いた報酬を手にするということは何と素晴らしいことか。どうか身体を大切にしておくれ。今は他のことは何も考えなくてよい。工場の仕事だけで一杯だろうから。慣れて来たらその間にも学問をする間を見つけることが出来るだろう。

彪雄君から葉書をもらった。なつかしい故郷の白川口の絵はがきだった。お父さんも元気な由で安心した。「小生健在の限りは皆様の御安心の行く様計い申す可く候」とあった。そういってくれるのは実に嬉しい。僕の都の友人たちに、もし事変でもおさまってまた平和な時が来たら、僕によき従兄があって、それが故郷で温泉旅館を営むことを話して大いに賑わしてやってくれと頼んで下さい。私はたしかに上麻生からあの天神橋乃至島までの間は、日本でも有数なハイキングコースだと思っています。(彪雄君はあの山上の別館を県の練成道場に売り渡したそうですが、時局柄適当な処置と思いますが、しかしいずれ買戻し付の約束にでもしてあるのでしょうね。) 私からも手紙を出したいのですが、かえって迷惑にでもなってはいけないと思い、ひかえます。

○楊子の手紙には新らしい七銭切手が貼ってあった。いつぞや僕が話したろう、色と金額の変遷が蒐集家の立場から見て実に興味があると、緑の四銭、綜〔?〕色（樺色）の五銭を経た東郷さんは赤色の七銭になっている。

ここの内で「石油」という大村〔一蔵〕さんの本を買ったら、少国民用のものだった〔「少国民のために」叢書中の一冊〕。しかし私にも充分興味があった。流石に岩波はいい本をつくる。この本は特に楊子に贈る。是非読んでほしい。索引の使い方も示してある。「詩経」は実にいい。素朴な比喩のうちに端的に私の胸をうつものがある。まことに楽しんで誦している。

唐突だが、お母さんの宗旨は何だったろうか。僕は多分天台だと思っている。古河藩など幕府直系派には天台が多いから。しかし台北で曹洞宗の禅話をききに行っていられたことを記憶している。（もっともこれは婦人会かなにかの幹事としてはからったことだったようだ。）野村さんにでも行くことがあったらきいておいてもらい度い。――すべてこれらのこと、必ずしも私が知らずともお前達が知っててくれればいいのだ。

大臣〔緒方竹虎氏〕の秘書官〔中村正吾氏〕のこと、実にうまい人選をするものだとほとんど膝を打って感心した。今時の秘書官というものは相当しっかりした人物でなければならない。それから時節柄国際情勢にも通じていなければならない。それに秘書官としては有能俊敏でなくてはならないこと無論だ。しかも何といっても、自我のあまり強い人間ではいけない。（その意味でかの時の首相〔近衛文麿氏〕の両大秘書官〔牛場友彦、岸道三両氏〕の如きは、秘書官としては失敗だったと思う。）そう考えてくると、彼以上適当な人物は今どうしても考えられない位だ。失礼ないい分だが、あの大臣閣下にしてはもったいないほどだ。

「食物考」(XXII)——封緘もついに之が最後の一葉だ。食物考もこれで終ることとしよう。太平洋会議の時、夕食の後で代表や書記局の人々が食堂のベランダーのところに集っていた。ビールや洋酒を飲みながら、一体世界の酒で何が一等だろうという話が出た。私は支那の紹興酒の上等だといったら、支那の税関に三十年とかつとめたという英人のガルとかいった男がこれに賛意を表した。そうしてシェリー酒の上等のものと味が相通ずるといっていた。紹興酒のよさは一つはそのアルコールのパーセンテージによるのであろう。「半酔半醒三日遊ぶ」などということは、とても洋酒や日本酒の強いものでは駄目だ。またビールみたいな水気の多過ぎるものでも駄目だ。「燕京歳時記」には「重陽の節、良郷酒に糟蟹を肴として飲むのが都人士の好み、味清醇」といっている。私は良郷酒を知らないが到底、紹興酒と「酔蟹」に及ぶべくもあるまい。北支の酒では山西の汾酒が古来名高い。私はかつてこれを太原で試みたが、一種の焼酎だ。まずウオットカに類する。（ウオッカといえばかつて私は上等の一瓶をもたらして故郷の老祖父に贈ったことがあったが、何だか水の様で味が無いとの評をうけて恐縮した。故郷の濁酒の方が遥かにいいらしいのだ。）（焼酎は琉球に甚だ上等なものがある。あれを一つのましたいものだと宮城［与徳］君がよくいっていた。）支那酒の醸造法は甚だプリミティブなものらしく、従って歳時記の著者敦崇もいっているように、良郷酒のみならず、紹興酒なども一度かめの口を開けば夏を越すことは出来ない。壜詰めは勿論夏は越せない。この点はビールも日本酒も比較の問題であるが、洋酒はその点遥かに耐久力がある。僕は洋酒のことはよく分らんが、西園寺老公〔西園寺公望〕は非常な通であったらしい。「お鯉物語」〔安藤照子述〕に桂公〔桂太郎〕と西園寺公との私的な会見のことが記されているが、老公はブランデーと水（エ・ビアン類か）を持参されたという。その意は酒の味を解せぬ桂によっていい加減なものをのまされない用心だったらしい。「以上」

それでこれまで書き落したことで二、三、追記しておく。中国では四、五月の頃黄花魚（石首魚）というのが上市される。これの清湯はうまかった。中国の鍋類のうちに火鍋のことを書いたかしら。上海ではあれを菊花鍋という。火にはアルコールを用いる。（古いものは炭火）あの火の色は冬には実にいいものだ。この種の寄せ鍋の起原は古いものらしく「西京雑記」に婁護なるものが、よせなべをつくって五侯の間をとりもったことが書いてある。よせなべのことを「五侯鯖」というとある。これなど政治と御馳走の関係をしるしたもので面白い。（政治と料理のことについて論じさせたら山程材料がある。）「寄園寄書寄」に出ている明の太祖と柿の木の由来の話は実に面白い。これは有名な話だから何かで読んだこともあろう。いつぞやうまいといった、台北で「まこも」といったものは「蘆筍」（あしのめ）のことではあるまいか。しばらく疑をとどめて英子他日の研究に待とう。

私は食物について多く語りすぎたかもしれない。だが哲学者フォイエルバッハはいっている。「食料品に関する論は大いなる倫理学的及び政治学的意義を有する。食物は血液に、血液は心臓及び志操物質になる。人間の食料は即ち人間の教養及び文明の基礎である。汝等若し国民をより良くせんと欲せば、罪悪を責むる弁辞の代りにより多く食物を彼等に与えよ」と。そうして「人間は即ち彼が喰うところのものである」との命題を与えた。やや卑賤な表現ではあるが、かの管仲の千古の名言と一脈相通ずるものがあろう。

第四十三書

八月四日

実

英子・楊子殿

一一三

ずいぶんひどい工場などもあるらしいが、楊子のは流石大工場で愉快に働けるのは有難いことと思っている。志木などに行くと勤先が厄介だね。英子のつとめ口に今の疎開学童の寮母などは地方で出来る仕事の一つだろう。

○ところで僕がせっせと楽しんで書き送った食物にかんする手紙の部分だけをひき抜いて纏めてくれないかね。楊子に暇があれば物をまとめる練習にもなるし、やってもらいたいのだが、それは無理だろう。食物のことだから誰にもあたり障りはないし、まとめておけば、病人だとか、または特別の趣味のある人には読んで楽しいものだからね。敢て僕のそういう意味は、第一に、今後は食品や趣味などもたしかに変ってしまうだろうから、あれは戦前の日本社会の一つの文化資料になること。第二、特別なものではなく、ごく普通人のやや少し趣味のある人間が普通の食品を対象として書いていること。第三に、不自由な環境でごく不充分なメモを書いたにすぎないが、それだけ特別な味もあろうというものだ。まずまとめ方は何回かつづけた「食物考」をもととし、それにその前後に文中で書いたものを前後や註の形でつけ加えるのだ。出来たら吉浜子〔西園寺公一氏〕は食通だから、一度目を通して暇の時に註や批評を書いておいてもらうといい。英子たちにはいい紀念になると思う。

○僕の洋服などで楊子のものに直せるものがあるそうだね。それで思いついたのは、いつぞや香港からもって来た広東のしぶ引の絹の支那服——あれと同じ布で西洋婦人が洋服をつくって着ていたのと船で乗り合わせた。ふだん着にはちょっといいものだ。私の考えではズボンはラッパズボンに仕立てて、上を洋服の普通の仕立にしてみると面白くはないかと思う。

○週刊有難かった。この頃の世界がいかに急テンポで動いているかは、この一冊の週刊を見るだけでおどろく程感じられる。寿岳文章さんの「日本の紙」という本が靖文社から出ているが、とても手には入るまいね。

実

八・十四――3――

一一四

折角岐阜まで出かけて調査しての報告であったが、ゆっくり話し合うことも出来ずにさぞ不本意のことであったと思う。

僕はやはり思いきって岐阜まで行った方がいいと思う。察するに恐らくは更に奥深く故郷へまでも入らなくてはならない時が、おっつけ来るだろうとは思っているが。ともかくいろいろ迷いもあろうが、こうと決めたら断行した方がいい。そうしてその道をわき目もふらず進むことだ。今はもうそんな時期になっていると思う。何もくよくよすることはないのだ。最後に頼むところ、元気な身体と意気とさえあればそれでたくさんだ。疎開の機会としては恐らくこれが最後のチャンスだろう。しかしもしも英子が踏切りがつかなかったのなら、それもよかろうと思う。その時は、この都会と心中するつもりで、最後まで頑張り、愈々いけなくなったら久我山でもどこでも居候と出かけることだ。

楊子の身体は気をつけてもらいたい。無理をして働くことはないと思う。医者も薬も、営養分も欠乏している今だ。自分で自分をいたわるより他に道はないのだ。兄貴の身体もほんとに心配だ。もう無理をして胸でもわるくしているのではあるまいか。

彪雄君に手紙を出す時があったら、よく私からもお礼を言っておくれ。

世の中の、苦しみと悲しみとは人を鍊えあげる鉄槌だ。僕の如きも漸くそれによって今日一個の丈夫たり得た。お前たちもきっと百鍊の鉄となるであろう。英子こそはどうか身体を大切にして踏ん張りを見せてくれ、楽しさもまた自らその間から生じて来よう。


——7——

八月二十三日　　　　　　　　　　　　　　実

英子様・楊子様

一一五

お金五十円たしかに、それからビタメールも有難う。この前の南京虫とり粉も壮大なものだったね。だがともかくも虫どもとの闘争ももう終った。既に朝夕は爽涼を覚える程だ。

僕が前からお前たちのために心配していたろう、インフレーションはたしかに悪性化して来た。これが沸騰点に達したら戦争が出来なくなるから、政府は全力をあげて、公定価格の領域で防戦対策を講じるであろうが、闇の領域はその広さと深さとを急速に増して行くことは、この大消耗戦の続く限り不可避である。これは既に常識だからお前たちと雖もお分りのことと思う。この段階に入ってくると、軍需工業家その他少数の特別な人たち以外の生きる道は、自給自足する農民か、又は手から口への生活をする労務者となる他はないのだ。だから、お前がいくら倹約をしてみても、または物を売ったりしてみても生き抜けて行けるものではないのだ。それはひとり我が家だけの問題ではもうなくなっているのだ。このところをよく腹に入れてもらいたい。そうでないといたずらに無益な努力と苦しみを重ねることになるのだから。私がずっと前に、家をたたんで誰かに身を寄せろといったのは、これに対する消極的対策だったし、また鶴見の工場の寮母の口をすすめたのも、これが積極的な対策だったのだ。だがしかし今日までの英子たちの生き方はそれでよかったと思う。がこれからは、愈々一段の飛躍を必要とするのである。私がこれまで云って来たことを改めても一度ふりかえって味ってほしい。元気で前進を望んでいる。いつぞや「露伴全集」を読みたいといったが、「運命」という文章のある分がまずみたいのだが、誰ももちあわせはあるまいね、――勿論これらの本の注文はあまり気にしなくてもいい。楊子は病気もうなおったかしら。――8――

実

八月二十五日朝

英子様・楊子様

一一六

僕は前からひそかに考えているのだが、父上がこちらへ来られて台北へお帰りになれなくなったことは、かえってお身のために幸だったのではないかということだ。僕はあの沢山な家財は、秀枝さんの家族なり、または確かな知人なりに托して置いて家族を引上げさせるのが一番いいことと思っている。向うからこちらに帰ってくる方はまだ出来るのではないかと思う。これも時期を失すれば無論むつかしくなろう。(家族は身の廻りの必要品と現金とだけもって引上げること。)

本三冊入りました。有難う。藤村の「夜明け前」は実に興味をもって読んでいます。舞台はほんの山一つ越した裏側だし、時は新日本の黎明の変動期です。あの空気を察していると、平田篤胤の学流を汲んだ郷《くに》のおじいさん[秀実の祖父松太郎]が、何故に横浜に生糸の取引に出かけたり、又は草深いあの土地に製糸工場をおったてて先祖以来の財産をすってしまったかなぞという理由もうなずけて来ました。(おじいさんがはじめてちょんまげを切って、洋傘をさしてあの飛驒川沿いの道を帰って来た時、郷党を驚かした話を思って微笑を禁じ得ません。)

小島[祐馬]博士の「古代支那研究」は流石だと思いました。僕が「現代支那論」を書く前にせめてこの先生の「支那古代の社会経済思想」〔初出、岩波講座「東洋思潮」昭和十一年〕でも読んでいたらと、今更残念に思うことです。古代支那がそのまま現代支那につながっているという点が支那の特異性なのです。その意味で私は何といっても勉強が足りなかったと思います。（私はこの頃勉強が面白くて面白くってたまりません。僕の感想録をみたらどんなに私が近来いい勉強をしているか分るでしょう。）「北京の歴史」もこの著者でなくてはやはり書けません。村上氏は庚子〔一九〇〇年、義和団事件で連合軍北京占領〕以後あたりからの北京の歴史を下巻として書くべきだと思います。

こおろぎが人絹やスフを食うことを知っていますか。可愛い虫だなどと思って歓迎しているとひどい目にあいますよ。――10――

八月三十日　　実

一一七

楊子の疎開荷物はどんな風にふり分けたろうか。あちらでもそのまま生活出来るように荷物を分けたがいいと思う。それに絶対はこべない大物の次の厄介ものなぞかえって今の内にはこんでおいた方がいいかもしれない。お金も一部楊子の名になっているものなど、楊子とともに持たしてやった方がよかろう。

僕を最後まで見送ってくれようという英子の志は厚く心に感じているのだ。有難いと思うよ。この前の前の面会の時、それで胸が迫って物が云えなかった。

近来世情まことにあわただしい。英子も知人や友人達の或いは浮び、或いは沈むのを次々目撃し、かつは自らの境遇を思って、さぞや感慨の多きに堪えがたいことであろう。だが世はまさに走馬燈だ。これも一時、またかれも一時だ。心を落ちつけて静かに眺めていてほしい。

藤村の「夜明け前」は「神惟《かんなが》らの道への復古を以ってする革命」の意味だ。その第一部だけでも藤村は文化勲章をもらい或いは芸術院賞に値する。去年死んだこの作家がそうした待遇を受けたかどうかは知らないが。英子たちが他日家に落ちつく時があったら、明治時代の文学的所産として、鷗外、露伴、藤村、漱石、そうして子規の全集だけはそなえることをすすめよう。

今日は震災紀念日だ。あれは大正十二年――一九二三年のことであったから丁度二十一年目だ。今日は朝からあの日のことを追想している。あの日は朝のうちなお温かい雨が降っていた。そうしてそれがあがった。家には臣公が来て泊っていて、虎さん［篠塚虎雄氏］と三人でトランプを二階でしていた時だった。英子はお使いに出て道を歩いていたという。午後からは晴れた空に下町の上のあたりに怪奇な白銀色の雲がもくもくと恐ろしいばかりに湧き上っていた。この世の終りかと思うばかりの地の揺れ方がいつまでもぶりかえす中

に、若い私たちはたいして深い思いもせず、眺めている余裕があった。——11——　実

九月一日

英子・楊子様

一一八

「地図の話」〔武藤勝彦著、「少国民のために」叢書中の一冊〕は面白かった。（楊子はこの叢書を全部読むとよかろう。）一枚の地図が出来上る迄にどれだけかくれた人々の努力が払われているかを知ることだけでも意味があろう。但しこの本の読後の感じとしては、現在のこうした学問が既に立派に完成したもののような感じを与えることだが、しかし実は大戦前迄に世界の学界は協力してメートルの基礎や地球の大きさや、形、さては経緯線などにも、根本的な進歩が行われつつあったのです。それからまた、この著者によると五万分の一の地図など完全なようにきこえますが、根本の地形などの上でもいろいろの誤りのあることは、それを手にして登山や旅行をした我々が皆知っているところです。（一一二頁の明治四年「工務省」とあるのは「工部省」の誤りだと思います。ただし私の手許には参考書などありませんから正確なことはいえません。）

●私は昭和塾の学生と一しょに二度佐原の町の伊能忠敬先生のお家をたずねました。そこ

には先生が五十一の年から発奮して新らしい学問に入ってからのいろいろな成果が残されています。日本国中の山野を引っぱって歩いて実測された里程車や、対数表(自分で写された)、数々大小の地図など、私たちはほんとに感慨を禁じ得ませんでした。楊子も機会があったら一度行くといいと思います。

○この本と一緒にさげた「科学画報」には内田博士の「経線と緯線」それから石井教授の「立山連峯の氷河遺跡」があります。この地図の話を読んだらすぐそれを読んでみるのです。そうするとそのうちにいろいろな関連の妙があることが分るでしょう。学問というものの発展は、そうした一歩一歩の関連を求めて進むのです。私は手許の乏しい僅かなこの二冊の本を基礎にして、学問の歩みを進める仕方を楊子に教えたのです。日本文化の黎明と関係のあるシーボルト事件と高橋作左衛門景保の地図事件(当時の国防保安法違反)についても感想があるのですが。

▲楊子病気はなおりましたか。疎開の方は進んでいるのだろうか。これからは涼しくなるのでうれしいですね。ちり紙を差入れ頼みます。(無ければ無理せずともよし)

実

九月四日午前——12——

楊　子　様

僕の記憶にして誤りがなければ昨日は欧洲大戦五周年。

一一九

楊子は要するに少し疲れ過ぎたのだろう。休養すればよいのだ。丁度疎開を決めた際だから学校を休んで、よく身体の元気回復をはかったらいいと思う。幸に涼しくなったから何のこともなく癒るだろうが、これからお母さんのもとを離れて異境に一人在るのだから充分自分で注意をするように。

楊子の三十日付の手紙と英子の四日付けの手紙とを同時に受取った。英子の今度の手紙はまるで斬られお富のようだった。しかしそれでも渡されないよりはどんなによいかしれない。僕の感じでは諸事まずまず順調という気がする。そうやって静かに親子のものが暮していられるということは大したことだ。これから先のことは誰も分らない。それはそれでいいさ。全力を尽して現在に生きることだ。道は自ら開けるものだ。友達がよくしてくれるとのこと、それは僕の「余徳」のせいではない。英子や楊子の心がけがよくて、けなげなのに同情してのことだ。でも何としても有難いことさ。だがこれからしばらくは誰も彼も自分のことだけで手一杯な時期になるからね、そのつもりでいなくては、その点親類などもともとよりのことだよ。岐阜へ行ってもあまり寄りかからない方が無事と思う。

いつぞや渋谷を散歩して夜店で買って帰った芙蓉の花が今年も咲いているとか。いいたよりだった。

　駿ちゃん［笹本駿二氏、当時朝日新聞欧洲特派員］がたまたまこの大きな時代に歴史の旋渦の真只中に居たということは、男子にとって何よりの幸運だった。きっと立派な時代の男になって日本に帰って来るだろう。無事でかえれるといいが、何しろ戦渦の只中だからね。

　台湾の画報は私にとっては一しお感慨が深い。しかしそこにはもう私のなつかしむ昔の台湾の面影は全く無いようだ。この写真の技師は、私が大学生の頃台日［台湾日日新報］から頼まれて新高山の記事を書いた時、台日の写真班員であった。前の上海事変の際私が弾丸雨下の報道記者として活動した時、丁度大朝［大阪朝日新聞］の写真班員として派遣されて来て顔を合わせた男だ。「君みたいな生命知らずの男のおつき合いはまっ平だ」といっていたが、今私の現状を知ってやはり例の向うみずの結果だろう位に考えていることだろう。

　楊子の「上田敏詩選」をちょっと借り度い。あの「秋の日のヴィオロンの……」という歌をくちずさんでみたいから。――14――　　実

九月八日

一二〇

さまざまな思いはあろうが、母娘二人の疎開の旅は、楽しくあったことだろうと、羨ましくさえ感じられた[1]。秋の東海道はよかろうな。楊子、おじいさんをほんとに心からいたわってあげ。若い人達は皆自分のことにかまけ過ぎて、この老人の心を汲んであげることが足りないのではないかしらん。おじいちゃんはやっぱりすぐれた人なのだから、楊子などはよくよくいろいろなことを教えてもらって置きなさい。それからこの前のはがきに書いた獅子吼とは、教えをうけた敬愛する人の志をしっかりと心に入れておいてその人をはずかしめないことを云うのです。「千万人と雖も我往かん」という大勇気です。私から手紙は遠慮しますが、楊子からは時々たよりを下さい。すばらしい大壜の肝油有難かった。誰の好意かしれないが、如何に獲難く貴重なものであるかは私にも充分見当がつく。ちり紙も有難う。楊子の六日付の手紙を受取った。秋の気をしみじみと満喫している様がうかがわれる。柿の木はまだなるまい。そら、俗に「桃栗三年、柿八年」という位で柿の木の実の成るのは、ひまがかかるのだ。岐阜は柿の名所だから今年は口に入るだろう。

追加予算や大陸の様子などをみていてもわかるとおり、インフレーションは急激に進むだろうが、平時と違って一般物価が奔騰する形ではなく、ことに日本のようなよく統制の行きわたる国では、公租公課の増徴、貯金や公債の割当増加の形で進展することが特徴だ(それと闇の領域の拡大深化)。だから我が家の如く、無収入のものは一番抵抗力が無いわけだ。それで英子は現金が尽きたら、物はなるべく手持ちのまま働き始めるがいいと思う。

つまり前の方針、物の売り喰いで楊子の卒業までつないで行くということは、到底無理だと思われる。従って家はなるべく早くたたむ方針で、かつ、急に適当な仕事といっても無理だろうから、早目に恰好な仕事を求める方針がよかろうと思う。

松源和尚の有名な転語に無門が頌を附しているが、その結句を残して「請続一句」と書いている。この千年の宿題に私も試みに一句を附けて見た(「無門関」を見よ)。

擡脚踏翻香水海　低頭俯視四禅天
一箇渾身無処着　美二十九錐旋転(B29が錐揉み状態となった)　——17——　実

九月十五日

(1)　楊子君が勤労動員で蒲田の工場に行っていた。労働がはげしく、体を害した。近づいてくる敵の空襲から身を護るためにも、疎開転校する外ないと楊ちゃんだけ疎開することにきめた。調べてみたら岐阜高女は学校工場とのこと。それがよいと九月に岐阜へ疎開した(松本)。

一二

いつしかはや十月に入りました。遠くも、遥かに来つるものかな、と思います。二日ばかりしぐれ模様で秋の晩を思わせましたが、どうやら今日は秋晴れの空がのぞかれるらしいと喜んでいます。

「夜明け前」はほんとに面白かった。あれは誰かが貸してくれた本だと思うが、出来たらお父さんにも読ませて上げたい。主役の半蔵という人物は実に郷のおじいさんなどとほんとに近い人物だと感ぜられます。境界も全く山一つ越したお隣りでなにもかも親しいと思われます。きっとお父さんも面白く思われるのに違いありません。

●今度入ってきた三冊どれも面白そうです。あのおじさんはよく上手に古本を漁ると感心しています。このごろは古本もなかなか得がたくなったそうですね。

▲この中で借りた竹田黙雷和尚の「禅の面目」という本は近来痛快な本でした。いろいろの禅僧の語録や禅話などだいぶ読んでみましたが、これが最も秀逸なようです。論者が教界のジャーナリスト高島米峯老だからかもしれませんが、これは誰かに読ましたい本です。僕思うに、禅宗というのは全く支那の仏教で、本来支那思想——特に唐宋文化を離れては理解しがたいものなのだと考えます。ことに唐代の詩と宋の儒学的思想(哲学の論理)が分らなくては、ほんとの味はわからないと思います。勿論日本の封建社会に受け入れられ、そこで多分に日本化されはしましたが、本来のものは殆んど変っていないと見られます。(支那の仏教は、禅宗以外には無いといってよく、それは印度の仏教とは遥かに違ったものだと思います。また一方日本的な仏教といえば、それは日蓮宗や、浄土真宗などだと思います。)

英子はいつ岐阜に行きますか。楊子からは一度はがきのたよりがあったきり音沙汰が無い。可愛いい子には旅をさせろといいますが、他人の飯を若いうちに喰わせなくては修業にならないと思います。英子はむこうへ行っても里心を起させないようにすることです。少しむごいようでもほって置くことがためになると思います。

チリ紙をやはり入れてもらいましょうか。

十月三日朝――23――

実

英子様

一三

今日で三日、雨はほとんど小やみもなく降り続いている。じっと部屋の中に腰かけ暮して本を読み、また時に物を思っていると、流石にそこはかとない空しいわびしさを覚える。英子もまた一人雨の音をかの古い家の中にきいていることであろうと思ったりする。こんな風では八王子在に現地調査に出かけることも困難だろう。(1) たしか今週末あたり出かけるといっていたようだったが。

花の差入れは有難う。実はこの頃、机上には本や紙類など一杯拡がっているし、もともと本式の花瓶も無いことだし(これは早い頃にはあったのだがこの頃では協会でも売っていない、それで瓶を代用しているのだ)、花の差入れは今後やめてもらおう。今度のもお金にして中で買える薬品の代の中に充当した。花よりだんご(?)というわけだ。もっとも花は大好きなのだから、また菊花の頃にでもなったら、お願いするかもしれない。

蒲団を舎下げしてフトン・カヴァをとってみたら、嬉しいことには少しも傷んではいなかった。まったく新しいものの様にすら感じられた(敷蒲団の方がずっとわるくなっている位だ)。さっそく着て寝ている。カヴァは洗濯に出した。そんなわけだから少しも心配してくれなくてよろしい。昨日は部屋の畳替えをしてもらった。裏がえしだが破れたところはきれいにつくろって、実に気持ちがいい。これは此の頃外では思いもよらぬ贅沢事だろう。昔、青い畳の匂いをかいだことを思い出す。

今月の十五日は、私が家を離れて丁度三年になる。十七日の我が家の紀念日は、一つ特に私のために祝ってほしいと思う。楊子にも指令を発してほしい。お前もさぞかし感慨の多いことであろう。僕が祝ってほしいと云うのは、この三年の流れ去った月日がこの僕にとってどんなに貴重な有難いものであったかを心から思うからである。この年月があったからこそ、今日僕は始めて人生の真意義を覚り、かくも静かにかつ楽しく日を送ることも出来るようになったのだ。もしもこの異常なる月日が無かったなら、僕は毎日ただ忽忙の裡にあくせくと日を送ってしまったことだろうと思う。僕の一生はもしも僕が別の道を行くならば、恐らくは社会的には高名、栄位をかち得られたことであろう。しかし人間として今日僕の立っているごとき確乎たる足場に立つことは遂に出来なかったことは明らかだ。

僕は人生の意義を知り、生命の正当なあるがままの姿に徹し、社会と、親しきものへの愛情を限りなく深めるとともにまた純化することも出来た。そこにこそ我々三人のものの永遠に生きる道をも発見し得たのだと、僕はひそかに感じている。だから僕のために祝ってくれることは、実は我々三人のものの共通なよろこびであると私は確信しているのだ。今日このことをお前たちにほんとに分らせることは無理だと思う。すべて冷暖自知あるのみだから。しかしおぼろげには分ってくれたものと思う。僕が決して無理をしたり頑張って、一人こんなことを云っているのでないということを。

それにしても英子たちも愈々これからが、大へんだと思う。僕にいわせれば戦争はまだ始まってもいないのだ。欧洲が一段落した後で、ほんとに英米対日本の世紀の大血戦、決闘が行われるのだ。今までのは、ほんとはただこの決戦のための戦場の位どりを行っただけだ。いわば準備に過ぎないのだ。政府は何よりも国民にこのことをはっきり自覚させなくてはならないと思う。真の戦いに対する覚悟と決意とはその上で始めて得られるのだから。だから戦争もまだ本当に始まらないうちにくたびれるようなことがあったら、話にも何もならないのだ。戦場の位どりは日本として必ずしも悪くはなかったと思う。だがこれから先が大事だし、長くもあると思う。今時、世の中には、ただ一人かしこげに、利己的にあれこれと小ざかしい振舞いをして心がけているものもあるようだが、そんな心構えが何の役に立とうか。事態はもっともっと深刻なのだ。だからこそまた一面からはきれいさっぱり心のもち方一つでは明朗に暮してもゆけるというものなのだ。

僕がこれまで英子にあれやこれやといろいろなことを云って来たが、すべてこれからの世の中の進行を思いあわせて云って来たのだということが分ってくれたことと思う。まあ大いに元気でやって行ってほしい。この頃官本で白隠和尚の全集を読んでいるが、「遠羅天釜(おらてがま)」、「夜船閑話」など実にすばらしいと思う。深い宗教観や人生観を表面に出さず、身近な養生訓を前面に出していることは、流石に心にくい坊主だと感心している。これは昔一高の時、恩師菅先生からすすめられて一読したことがあったが、その価値は到底分らなかった。これは単なる修養書ではない。陽気も急に寒くなった。身体を大切に。

十月七日――25――　実

英子殿

(1) 英子夫人の職業の件につき、高倉テル氏に話したら、八王子の在に彼が指導しているある工場の農園があり、そこに婦人がほしいとのこと。恰好だと思われたので、私と二人で実地を見に行こうときめていた。その農場の中に左翼事件で検挙された人が出、つづいて高倉氏がやられ、このことは実現しなかった(松本)。

一二三

今日は十月十七日、神嘗祭の日です、免業日で所内は落ちついて静かです。今日は朝、薄日がさしたきりでどんより曇ってうすら寒いのは少し残念です。私が中学生の頃は毎年決って此の日に運動会があり、「今年実りしうまし稲伊勢の御神にささぐらん、そのよきあした南国に活天地こそ開かるれ」と謳ったものです。楽しかった思い出。

時に今日は我が家の紀念日です。私にとって忘れがたい満三年の紀念日の十月十五日も過ぎました。今三年の間の無量の思いをこめて、英子と楊子に心からなる感謝の念を送ります。この間にどれ程深く英子には恩を受けたかしれないとつくづく思います。私は遂にこれに報ゆる道を知りません。せめて感謝の心をせい一ぱいこめて、朗らかな祝福を送りたいと思います。

私は初めのころはこうして生きつづけることが心苦しかったのでした。乏しい英子たちのたくわえを削ることではあり、またどれだけ行動の自由を妨げ足手纏いになるともしれないと考え、丁度中風で助からないと分りながら不自由な身体で家族に迷惑をかけるあの病人の姿を思っていました。しかしそれも運命だと思ってじっとこたえていました。今でもこうして生きつづけるからには、何とかして少しでも英子たちの役に立ちたいと心から願ってはいるのです。

とにかく私は社会的にはとっくに死んだ身です。満三年既に余計に充分生き過ぎたようです。私は今、人生も自分の運命も、そうして世界の運命も実によくはっきりと洞見し得たようであります。生死は既に越えて居ます。目下健康も保ち得ていますし、何よりも気力が充ち満ちて居りますから、最期のことに対しても少しもお前たちは心配する必要はないことです。僕がどんなにしっかりした足どりでその場にのぞむか、ほんとは見せたい位です。(僕はこの手紙をほほえみながら静かに書いています。こうした断乎たる言葉を使ったのは今日が始めてです。その自信は前からありましたが、大きな問題ですからよくよく見きわめた上でなくては虚勢になってはならないと思って控えていたのです。)

僕は此の不思議な、死んで生きている珍らしい期間に何事か特別なものを摑み得て、これを人様のために残したいものと考えていろいろと努力しました。だがもとより平凡人の力足らずして、特別神秘的な力も思想も摑むことは出来ませんでした。英子たちに働きかけて、心の悲しみと暗さから光明と歓喜とに高めることが出来たらせめてもと思ったのですが、それすらも、ともすれば自分ひとりよがりに陥ってしまったのではないかと思っています。結局は私一人が僅に安心立命の不思議な境地に到り得たにとどまったようです。「まあ本人が別に悲しんでも居ず、静かに出て行ったから、傍の者も気が楽だった」という位のところになりましょうか。(僕はこの手紙を最後に、もはや何も感懐めいたことは云わないつもりです。すでに随分へどもど下手な言葉で心の中を現わそうと充分努力し尽したことです。これからは一つ、面会の時の元気な顔色だけを見て下さい。)

岐阜へはいつ行きますか。楊子にまたお休みの時一度、名古屋の兄上を病床に見舞ってほしいと思います。僕は病気だけは急性のものでないならば、心の病と一しょに、心の通う人には癒してあげる自信を得ているのですが、此の点だけはいささか残念です。これは妙な言い方のようですが、実は私の実験から来たのですからたしかです。私はこれによって自らを救ったのです。それはあの赤本的な機械的療法でないのはもとより、西川博士の深呼吸、乃至は静座法などでもありません、また坐禅でもありません、単なる「内観法」とも異います。(白隠なども内観の法を禅病を治する法として別々に考えているようですが、実は病そのものが治療の対象たるのみでなく療法そのものと一つになっているのです。)一言にして云えば、病を治するの道は、一面病そのもののうちにあると共に、他面もとより高いところからさっと一挙にその根を断つ態のものでなくてはならないのです。条件としては病をなおそうと思う人自身が深く病に苦しむとともに、その根底にある生死の問題と真剣に取りくむのでなくては駄目なのです。もとより一種の精神療法です。(お題目や、お念仏も、あれは一種の精神集中法たることというまでもありません。)だからここでは具体的な方法はのべませんが、要するに対人的個別的になるのです。一般に広い療法となれば結局、宗教か、医術か、又は社会政策的な救貧法になってしまわなければならないのでしょう。(なかなか説明に困難で、こうした短信では私の精神療法の原理すらも明らかにし難い。)

私はお弁当をとるのをやめました。これから冬にかかると、官からいただく御飯の方が、あたたかいからです。白然味噌汁もやめることになりますし(自弁の味噌汁は朝だけとる弁当と一しょにとることが出来ます)、今月末から差入れの金はどうか二十五円にして下さい。丁度これまでの半分あれば充分な勘定になります。実はこの頃は刑務協会でも食品など何も無いのでお金はいらぬ筈なのですが、しかし人情は妙なもので口に入るものなら何でも採りたくなるこの頃です。薬品まがいの品物が三、四あります、それを買っているのです。その他、理髪の券、雑誌、書籍の購入(これもごく僅かしか買いたくも有りません。雑誌は大てい月二冊位、書籍も月一回位しか購入の機会は無く、ほしい本も別にありませんから大して金はかかりません)、その他には、はみがきと楊子《ようじ》(歯ブラシ)位なものです。(一度会計報告をと思っていましたから、ついでに以上。)

来月の十七日は楊子のお誕生です、何かいいものを贈りたいと思います。誰かに早速手紙を出して、ジャカルタ、上海、又は香港、マニラ、昭南あたりに、友人が誰か居るでしょう、その人に頼んでやって、勿論大した物でなくていいのですから、僕の代りに買って贈ってくれと、私からの無心として頼んでみてくれませんか。丁度あちらから日本へ帰るという人でもあると都合がいいのですがね。

実

十月十七日朝(29)

英 子 殿

とうとう雨になりました。差入れの切手、書翰箋など手に入りました。(十八日朝)

一二四

一昨夜来の豪雨も霽れて今日はまた馬鹿に暖かい陽気です。あんなに雨が降ると折角の芋や野菜が腐りはしないかと心配です。ところで台湾各地で激烈な戦闘が行われたようですが、台北の家は無事かしら。(1) お父さんも郷里に引きこもっても居られない程御心配なことと思います。英子今度岐阜へいったら父上にまた白川口あたりまで出ていただいてお目にかかって来たらどうだろう。家を留守にして行くのでその余裕もないかもしれないが。一つには楊子の岐阜定着について別途の便宜の途も開けるかもしれないからと思うのです。十月一日号の「週刊朝日」と「毎日」とを昨日受取りました。これはほんとに有難いです。私の高等学校の友人たちが、局長や課長として今の第一線で活発に働いている様もうかがわれ愉快です。

僕近来漸く遊戯三昧の境地に入れたようです。もとより現在と雖もくだらない心配や、憤懣や、煩いが常に生滅していることは事実です。(くだらない人間の心ない言葉にも反撥を覚え、些々たる身体健康の異常にも不快を覚え、外界の動きにも乃公出でずんばの焦りを覚え、また級友らの時めく活動に羨望を感じ、いや、お天気一つにさえ気分の変化を覚えます。）しかし今はこれらの感じの起ることを少しも恐れず、寧ろ望んでさえ居るのです。喜んで身心の煩いにぶつかりたがっている位です。そうでなければ一度生死の根本問題に徹したものは、最早涅槃に入ってしまって生甲斐が無くなるのでしょう。幸にして人は大悟徹底してもくだらない煩いは次々と起ってくれるものです。「憂きことの云々」という歌は実は決して陳腐でも皮相でもありません。今の僕には実にぴったりくる言葉です。

僕はいつか楊子に「お父さんは死神と睨めっこをしている」と書いたが、どうやら見事に勝ったらしい。実はその当時には思いもよらなかったような方法で。どうかこのことを楊子に告げて下さい。昔かつて私の友人たちは、尾崎こそは笑って死ねる男だと云ったことがある。だがこの人達も要するに私が頑張りの強い男だという点を見、もしくはあきらめの実にいいという点を見て言ったにすぎないように思われる。併し今の僕は別な意味で笑って死ねるのだ、高笑いでなく遊戯三昧の静かな微笑だ。

僕はかえりみて、何故あの一高の時、禅門の扉を叩きながら内に没入しなかったのかと今更残念に思う。僕はその後ここに来るまで、唯物論者ともあろうものが、宗教など口にするのも恥ずべきだなどと考えていた。だがこれは間違いだった。民衆のための阿片の作用をする宗教とは別に、信念の浄化と精神・意志の鍛練の道としての宗教が存したのである。丁度封建時代の武士が他日主君の馬前に身命を抛つことを目的として絶えず死を念頭に置いてはげんだ宗教的鍛練の方法が在ったように。少くとも自己の道のために挺身しようとするものは、単に死を覚悟しているとか、「まかりまちがえばこれは生命ものだぞ」などと自覚している位では駄目なのだ。それではどうしても死生の問題が観念的になる。もっと現実的な鍛え方、覚悟が必要だったのだ。こんな大きな時代に際して真実の理想に生きんとするものにとっては、死は現実の問題なのである。大道寺友山が「武士たらんものは、正月元日の朝、雑煮の餅を祝うとて箸を取り初むるより、其の年の大晦日の夕に至るまで日々夜々、死を常に心にあつるを以って本意の第一とは仕るにて候」と喝破している如く、厳しく考うべきものである。私は禅の鍛え方はこの意味で納得出来るように思う。

勿論私にとっては過去は問題にならないし、前生[世]などというものはさらに因縁を感じない。そして来生などあろうとも思っていないし、況んやそこへ行って蓮の葉の上で楽に寝て暮そうなどという虫のいい考えは少しもない。それじゃお前のは宗教じゃないではないかといわれれば、いや宗教なのだ、人生の真義をあくまで究明せんとする哲学や、正しいことを念とする倫理道徳を内包すると同時に、更にそれよりも一層高い立場に立つ感情と信念とを具えた宗教なのであると答えたい。(宗教の中でも仏教は前世を重要な要素としているが、基督教では未来は重要だが前世は問題にしていないように思われる。)

私にとっては要するに人がたまたま生を享けたこの現世において、まず生命の不思議をはっきりと納得した安心の上に立って、堂々と、しかも楽しく生き来り生き去ることにすべての意味があると思う。永遠の生命は実にこのようにして、現世を力一杯生き抜くことのうちに存するのだと確信する。こういえば至極簡単のようにきこえますが、実は生やさしいものではありません。このためには何よりも先ず生死の問題についてこれを超克しなければならない。そのためにはあらゆる知識的な探究を必要とするし、偉大な先人たちの歩いた道の跡をきわめなくてはならない。そして自己を鞭打って前進せしめる信念を把持する必要があろう。それは人間の社会生活を向上せしめるような実践的内容と結びついた信念でなくてはならない筈である。しかも日常の生活は常に正しくかつ骨を惜しまぬ勤勉努力が必要である。この難問を解決するためには、どうしても宗教的情熱が必要になって来るのだと思います。このような力は自己の内部に生起して来るものですが、しかし外部に有力なてだて、足がかりのあることを便宜とします。僕が禅的修練というのは、まさにこの意味に於てです。以上はお前がたの生き方の参考になると思って書きました。此の頃私のいうことがはっきりして来たでしょう。私には少くともはっきり摑めたのです。これが僕として至り得た最後の境地のように思います。説明はなお不充分と思いますが、繰り返えし読んでみて下さい。

先程、竹内弁護士の訪問を受けました。今夜関西へ発たれるとのこと、吉野山に桜の若木を千本植え、また、「日本外史」を埋めて碑をお建てになった除幕式に行かれるとのこと、まことに延元陵下芳名を千歳に残される羨ましいことです。この話を私の心のかてにとおくっていただきました。有難いことです。父上などきかれたら、どんなにか感動することでしょう。竹内さんは前に昭憲皇太后様の御歌を碑に録されたということです。[2] この人生の功成り名遂げ、しかも千歳の後遺芳を国中第一の名所にとどめられんとするその風懐は、まことに欣[欽]慕すべきものです。(30)

昭和十九年十月二十日　　　実

英子様

(1) 昭和十九年十月、フィリッピン上陸を企図する米軍は、それに先だって台湾に数度の大空襲を加えた(松本)。

(2) 竹内金太郎氏は南朝の忠臣を追慕し、連年桜花の候に吉野山を訪れ、三十余年にわたり一度も欠いたことがなかった。後に氏はその愛読の「日本外史」を吉野山に埋め、その上に碑を立て、碑面に昭憲皇太后の短歌「吉野山みささぎ近くなりぬらん吹きくる風もうちしめりたる」を刻んだ。書いたのは、近衛文麿公。公が万葉仮名をえらんだのは、平仮名は近衛の家の芸で自分の書では家の伝統を恥かしめることになるというのが理由であった。昭和十九年正月に西園寺君とともに竹内家を訪れ、その碑の石刷りを見せて貰った(松本)。

一二五

ゆうべはいい月夜だったので、眠られぬ、苦しいお前さんの夜汽車にいい旅のつれになると思っていたら、今日は雨になってしまった。お金を受取った。友の情けの弁当代、あんなにも沢山に有難い限り(1)だ。それではここしばらくお弁当を続けることにしよう。久しぶりに接した友のたよりを、どんなに嬉しくかつは心強く感じたこととも知れない。よろしく伝えてほしい。僕はふと中学の最上級生の時に読んだ英文の「三家庭」[ファラ著]という小説のことを思い起した。いろいろな曲折不幸を通りながら最後には皆新らしい幸福な立場に立ってまた三家が一しょになるというのだったかと思う。伊丹のおばさん(2)は元気だろうか。

僕の元気なことは大したものだと自分でも感心している。

英子は面会の時の僕の元気のいい言葉や、僕の書く手紙の明るさをそのまま受取ってはいないように感じている。恐らくは僕が虚勢を張ったり、或いはまた、この特殊な環境に在るため、過度に精神主義的になっているのだろうと感じているのではあるまいか。成程たしかに初めの頃には、お前を元気づけるために多少気分を誇張した点があったかもしれないが、今の充実した気分は全く正真正銘なものだ。ほんとに楽しくすらある。それというのが現在の刹那刹那を力限り生きているからだ。一瞬間に生存の意義を感得して後も先も無く生きているからだ。僕の考え方は、決して神秘的でもまた過度に精神的でもない。実は極めて具体的経験的なのである。まったく生きて行くために苦心して自ら拓いた実験的な方法によってここにいたったのである。ほんとは僕ももう去年の終りか今年の初めには、身体だけに任しておいたら死んでしまったことだろう。今だって、身体だけから云えば、うつろになっているかもしれないのだ。僕は心境によって自らの命を救った。だからこの実験方法を何とかして他の人にも伝えてやりたいと思うのだが、それはこの境界にあっては少しむつかしい。手近なところで英子の不眠症など一ぺんに癒るのだ。だがやはりむつかしいといえばむつかしいかもしれない。というのは此の僕の身心「起死回生法」ともいうべきものは具体的な治療法ではあるのだが、第一に、生命の秘儀を覚り、「死」の大事に徹見すること。第二、これを目標として勇往邁進、不断に坐禅(女は正座にてよし)三昧なること。(日常自己のつとめに全力を傾倒する間は別、この期間はそれこそ全力をあげてたとえ些事といえどもこれに当ること。)第三、一種の呼吸法(腹式呼吸の一種である深呼吸ですが、これに多少の工夫があります)。この呼吸法は第二の場合と次の第四の場合に用いる。第四は老、仏の道で云う内観の法です。つまり精神統一のための呪文の如きもの「オンマニパドメフム」でもよければ、「南無阿弥陀仏」でも、または白隠のあの「遠羅天釜」に書いてあるような気海丹田中心の反復語でもいいのです。これについては私自身の唱え言葉があるのですが、それは今は述べることを省きます。ただこれだけのことですが、これがほんとに手に入ってくればしめたものです。大ていの病気は進行を阻むことが出来、心はつねにゆったりとたのしくなるのです。何より証拠、私が実験して保証するのです。(私の身体のことは云っても仕方がないと思ったし、心配をかけるだけだと思ったので、英子にはいいませんでしたが、実は一頃かなり険悪な状態だったのです。)以上。何が一番むつかしい点かといえば、それは云うまでもなく生死の理をあきらめる(明らかにする意)という第一の点です。僕なんかもえらそうに云うものの、好むと好まぬとにかかわらず死ぬと決ったからこそ、この人生の秘儀に徹見することが出来ただけのことです。しかしながら古えの武士や傑僧たちは、ほんとに日常生命がけでこの問題ととり組んでいたのです。だからひとり死ぬことに決ったものだけが許される境地ではないのです。努力修養によって、すべて生物者であるかぎりここにいたれるわけです。

英子ももしももっとほんとに苦しい、生死の問題にぶっつかったら、僕のこの起死回生法を思い起すことでしょう。その時のたよりにもと思って、こうして今は恐らく通り一ぺんに読み捨てられるであろうことを熱心に書いているのです。楊子も医を一生の業とする志をもっているようですから、一つこのことを頭のどこかに記憶させておいて下さい。きっと将来思い当ることがあると思います。医はひろく三つの要素を包含すべきものです。第一には狭義の対症的治療術、第二には社会的な病弊の除去(無智とか貧困とか)、第三には精神の高揚を回復すること、これです。これらは実に不可分関係に在ることを知るべきです。私が前記の自己療法に辿りついたのは、いろいろ苦心の末です。時には赤本的な機械的な療法にとりついたこともありましたが、形式だけでは駄目なことを覚りました。近頃になって白隠の記述や、明治初期の洞門の傑僧原坦山老師の自ら記述したものを見るに及んで、全く我が意を得たりと思いました。

もしも精神療法についてやってみたいと思うなら、分らない点は質問されたら答えましょう。

私よりもっと若い人達(3)が沢山に死んでいるのを知って悲愴の思いをしました。それらの人々のうちには忘れ難い数々の思い出の結びついている人もあります。いずれも高い教養と理想をもつよき若人たちで、これから先どんなにか世の中のお役に立つ人々であったかしれません。昨夕は一夜この人達の事に思いをはせ、謹んで黙禱いたしました。

スウェン・ヘディンの「ドイツへの回想」面白く読みました。ヘディン老はソ連への反感からナチス・ドイツを大いに讃美期待していますが、実は彼の回想している美しいドイツは、帝政から、ワイマール・ドイツまでのようです。此の偉大なアジアの探険家も新しい世界の運命はよく分っていなかったようです。

木綿中型単衣一、ならびに茶色メリヤスシャツ一、領置になっているのを下げてくれませんか。そうして改めて差入れてもらうこと。こちらへ舎下げを頼んだところ不許可でしたから。シャツの方は或いはセーターとの競合関係があるかもしれませんが、単衣の方は絶対にそんな筈はないと思うのですが。一人で力んでみても仕方がありません。　実

十月二十七日(32)

(1) 友達は堀江邑一氏。満洲で検挙され、長く拘留されていたが、夏頃釈放され、この頃上京、尾崎家を見舞った。尾崎とは十年来の友人(松本)。

(2) 細川嘉六氏夫人みね子様。御主人が昭和十七年九月に拘引されなすってから、ずいぶん苦労していらっしゃいました。

(3) 大上末広、佐藤大四郎、佐藤晴生などの諸氏。いずれも満洲方面で活躍されていましたが、当局の弾圧で拘留中死去されたよし、尾崎に伝えたのです。

一二六

十一月一日付、岐阜からの葉書をもらったのでよく消息がわかりました。お前のおできはどんな風かしら、医者にかかって早く癒すことだ。楊子元気の由安心しました。ひと筋に育ち行くものの姿はまことに頼もしいかぎりですね、我々がとやかく心配するには及ばないのではないかと思います。(1) お父さんがとうとう便船を求めて台湾にお帰りになったという消息は何か悲壮なものを感ぜさせられました。あの老体を携《ひっさ》げて、まさに戦場となろ

うとしているかに云われている台湾へ危険を冒して飛びこんで行かれるとは。私なら何としてもお留めしたいところでしたが、やはり台北に残した幼い人達の身の上を思っては、矢も楯もたまらないお気持ちになられたことと思います。人間の心の哀しい愛着を思っては、悲痛な感じにうたれます。どうかまず途中御無事で御安着のことを祈って居ります。無事御帰宅の報があったら知らせて下さい。それにしても人生の最後の年頃に到達せられながらやはり故郷がこれを温かくやさしく落付けてくれることが出来なかったのかと思うと、何といっても人は暖かい人々の情けの中に生きることこそ、故郷とも云うべきものだとつくづく思われます。父上にしても故郷には今度は幻滅を少なからず感じられたことでしょう。

近来警報頗る頻々。ますます元気で内外の情勢に敢然対処することを祈ってやみません。寒さも段々加わって来ます。(2)今年は薪炭も一層不足で寒いことでしょう。僕も勇を鼓して更に寒気と闘うつもりでいます。――36――

十一月七日朝　　実

英子殿

(1)　岐阜市に疎開した楊子さんの生活の環境に少しく心配なことがあり、夫人が様子を見に行った。別段なこともなく、安心して夫人は十一月五日に帰京したが、面会に行く暇がないうちに十一月七日が来た(松本)。

(2)　この葉書を書いたのは、朝七時頃だったと思われる。房へ帰って間もなく、彼は呼びだされた。処刑のためである。そして八時五十一分に、絞首台で絶命した。はからずもこの葉書が彼の絶筆となった(松本)。

堀川祐鳳(弁護士)宛 (昭和十八年十二月七日付、封緘葉書)

拝啓、先日はお忙しいところをおたずね下され有難う存じました。またその節はいろいろと重要なることがらにつきお話し承り、事件のみならず小生の心構えに関してもおきかせ下され感謝に堪えません。ことにゾルゲ君と比較され小生の腹の据りが足りないのでは無いかとの第三者の批判をずばりとお伝え下さったことは、まことに省みて恥じ入るとともに、一道の清風を感ずるものでありました。恐らくは、小生のくだらなさが、外に反映するものと存ぜられます。併しながら、小生におきましても人生の本義に徹せず、或いは未だ生死の問題に懐疑しているかの如きことは断じてありません。小生の内部は昔から変らぬ情熱と誠実とをもって一貫していると確信して居ります。ただ過去の生活環境と生き方の態度によって、表面的に葉隠武士的単純さを示し得ないがために、表面的な第三者の観察の結果、本質を誤られる点が多いのではないかと存じます。決して私のため弁護をおひき受け下さった、両先生を失望せしめるようなことは無いと期して居ります。

なおその際、私の上告趣意の所謂第一点の論旨が充分分りかねるとのお話でありましたから、重ねてこれを要約して申上げます。之を要するに、私は終始、コミンテルンのために協力して来たつもりであり、また、ゾルゲその人もコミンテルンから派遣せられたものと信じて居ったものであり、コミンテルンの本質はもとより超国家的組織であり、私の政治目標もまた、常に、世界的共産、大同社会の実現を志して来たものであった。

従って私の本部への情報報告は、国防保安法の、「外国へ漏洩する目的」を以ってしたものでは決して無かったのであります。コミンテルンはソ連邦とは理論上はもとより実際も別物です。

なお以上の点について、ゾルゲは上海時代にはたしかにコミンテルンに直属して居たことと思います。（後日本に来た際にはソ連赤軍政治本部に直属したことを今度知りました。）また、小生をゾルゲに最初に紹介した鬼頭銀一なるものの調書（昭和七年頃の）にもコミンテルンと出て居ったと思います。（この調書は当時小生ひそかに調べました。）なお、また、小生に直接連絡して居た、船越、水野、河合貞吉等は、いずれも小生の理解と同じくコミンテルンの何等かの部門として理解して居たことは、恐らく彼等の調書にははっきり出て居ることと存じます。

――以上括弧内自ら抹殺――尾崎

この所謂第一点は私には充分理由のあることだと考えられますが、しかし、裁判官や小林弁護人には分ってもらえませんでした。なおよく一つ小生のために貴下もお考え下さることを伏してお願い致します。

時下寒さ毎日加わる頃となりました。御自愛のほど祈り上げます。

尾崎秀実
頓首

堀川先生台下

堀川祐鳳（弁護士）宛（昭和十八年十二月十四日午前、速達便葉書）

拝啓、寒気日増に加わります今日此の頃でありますが、御健勝のことと存じます。

さて、大審院より記録受領の通知がありましたので、電報をもって竹内先生の方へ報告いたしました。大審院第二刑事部とありました。その際十二月十一日付けといたしましたが、受領の日は十二月十日となって居りますから、起算の日はこの日から三十日以内となるのでありました、右念のため御報告いたして置きます、上告趣旨［意?］書提出のこと何分よろしくお願いいいたします。

なおさきに上申書を書きますこと家内を通じてお願い致しましたが、これは取やめにいたしたいと存じます。この期に及んでばたばたするように思われるのも本意無いことでありますし、実は後世に残して恥ずかしくないような立派な文字が書けるような自信がありませんからです、私の心境は現在此の夏の頃に比べ一層醇化され澄み切って居りますが、それは殆ど宗教的な心境とも申すべきものであります。しかしこれを文字に書き現わすことは困難でありますし、書きあらわせば実に一言にして尽きるといったような具合であります。かれこれのことあげをするのは、寧ろ少し理窟にこだわっていた前の時代の方が適当であったと考えるのであります。このことは、折角いろいろと心を尽してくれている妻等に対していささかたがうようではありますが、よく小生の意のあるところを先生よりお話し下されたいと存じます。最後に、小生は頗る元気で暮して居ります。

竹内様へもよろしくお伝え下さい。

十二月十四日

尾崎秀実

堀川祐鳳先生御案下

頓首

竹内金太郎(弁護士)宛(遺書)

拝啓
昨日はおいそがしいところを貴重な時間を割き御引見下され有難う存じました。先生のいつに変らず御元気な御様子をまことに心強く存ぜられました。さてその際先生より私身後のことについて御示唆がありましたので、遺言と申す程のことではありませんが、家内へ申伝えたい言葉を先生までお伝え致しおき、小生死後先生よりお伝え願ったらいかがなものかと、ふと心付きましたので この手紙を認めました次第でございます。実はこれらのことは家内への手紙にも書きましたのですが、どういうものか家へその書信が到着して居りません。或いは事柄があまりに強く響き過ぎますため、家内のものへ与える衝撃を慮っての検閲者の親切心のためかとも存じますが、ともかく私としても気もちよく語れる事柄でもありませんが、用件には違いありませんから申し残したいと存じます。そんなわけでありますから、どうか先生から家内へお伝えの場合も、小生の死後にお願い致し度く存じます。
一、小生屍体引取りの際は、どうせ大往生ではありませんから、死顔など見ないでほしいということ。楊子は其の場合連れて来ないこと。
一、屍体は直ちに火葬場に運ぶこと、なるべく小さな骨壺に入れ、家へ持参し神棚へでもおいて置くこと。
一、乏しい所持金のうちから墓地を買うことなど断じて無用たるべきこと。勿論葬式告別式等一切不用のこと。(要するに、私としては英子や楊子、並びに真に私を知ってくれる友人達の記憶の中に生き得ればそれで満足なので、形の上で跡をとどめることは少しも望んでおりません。)

勿論こうは申しましても、私は死後まで家人の意志を束縛しようというのではありません。寧ろ私の真意は私には何等特別の要求はありません、どうぞ御随意に皆さんで、というところなのでありますが、ただ参考までに申したというところです。将来平和な時期が来て、我が楊子が一本立ちが立派に出来てその上でお母さんと一緒にお父さんのお墓も作ってやろうということにでもなれば、その時はまた喜んでお墓の中にも入りましょう。ただ疎開だ、避難だという場合には骨壺などまで持ち歩く必要はありませんから、それこそ庭の隅にでも埋めて置いてくれて結構です。——その上に白梅の枝でも植えておいてもらえば此上ありません。

次に、これは申すまでも無いかと存じますが、英子の行動は今後自由勝手たるべきこと。私には何等特別の注文はありません。楊子の将来についてもこれまでいろいろのことを空想まじりで希望がましく述べたりしましたが、それも今は何等特別の指示は致しません。今後の諸情勢と楊子自体の希望によって決定さるべきものであり、英子と雖も単に親切な助言者以上の役割を努める以外に、自分の意思を強いても無駄であると知るべきでしょう。云うまでもありませんが、私の家を存続するとか、尾崎の名を伝えるとかいう気もありませんから、「養子」などのことは毫も特別考慮の必要ありません。只一つの希望は将来楊子が夫を持つ場合お母さんをも大事にしてくれる人を選んでほしいということです。

私が妻子に只一つ大きな声で叫びたいことは、「一切の過去を忘れよ」「過去を棄てよ」ということです。私が昔からそれとなく云いつたえ、ことに過去二年九ケ月にわたって何とかして分らせたいと考えて云ったり書いたりしたことは、ただそれだけだったのです。お金がも早頼りにならないことは事実が否応なしに教えた筈です。物と雖もやがて同様です。結局それは過去の残骸です。否それればかりでなく、過去の記憶にすら捉われてはならない時です。一切を棄て切って勇ましく奮い立つもののみ将来に向って生き得るのだということを、ほんとに腹から知ってもらいたいということです。

家内は私の行動があまりに突飛であり自分のことを思わないばかりでなく、妻子の幸福を全然念頭に置かない惨酷な行動だったと恨んでいることが手紙の中などからよくうかがわれます。無理からぬことと思います。(家内はもともと消極的な女で実につつましい片隅の家庭生活の幸福だけを私に望んでいたので、所謂私の世間的な出世や華々しい成功などは寧ろ嫌っているのでありました。) だが私には迫り来る時代の姿があまりにもはっきり見えているので、どうしても自分や家庭のことに特別な考慮を払う余裕が無かったのです。というよりもそんなことを考えたとて無駄だ、一途に時代に身を挺して生き抜くことのうちに自分もまた家族たちも大きく生かされることもあろうと真実考えたのでありました。(ここは誠に説明のむつかしいところです。結局「冷暖自知」してもらうより他はないと思います。私はこのころ、真実のことを云おうとすればする程、言葉というものが如何に不完全なものかということを感じて来ました。評論や記事などを書く場合にだけしか言葉というものは役に立たないものだと思いました。)

私の最後の言葉をも一度繰り返したい。「大きく眼を開いてこの時代を見よ」と。真に時代を洞見するならばも早人を羨む必要もなく、また我が家の不幸を嘆くにも当らないであろう、時代を見、時代の理解に徹して行ってくれることは、私の心に最も近づいてくれる所以なのだ、これこそは私に対する最大の供養であると、どうぞお伝え下さい。

この私の切なる叫びが幾分でも妻子の心にとどくならば私は以て瞑します。これ以上何の喜びがありましょう。(このこともまた私の死後機会を見て先生からよく了解の行くようにお話し下さい。今いえばただ私の身勝手に過ぎず、妻子をいたずらにつき放して一人うそぶいているように思われるおそれがありますから。)

そうはいうものの私は心から妻に対して感謝しております。そうして「心からお気の毒であったと思っている」とお伝え下さい。一徹な理想家というものと、たまたま地上で縁を結んだ不幸だとあきらめてもらう他ありません。

平野検事のお心づくしも有難う存じました。先生からどうぞよろしくお伝え下さい。なお同検事は御存知のことと存じますが、私は目下ここの所長さんの御好意によって自由な感想録を書かしていただいています。これは門外永久不出で単に所長さんにだけ読んでいただく、それも私の生前にはお目にかけないということにして御諒解を願っております。従ってそれはただ私のたのしみのために書いているようなものであります。いわば大波の来る前に砂浜の上に書いた文字のようなものであります。ただ私の態度は湖水の静かな水のようにその上を去来する白雲や、時には乱雲や鳥の影や、また樹影やらを去来のままに映し去って行きたいと思っています。世界観あり、哲学あり、宗教観あり、文芸批評あり、時評あり、慨世あり、経綸あり、論策あり、身辺雑感あり、過去の追憶あり、といった有様で、よく読んでいただけば何かの参考にはなろうかと思っております。併しもとよりそれを目的に書いているのではありません。ただこれは先生に私がこんなものを物しているということだけを知っておいていただきたいと存じたまでであります。時世のことについては最早何事も申しません。ただ小生の胸中お察し下さい。

国家のため先生の御自愛のほど祈るの念ますます切なるものがあります。

堀川先生はじめ皆様へよろしくお伝え下さい。

昭和十九年七月二十六日

尾崎秀実

頓首再拝

竹内老先生　玉案下

追白、一番暑熱の必要なこの頃、この涼しさはお米のことが心配になります。

夜明けの近きを信じつつ――序にかえて

尾崎英子

一九四一年(昭和十六年)十月十五日の朝、尾崎は検挙されました。そして一九四四年(昭和十九年)十一月七日、四十三年六ヶ月の生涯を悲劇的に閉じました。

検挙されて三週間ほど経た十一月七日に、発信の許可を得てはじめての手紙を書きました。ちょうどそれから三年目の十一月七日、「――僕も勇を鼓して更に寒気と闘うつもりでいます」と葉書を書きました。これが最後でした。この葉書を書いてから間もなく、尾崎は絞首台にのぼったのでした。この三年の間に、尾崎は私と楊子にあてて二百余通の手紙を書いています。

はじめの手紙は、検挙されてちょうど一ヶ月ほどたって家に届きました。それからおよそ十日に一度の割合で手紙は来ました。私は朝、眼が覚めますときっと尾崎の手紙の来る日を考えます。「まだ来たばかりだから、四、五日来ないでしょう」と淋しがったり、「今日あたり来るかもしれない」とひそかな期待をもって起きたりいたしました。来そうな日ですと、幾度も玄関のドアをおして郵便受をのぞいてみるのでした。検閲で不許可となって予定の日に手紙が来なくてがっかりさせられることもしばしばございました。予審の調べが終り、接見禁止が解除せられてからは、手紙は数日毎に届くようになり、拘置所の規則で許される最大限度まで尾崎は手紙を書いたようです。これらの手紙の大部分は封緘葉書で、それにペン字で細々と認められています。もともと尾崎はパーカーの太いペン先で、行間も広く大きく書くのが癖でしたが、獄中の通信はどれもこれも、書きたいことはいっぱいあるのに、書くスペースはまるでないと訴えるかのように、細字でぎっしりと書いてございます。後に封緘葉書が容易に入手出来なくなったとみえ、普通の葉書が届くようになりましたが、その葉書もたいていの手紙に劣らぬほどの内容が書きこめてありました。「私がこの頃積極的に心をこめるものとては、ただ手紙だけです。一本のきたない手紙にも今の私の真実なものがひたむきに出ていないとすれば、それは私のくだらなさのためです」［昭和十八年八月十七日付］と言ってよこしました。

一九四四年（昭和十九年）十一月七日の深更、私は尾崎が死んだという報知を受けとりました。翌八日、二人の弁護士とともに遺骸を受けとり、下落合の火葬場に運び、夕方お骨となった尾崎を祐天寺の家に抱き帰りました。二、三日後に、尾崎の最後の葉書は届きました。あたかも生きている人から来たかのように。でもそれっきり、もう一通の手紙も来なくなりました。私の前には色も何もない、まったく空虚な時間と空間とが、味気なくひろがっている思いでした。十数年の人生を結びついて来た私たちにとって、時々の二、三分の面会の時間をのぞけば、この手紙のやりとりだけが、私たちの生活をつなぐ糸であったのでしたが、この糸もふっつり切れてしまいました。

尾崎の獄中書簡には、自ら書いていますように、一貫して一つの目的がありました。私と楊子に自分の思想を理解させ、自分の行動に共感させること——それが目的でございました。尾崎はこれまで私に対する思想教育をむしろ避けて来ました。自分の思想上の立場を、はっきり知らせさえしませんでした。いざというときにそれが心配であると、松本慎一氏に語ったこともあったそうでございます。十月十五日の事件は、それゆえ私にとっては全くの不意討でございました。それまで歩んできた私の平穏な人生の路は、思いがけない混乱と恐怖のうちに、突如として断ちきられた訳でした。その混乱と恐怖の中で、尾崎の生きてきた道を通じて、今まで覗いてもみなかった人生の広がりと深さをさぐろうとしました。言ってみれば、闇路に迷う私に光となってくれたのは、冷たい鉄扉にへだてられた尾崎からの手紙でした。

このたび、尾崎や私たちに、蔭になり日向になりして深いお心づかいをして下さった幾人かのお友達の手によって、この書簡集が世に送られることになりました。この手紙は、私たちの個人的な生活の範囲で語られた言葉でしかございません。そして私の性分からいっても、人びとの前に話題を提供することは、あまり好ましいことではございません。併し、尾崎が自分の命と家庭とを捧げて生きた道、それは人類の幸福と人間性の擁護とにあったと思います。それゆえ、この手紙が尾崎の生きた道を人びとに語り、人類の福祉について何ものかを人びとに訴えるならば、尾崎の生涯は、尾崎自身が望んだように、人びとの歩みの中になお生きつづけていけると思うのでございます。

私はここで、私達の味わってきた様々な苦難を、世に愚痴めいて訴えるのを目的とするのではございません。人類の幸福のためには、どのように真剣な戦が必要であるか、そしてその苦しい戦の中にあってこそ、美しい人間性がかえって磨かれるものであるということを、尾崎の獄中の生活記録であるこの書簡集が、少しでも人びとに物語っているとすれば、尾崎も書簡集の公刊に反対ではないと存じます。それが私が皆さまのお勧めに従った理由でございます。

今、非常に大きな苦しみを通して、新しい日本が生れ出ようとしています。尾崎の志が理解され、少しでもそれに役立つならば、尾崎もどんなにか喜ぶでしょうと思います。この夜明けが近いことを信じつつ、野蛮な暗黒の中に呑みこまれ去った尾崎を思うことは堪えがたいことでございます。が、尾崎の愛した多くの人びとの手で新しい日本が創造されることによって、尾崎の願いはすべて充たされると考えております。それを思えば、私の心にもほのぼのとした明るさが射してまいります。

二百余通の手紙の中から、紙数がないため幾通かを選ぶことにしました。選択には松本慎一氏と風間道太郎氏の御意見をうかがいました。編集から装幀、出版まで、みな親しいお友達の手によってなされました。また宮本百合子さんが、お忙しいなかから文章をおよせくださいましたのも、大きなよろこびでございます。

初めの頃、手紙を親しい友達に見せますことを尾崎は知りまして、「愛情の手紙だからね」と、ちょっと躊躇の色をみせました。この書簡集が世に出たと、もし知ったなら、尾崎はきまりの悪い時にする癖、後頭部へ右手をちょっとやって、ニコッと笑ったであろうと思います。

静かなる昼、この文を書きおえて、庭の青葉に眼をやれば、亡き人の面影が彷彿としてその中に浮ぶのでございます。

一九四六年六月一日

なお、およみになる方々の便宜を考え、ところどころ註釈をつけました。政治的な註釈は私にはできかねるので、松本慎一氏にお願いしました。その分は末尾に一々松本と署名してあります。署名のないのが、私の註でございます。

尾崎秀実について

松本慎一

一

尾崎が検挙せられ、彼の犯罪事実の内容が明らかになるに及んで、当局者は犯行の動機がどこにあるか、について当惑した。尾崎自身は彼の行動が彼の信奉する共産主義にもとづくことを、明瞭に陳述した。しかし検事は必ずしもそれを信用しなかった。彼等は多年にわたる彼等の弾圧によって日本における共産主義は絶滅されたと考えていたし、そう信じたがっていた。尾崎の行動に表現されているような正統共産主義が、なお日本に残存していたことは、彼等の弾圧政策の無力を物語るものといえよう。検察当局がそのようなことを信じたくなかったのは当然である。彼等は尾崎の陳述に疑惑を抱いた。彼等は尾崎の犯行の動機を他に求めねばならぬと感じた。

当時獄中には尾崎の個人的友人が多数留置されていた。尾崎事件の関係者はもちろんであるが、他の事件で検挙されたものの中にも、尾崎と親しいものが少なくなかった。企画院事件の小沢正元、いま共産党中央委員になっている伊藤律などは、特に尾崎と親しく、尾崎の私生活にも、ある程度通じていた。検事はこれらの人物を訊問した。訊問の結果、尾崎は何らか特殊の資金を手に入れているのでなければとうてい堪え得ないような豪奢な生活をしていたということを、検事は明らかにしたかった。信念のためにではなく、金銭の誘惑のために、尾崎は国の機密を売るに至った——検事はこういう結論に達したかったのである。

だが検事の訊問の結果は、反対の方向を指した。関係者たちは尾崎が金銭のために動くような人物でないことを強調する点で、完全に一致していた。

尾崎はなるほど相当にはでな生活をしていたには違いない。彼は美食を愛した。友人知己と会食することは、特に彼の好むところであった。彼は酒を愛した。婦人のはんべる宴席も彼は嫌いではなかった。新橋、赤坂、神楽坂などで彼を見かけた人は少なくあるまい。彼はまた実に人の面倒をみた。困って彼に訴えたほどの人で、何がしかの助力を得なかったものは、恐らく例外的にしかあるまい。彼自身がまるで一文も持っていない場合が、そういう例外的な場合であったが、そういう時でさえ、彼は何とか無理をして幾らかでも恵与するのが常であった。

私が知っているだけでも、彼の援助で急場を凌いだ人物は、少なからぬ数に達する。私自身は多分その筆頭であろう。一高に入学して友人となって以来二十五年、その間私は彼の援助を受けつづけた。私はその間に三回検挙された。最初の一回は数日で釈放されたが、後の二回はかなり長期の獄中生活をした。いったい私は資産を持たず、かつて貯蓄というものを持ったことがないので、私の入獄は家族にとってはその日、その月からの生活難を意味した。私の家族はそのたびにもっぱら多くの友人の援助でどうにか生活を続けてきたのだが、なかでも尾崎には最も多く世話になった。昭和十三年から十五年にわたる拘禁生活中は、特にそうであった。当時は尾崎は収入が増大していたので、「家族はおれが引受けた、のんびりやれ」と警察にいる私にことづててよこした。私は生れつきのんきなたちだから、心配しろといわれてもそう突きつめて心配などできないのだが、それでもこのことづてがなかったら、ああものんびりと二年間を過ごすことはできなかったろう。それでいて私は特に尾崎に感謝したことはない。ある方がない方へ廻すのはあたりまえだ——私はこう考えていた。そして尾崎はこう考えさせるような仕方で、人を援助する男であった。もちろん私ほどのべつに尾崎の援助を受けつづけたものは、少ないであろう。しかし多かれ少なかれ、同様な関係にあったものは、少なくないのである。

こういう生活が多くの収入なしにはできないことはいうまでもない。検事局が尾崎の行動と金銭の特別の入手とを結びつけようとした理由の一つは、ここにあったであろう。だがこの企ては失敗に終った。関係者の取調べの結果、尾崎が金銭については実に潔癖であったことが明らかとなった。

彼の生活がかなり豪奢に見えたにせよ、それは彼の正常な収入によって営まれていたのである。朝日新聞の記者、内閣の嘱託、満鉄の高級嘱託等の職業がもたらす収入、ジャーナリストとしての彼の次第に増大する収入、それが彼の生活費、運動費の全部であった。彼が検挙されたとき、彼の夫人はいうに足らぬ貯蓄を持っていたが、それも彼の浪費癖に将来を憂えた夫人が、原稿収入一割天引を承諾させ強行した結果であることが、明らかにされた。

彼は諜報活動のためにどこかから資金を得ていたのでなく——かりに彼が運動資金を得ていたとしても、だから悪いとはいえないことはいうまでもないのだが——かえって私財を挙げて運動のために投じていたのである。さすがの検事局も、金銭のために国家の機密を売った罪を、彼に押しつけるわけにはいかなくなった。「人格的には」(これは司法当局自身が使用した特徴的な言葉である)尾崎は一点非難すべきところはなかった——司法当局もそう認めざるを得なかった。このことは当局にとっては甚だ心外なことであったらしい。昭和十七年春の「国際諜報団」に関する司法当局の発表で、尾崎が共産主義者であったことが強調され、共産主義が当局の弾圧のため壊滅し、日本人がすべて国家主義者、民族主義者となっていると思われたときに、かくの如き信念的共産主義者が残存活動していた事実に、特別の憤激が向けられているのは、興味深いことである。

二

尾崎が金銭のために国家の機密を売ったものでないこと、彼をいわゆる「スパイ」に仕立てあげようとする一部の反動的デマゴーギーは根拠がないことは、かくて、明らかであろう。

だが彼が金銭のためにではなく、その信念のゆえに、国家機密を外国人に洩したということは事実であろうか。

ある人々はこのことをも否定する。彼等は尾崎・ゾルゲ事件をもって、もっぱら近衛内閣を打倒し対米戦争を開始するための軍閥の陰謀に外ならぬと主張する。尾崎が国家機密を洩したことがあるにせよ、それは過失のためであって、彼の故意にいでたのではない。尾崎は軍閥の陰謀の憐れむべき犠牲者に過ぎない。彼は戦争を防止しようとはしていたが外国人と協力してそうしようとしていたわけではない。——これらの善良な人々はこういう風に考え、それゆえに尾崎に尊敬と同情の念とを抱いている。

彼等の見解は正しいであろうか。

決して正しくない。尾崎・ゾルゲ事件は軍閥の陰謀ではない。なるほどそれは軍閥によって利用された。それは第三次近衛内閣打倒の陰謀に巧妙に使用された。この事件の裁判はたしかに、軍閥の干渉と圧迫下に行われた。このような大事件が、あのように短期間に終結せしめられたのはそのためである。だが事件は軍閥がでっちあげた虚構なのではない。尾崎が国内の政治・経済ないし軍事上の秘密をゾルゲに通報したことは事実なのである。それも過失によるのではない。明らかに彼はそうしようと思って、そうしたのである。思わずもゾルゲと深入して、ついずるずるにそういう結果になったのでは、決してない。

尾崎は上海時代にゾルゲと知り合った。当時ゾルゲはコミンテルンの人物であった。後にゾルゲは日本に来朝したが、その時彼はナチス・ドイツの日本大使館員であった。彼はヒットラーの信頼を受け、在日ドイツ大使オットーの信任があつかったといわれる。ゾルゲは上海から帰って大阪朝日に勤務していた尾崎に連絡した。その連絡には、米国から帰国した共産主義者宮城［与徳］が当ったらしい。二人は奈良で久しぶりに会見した。

ゾルゲは彼の特殊の任務に尾崎の協力を求めた。尾崎は承諾したが、その決意をするまでに彼は深刻に懊悩した。彼はゾルゲと協力することが正しい点については、毫も疑わなかった。それこそ真に国を愛するものの行くべき途であることも、彼の少しも疑わぬところであった。だがその方向へ進んだ場合、死の危険があることは疑いがなかった。誰にしても命をかける決意が、そうたやすくできるはずはない。しかし彼を最も苦しめたのは、そのことではなかった。事実が発覚した場合、彼の愛する妻子がスパイの汚名を着せられるだろうことが、彼には何よりもの苦しみであった。多感で想像力の豊かな彼は、スパイの遺族という汚名の下に、肩身せまく世を送る我が児を想像して、身を切られるように苦悩したのである。しかしついに彼は一切を犠牲にすることを覚悟した。一切を犠牲にして、信念に殉ずることを決意した。それから数年間、彼は極めて精力的に、また極めて多面的に、政治活動を展開した。尾崎・ゾルゲ事件でその責任を問われたところの諸事実——起訴状によれば彼は六十数ケ条の犯罪事実につき訴追されている——は、彼のこのような政治活動の一部なのである。

もしそうだとすれば、尾崎は祖国を売ったのではないか？　もしそうだとすれば、われわれは彼に対して抱いている敬意と同情とを訂正しなければならないのではないか？　そう考える人もあろう。このような人たちに対して、私はいわねばならない。もしも祖国という語が帝国主義日本、軍国日本を指しているとすれば、たしかに尾崎は祖国を売ったに相違ない。そのような日本が滅ぶことを尾崎は願っていたし、そのためにこそ行動したのだから。だがもしも祖国の語が日本国民の圧倒的大部分である勤労大衆そのものを指しているとすれば、尾崎は断じて祖国を売りはしなかった。それどころか、彼は祖国を救うために、祖国の繁栄のために、彼の命を賭けて行動したのである。もしもわれわれが真の祖国を愛しているとすれば、われわれは彼がその祖国のために捧げた犠牲を深い感謝をもって受けとらねばならぬのである、と。

こんにちでも国民の中には、古い愛国主義の宣伝の悪影響から抜けきっていない人々がいる。だが過去の愛国主義の正体が何であったかは、すでに事実が明瞭に示している。日本が現在の窮境に陥ったのは、何故であるか。疑いもなく、好戦主義的軍閥官僚の愛国の宣伝に国民が欺かれ、彼等の指揮棒のままに踊らされたからである。

愛国主義は一にぎりの大資本家、大地主、軍閥、官僚の利益のために、国民大衆のためには無益かつ有害の、侵略戦争に国民を駆りたてるための、熱病的な宣伝に外ならなかったのであるが、国民の大部分はそれを看破し得なかった。

軍閥は帝国の国防は危機に陥ったがゆえに敢然蹶起する外ないと称して、満洲や支那大陸の侵略を開始した。実際は中国やソ連が外からの侵略に対し、徐々にまたは急速に、その国防を強化しつつあっただけの話で、日本が侵略を受ける心配は毛頭なかったのであるが、国民は軍閥に追随した。軍閥や官僚は日本経済は破滅の淵に瀕していると称して、大陸における強奪を開始した。日本の資本主義が窮状にあったことは事実であるが、それからの血路を戦争に求めることが、日本国民の利益に反することは、支那事変の経過を見ただけでも明らかである。この期間中に、なるほど、財閥や軍閥や、軍閥と結ぶ一部の官僚や浪人どもは、支那大陸で巨富を獲得した。アヘン成金という言葉が流行したほど、麻酔剤の密輸で儲けたものもあった。しかし国民生活は年と共に窮乏を加えたのみであった。それにもかかわらず、国民は軍閥に追随した。

軍閥はまた米英両国が東亜の禍乱を助長しているがゆえに、これを撃破しなければならぬと唱えた。実際は東亜の禍乱の元兇は日本帝国主義のほかの何ものでもなかった。だが国民は軍閥の宣伝に追随した。国民は彼等の愛する祖国をこんにちのさんたんたる苦境に陥れるための戦争に、愛国の名において、一切を捧げた。彼等は家を焼き財を失い無数の生命をも犠牲にし、それが祖国を愛する所以であると考えていた。

国民がいかに誤っていたかは、現在となっては、何人にも余りにも明瞭だが、八・一五に至るまで国民の大部分は彼等の誤りに気づきさえしなかった。一部には、むろん、帝国主義戦争反対を唱え、軍閥官僚の専制打破を叫ぶものもあったが、国民が耳を傾けたのは彼等の説ではなくて、全く反対に、軍閥官僚と彼等の飼犬であるところのもろもろの日本主義者の戦争宣伝であったのである。

このような事態にあって、真に国民の福祉を念願する真の愛国者は、何を為すべきであったか。軍閥の戦争宣伝を粉砕し、国民に彼等の真の利益を守る途を指示し、大衆行動をもって戦争を防止することが、愛国者の常道的な進路であったろう。だがその途を歩んだ一切の進歩主義者、平和主義者が投獄せられ、全日本が軍閥官僚の専制の掌中に帰した後では、かかる進路を歩むことはできなかった。専制する軍閥官僚の支配体制そのものの内部に侵入し、これを内から突きくずすか、それとも巷に隠れ、反戦主義の影響を少しでも拡大することに満足して、時機の到来を待つか――途は二つしかなかった。積極的で勇敢で有能なものだけが、その前者を選ぶことができた。尾崎は実にその最大の一人だったのである。

三

私は昨秋以来、尾崎が反戦主義者であったこと、彼が戦争防止のために命を捨てたことを、いくたびか口と筆とで主張した。私の主張は一般に受けいれられ、多くの人々が反戦主義者としての尾崎を評価しているごとくである。だが現在では私は従来の主張に止まっていることはできない。更に進んで私は彼が敗戦主義者であったことをいわなければならない。彼は単に反戦主義者、平和主義者であったのではない。彼は起ろうとする戦争に対して闘争しただけでなく、既に起っている戦争に対しても闘争した。昭和十六年六月二十三日から九月にかけて、彼は日本の対ソ戦開始を防止するのに全力を尽した。彼および彼の同志の活動がどれほど効果があったかを測定することは、現在のところ、不可能であろう。しかし、相当の効果をあげたことは確かだと私は観測する。彼および彼の同志たちは、この点で、世界史を動かしたと私は思うのである。対米戦争を防止することには、彼等は失敗した。しかしそれを延引させるのには、多少とも貢献したと私は考える。多分このような観測を裏づけるような諸事実が、今後幾年かのうちに、次第に明らかにされるであろう。

だが彼が闘ったのはこれから起ろうとする戦争に対してだけではない。既に起っている戦争――対支戦争に対しても、彼は勇敢に闘った。彼は日本の帝国主義戦争を内部から突き崩そうと試みた。彼が時の為政者や軍人たちの間に紛れこみ、支那評論家としての彼の見識と地位とを背景に、日本の対支政策に影響を与えるために展開した政治活動は、関係者たちによってさまざまに評価されている。それはしばしば矛盾し、首尾の一貫を欠き、機会主義的でさえあるように見えたであろう。

彼に失望した一部の人々は、尾崎はいつでも結論を決して述べなかったともいっている。だが実は彼は終始一貫し、首尾相応し、いつでも一つの目標に向って行動した。日本帝国主義の敗北——それが彼の目標であり、結論であった。日本帝国主義の敗北。これこそ中国の勝利であるとともに、日本国民にとっての勝利でもあった。帝国主義が日本を支配する限り、日本国民に救いはなかった。帝国主義が日本を支配する限り、中国国民の独立は夢物語に過ぎなかった。日本帝国主義を破壊することは、それゆえ、日本国民および中国国民を救うことであった。

尾崎は日本国民を愛していた。彼は中国国民にも一方ならぬ愛情を抱いていた。それは彼の家系と家庭の環境とが生みだした生き生きした感情であった。彼は楠木氏の家系に属する。事実であるかどうかは彼自身も疑っていたが、彼の家には楠木正儀以来の系図が伝えられている。中学時代までの彼はこのことを最大の誇りとしていた。彼は東京に生れたが、幼年時代に台湾に渡り、そこで中学時代を終った。このことも彼の祖国愛を育くむうえに大きな関係があったであろう。植民地に住むすべての人と同様、彼もまた遥かなる祖国への限りない思慕の情を養ったのである。

同時に彼は幼年時代から中国民族に対し特別の感情を抱いていた。彼が台湾で漢民族の間で青年時代までを過した一衣帯水の彼方には、革命しつつある中国が横たわっていた。中学の修学旅行には、彼は支那大陸に渡り、香港をも訪れた。そのうえ、漢学者である彼の父は、少年尾崎に中国民族の偉大さを説いてやまなかった。彼が後に有数の中国評論家になった素地は、かかる環境によって養われたのである。

大学時代の末期までの尾崎は、むしろ素朴な愛国主義者であった。彼の学生時代は日本における左翼運動の擡頭期で、東大内にも新人会その他の運動が起っていたが、彼はこれらの思想運動には、たとえ背を向けているほどではないまでも、ほとんど没交渉で過した。彼と私とは大学時代の後の半分を同じ家で過したが、当時の彼は、私と同様、左翼ではなかった。むしろ左翼運動は彼の国粋的な感情を傷つけるもののごとくでさえあった。

このような彼が、朝日新聞にはいって三年もたった頃には、もはや確乎たる共産主義者となっていた。その思想の推移の過程を、ここで辿っているいとまはないが、大づかみにいえば、彼が矛盾なき民族の共同体と考えていた彼の愛する祖国が、実は富と権力とを持つ一にぎりの支配階級と、彼等によって経済的窮乏と政治的無権利を強制されているところの被支配大衆とに鋭く分裂している階級社会であることを、彼は新聞記者生活を通じて感得した。祖国を愛するといっても、その対象は一体としての祖国であることはできない。

支配階級の味方となり、封建的帝国主義的日本のためにつくすか、それとも被支配階級の前衛となってその解放に身命を捧げるか、二者の一を選ぶ外はない。

尾崎は後者を選んだのである。後、朝日新聞特派員として、大革命以後反帝運動と複雑にからみあいつつ階級闘争が深刻に発展している中国にわたり、そこで全世界から流入する自由な思想に接し、中国の革命家と親交を結び、スメドレー、ゾルゲ等国際的思想運動家と相知るに及んで、彼の立場は全く決定的となった。彼は愛国主義者にして、階級主義者、国家主義者にして国際主義者となった。日本帝国主義を倒すことは、階級主義的愛国主義者、国際主義的国家主義者尾崎秀実の最大の政治目的となった。彼は敗戦主義の実践によって、この目的の達成を企てたのである。

尾崎は何をやったか。それを具体的に述べるだけの材料を私は持っていない。訴追を受けた六十余の事実も、一件書類が焼失したため、いまでは検事や裁判官や警察官の記憶または手帳に影を止めているだけであろう。彼の関係者はゾルゲ、宮城、水野等を始め、多数が刑死または獄死を遂げたので、事件の全貌に通じているものは一人もあるまい。生残って出獄してきた関係者が何かを語ることができるとしても、それは事件の一部に過ぎない。特高警察が追及し得たのも、尾崎の活動の一部であり、恐らく重要な部分はまだ全くの闇の中に隠されている。それらが明らかになるためには、国際的な協力が必要であり、そのためにはかなりの時間の経過が必要であるであろう。だが既に明らかになっていることだけからみても、尾崎がわが国階級運動史上最大の敗戦主義の実演者であったことは、疑いがない。

今日日本帝国主義はうちたおれている。それは主として連合国の武力によって打倒された。だが尾崎がそのために命を賭けた敗戦主義的活動が、日本帝国主義の打倒に大なる貢献をしていないと、誰が証言することができようか。

（一九四六・五・二三）

尾崎の獄中書簡について

松本慎一

一

一九四四年十一月七日、尾崎秀実が東京拘置所の絞首台で、四十四年の生涯を終ったとき、私は四国の故郷へ帰っていた。この年の四月五日、大審院で彼の「死刑」が確定して以来、私は東京を離れぬことにきめていた。彼はいつ処刑されるかわからず、彼がもし処刑されたら、せめては英子夫人の伴をして、遺骸引取りには立会いたいと考えたのである。ところが近々に処刑が行われそうな模様は、日とともにうすれていった。

秋になると、いまから思えば自分の希望に欺かれたのだが、当分は心配ないと判断できるような情勢となった。共犯関係の西洋人は検事上告中でまだかたがついていなかったし、犬養健氏の事件も繋争中であり、こういう場合刑の執行をしないことが慣例であった。のみならず、戦局は次第に悪化し、外交の大転換による戦争終結が、多少とも先の見える指導者たちの頭の中で、問題となりつつあった。尾崎の命を急いで奪おうというよりは、もしかすると大いに役に立つかも知れぬ時にそなえて、彼の命を温存しようという傾向が強まったように見えた。私たちがひたすらに待ち望んだそのような情勢が来たのである。

「来春までは持ちこすだろう、少なくとも当分は心配はない。」

私はこう考え、故郷にソカイさせた子供たちを見るために、東京を離れることにしたのである。

その留守に、尾崎は突然処刑された。十一月五［九?］日の深夜、東京へたどりついた私は、机の上に重ねられた幾通かの手紙の中に、一通のウナ電を見いだした。

ケフスンダ　アスヒキトル　タケノウチ

竹内弁護人がかねての約束に従って、刑の執行を知らせてくれたのだ。それにしてもケフスンダ――何という短い、しかし無限に冷酷な文字であろう。私は秋の深夜、郊外の自分の書斎で、この冷酷な文字を見つめながら、ぼうぜんと立ちつくした数刻を、生涯忘れることはできないだろう。

二

私が祐天寺の英子夫人を訪ねたのは、あくる日の夕刻であった。夫人は茶の間から出てきた。私を見ると、

「おじさん（楊ちゃんの呼び方で、彼女も私をこう呼ぶ習慣だった）、淋しくなったわ。」

そして彼女はへたへたとくずれるようにうっぷし、声をあげて泣いた。八日の夕方、夫の骨を抱いて帰ってから五十時間、彼女はたった一人、訪ねるものもなく、外出することもなく、この家で過したのであった。

後で弁護士から聞いたところでは、夫人は遺骸を引取り、骨にして持ちかえるまで、涙一すじ見せなかったそうである。落合の火葬場で、かまどをあけ、夫がひとかたまりの白い灰となってあらわれたとき、顔をそむけて目をしばたたいた――それが唯ひとつの愁嘆の表情であったという。

「なんという気丈の婦人だろう。」

竹内弁護人は感に堪えぬように、そうつけ加えた。

英子夫人の気丈さは、このころでは、一種伝説的な誇張をともなって、語られていた。七、八分は感嘆の情をもって、しかし多少は非難の気持をこめて、「あの人は烈婦ですね」などと云われていた。

「あれほどの大事件に、取りみだしたところ一つ見えぬのだから、あの人も同志だったにちがいない」――などと、夫人にとっては思いもかけぬ評判さえ、親戚や知人のあいだでは、ひそひそと語り合われる有様であった。

だが、数百万の婦人のうちでただ一人だけがであうほどの怖るべき苦難に当面して、彼女がみじんの動揺も見せず、勇気にみちて前進し得たのは、彼女の夫がいだいていた思想を彼女もいだいているためではなかった。その点では、彼女はまったく白紙であったといってよい。思想教育をやる暇が全くなかったのでね——時々尾崎は憂わしげに私にこう言ったものである。だが彼女には愛情があった。もともと激しい恋愛から始まり、二十年の共同生活のなかでできたえあげられた、何ものも妨げることのできぬ夫に対する愛情があった。そのうえ彼女には日本婦人に伝統的な、いまではしばしば古風だと考えられている、あのたしなみがあった。ひとに涙を見せまい——と、夫が検挙されたその日に決心して以来、彼女はそれを守り通してきたのだった。

だからといって、涙なしにどうしてすますことができよう。

一九四三年九月の末、尾崎は第一審で死刑の宣告をうけた。それを電話で私に伝えた彼女の声は、涙で聞えぬほどであった。すぐ来てちょうだい——そういって電話器をおいた彼女のすすりなきが、いつまでも聞える気がした。間もなく馳けつけた私を迎える彼女の顔には、涙のあとが幾すじも見られた。

そしていま私のまえにうっぷして、彼女はいつまでもすすり泣いている。やっと顔をあげて、彼女はつぶやくように言った。

「あたし、もう何にもすることがなくなったわ。」

「いや、いや、することはいっぱいある。」

と私は怒るように言った。

「楊ちゃんを育てることは別にしても、さしあたり、獄中の書簡集をだしましょう。だせるときはすぐ来るのだから、いまから整理しておかなくちゃ。それから選集をだしましょう。彼の志を天下にひろめましょう。彼が誰のために、何をやったのか、国民に知らせましょう。国民のひとりひとりが自分の志を知って同感してくれる日が来る――と彼は固く信じていた。その日をいちにちも早く来させること――それが私たちの仕事ですよ。」

尾崎が獄中から寄せた二百余通の手紙を公然出せるようになるのには、それから一年とはかからなかった。しかし、実際にそれが本になってでるまでには、敗戦後の出版印刷界の事情のため、まる二年かかった。しかし、書簡集をだすことは、この日夫人と私と相談してきめたのであった。そして出版のために書簡を整理することが、いまは拘置所通いを止めた英子夫人の仕事となったのである。

三

尾崎が短い時間にせきたてられながら、一つ一つ心をこめて書いた手紙。

私たちがひざをつき合せながら、三年間にわたり、喜んだり憂えたりして読んだ手紙。

そのなかから六十余通をえらび――その選択には同級生の風間道太郎君が協力してくれた――、一冊の書物にしてだすに当り、書名を『愛情はふる星のごとく』としたのは、実は私たちの発意ではない。

尾崎の書簡は、書物にする前に、「人民評論」と「世界評論」に、数通ずつ掲載した。そのとき、「人民評論」の編集者は題名にこの句を選んだのである。「人民評論」にのせた数通の一つには、一九四四年四月七日、死刑確定に当って、尾崎が友人たちに寄せた訣別の文章がある。彼はその生涯をかえりみて、人々の愛情につつまれて過したことを感謝し、人生にさんらんとして星のごときものは愛情であり、ことにそのなかで一等星のごとく光りかがやいているのは友情であったと述べ、「感謝、感謝、ただ感謝あるのみであります」と書いていた。「人民評論」の編集者はこの一節から、この題名を思いついたらしい。だがそれは単にこの手紙にふさわしいだけではない。獄中書簡のすべての題名としてふさわしいだけでもない。実に彼の生涯そのものの題名として、ひどく適切な感じがするのである。

尾崎は愛情にとんだ男であった。彼は多くの優れた才能をもち、私はそれらを綜合して尾崎は「偉大」と呼ぶことのできる、きわめて稀な人間の一人であったと結論しているのであるが、とりわけ「愛する能力」の点では、彼はまったく非凡な人間であった。彼は愛情に包まれて生涯を過したことを感謝して死んだが、これらの愛情は、実は彼自身のたぐい少なく清純な人間愛の反射であった。尾崎が検挙された当時、私は夫人の心構えをかためさせるつもりで、

「いまにだんだん訪ねてくれる人も少なくなるだろう。一人減り二人減り、しまいにはただ尾崎と志を同じくする人だけが見舞ってくれるという風になるだろう。それがこうい

う事件がきまってたどる経過なのだ。その覚悟をいまからしておおきなさい。」と云ったものだ。だがそうはならなかった。二年たち三年たっても、人々の家族に対する好意は少しも減らなかった。

思想的には全く反対の立場の人たちさえ、暇をつくっては見舞ってくれ、何くれとなく力添えをしてくれた。彼が死んで二年になる現在でさえ、少しも変らぬのである。——いや、いまは非常に変っている。彼の手紙が雑誌に出て以来、それから私たちが遺児の教育資金募集計画を発表して以来、遺族に対する同情は、全日本の隅々から寄せられ、いま遺族たちは国民的愛情につつまれて生活しているのである。

そして、それこそ「尾崎の人間愛」の反射に外ならない。「上は総理大臣から下は女中さんの相談相手にまでなった」——(これは或る友達のかつての批評である)——尾崎の人間愛、日本人民の解放に命を捧げる決意をするまでに発展した彼の崇高な人間愛の、収穫に外ならない。

尾崎は流星のごとくに現われ、流星のごとくに消え去った。だがそれは愛の星であった。この星のゆくところ、人々の胸には愛の灯が点ぜられた。革命は愛から起る。尾崎が数知れぬ人々の胸に点じた愛の灯が、日本民主革命の原動力とならぬことがあり得ようか。

かくして、尾崎の獄中書簡集を『愛情はふる星のごとく』と名づけることに、私は心から賛同したのである。

解題　編集と校訂を終えて

今井清一

尾崎秀実の獄中書簡を収めた尾崎秀実著、尾崎英子編註『愛情はふる星のごとく』は、敗戦から間もない一九四六(昭和二一)年九月に世界評論社から発行された。この本は広く読まれて版を重ね、ついで獄中書簡のほとんどすべてを収録した文庫版上下二冊などで刊行された。本書は最初の世界評論社版をもとに、この岩波現代文庫の一冊に収まる範囲で収録書簡を大幅に増やし、全面的に校訂し直したものである。最初の版には、英子夫人ならびに尾崎の旧制第一高等学校(以下一高)文科乙類の同級生で終生の親友だった松本慎一の手で註がつけられ、尾崎英子「夜明けの近きを信じつつ――序にかえて」と宮本百合子「人民のために捧げられた生涯」と松本慎一「尾崎秀実について」が解説として付された。やがて松本の文章は「尾崎の獄中書簡について」に代えられ、宮本の文章は除かれた。尾崎の獄中書簡とこの本の刊行の経緯については、本書に付載した英子夫人の「序にかえて」と松本の二つのあとがきにくわしい。ただ書簡数などが明示されていないので、それを補い、この新版の刊行にいたるまでの経過を簡単に見ておこう。文中敬称は省略する。

尾崎秀実は、リヒャルト・ゾルゲらの国際諜報活動に加わった容疑で、一九四一(昭和一六)年一〇月一五日に検挙され、目黒警察署で峻烈な取調べを受けたあと、西巣鴨の東京拘置所に移された。一一月七日に英子夫人に最初の手紙が出され、ちょうど三年後の一九四四(昭和一九)年一一月七日朝、処刑に呼び出される直前に書いた最後の手紙まで、尾崎の獄中書簡は二四三通にのぼる。検閲で没収されて不着のものも若干ある。

一九四五年八月に日本が連合国に降伏すると、同年末から翌年初頭にかけて続々と雑誌が創刊されたが、尾崎の獄中書簡は『世界評論』一九四六年二月創刊号と『人民評論』同年二月号とに数通ずつ掲載され、後者の題名が「愛情は降る星の如く」だった。獄中書簡の刊行は世界評論社とのあいだで進められた、松本慎一が印刷出版労連書記長として多忙になったこともあって、約束の枚数に合わせて書簡を選択するしごとは、やはり一高で同級だった風間道太郎が頼まれ、英子夫人と松本とも相談して七三通を選び、竹内弁護士宛て遺書も加えた。一九五〇年には世界評論社が解散し、翌五一年には三笠書房から獄中書簡二三九通を収めた上下二冊の三笠文庫版が出され、五三年にはその紙型を用いて青木書店から青木文庫版上下二冊で刊行された。一九七八年勁草書房発行の『尾崎秀実著作集』第四巻は全書簡二四三通を収め、堀川弁護士宛て書簡二通も加えられた。一九八五年には青木書店から上下二冊の単行本で刊行された。松本は一九四七年一一月に急逝したため、父の代から尾崎家と親しく、よく往き来した柘植秀臣が編者代表として編集の中心となり、娘の楊子と結婚した私も手伝った。

本書は、世界評論社版の獄中書簡七三通に、編者が新たに選んだ五三通を加えて一二六通を収録し、これに堀川、竹内両弁護士に宛てた三通を加えた。世界評論社版に付された松本慎一と英子夫人の註は、ほぼそのまま生かした。その後の註は、編者が検討して本文中に［　］で入れた。（　）は原文のものである。

世界評論社版の七三通は、尾崎が妻と娘にこの事件に係わった自己の行動の意味を納得させるとともに、突然収入の道を絶たれ世間から白眼視され、さらに国民全体を巻き込む戦争の重圧をもろに受ける家族に語りかけ助言する書簡と、ならびに尾崎自身が宣告された死と取り組む血みどろの苦闘とそれを乗り越えての心境と感懐、いわば尾崎の死生観を示す書簡とを二つの柱として選ばれている。

尾崎は、「今の私には内部には多くの思想と貴い経験の集積が充ちている」が、これを書き残すことは絶対に許されないから、そのまま地下へ持って去ろうと嘆きながらも（書簡89）、妻と娘に宛てた手紙を通して、友人たち、さらには広く社会になんとか語りかけようとした。本書では、こうした書簡をもう一つの柱として新たに五三通を選んだ。尾崎は家族への助言でも、インフレは急激に進むだろうが、「日本のようなよく統制の行きわたる国では、公租公課の増徴、貯金や公債の割当増加の形で進展することが特徴だ（それと闇の領域の拡大深化）。だから我が家の如く、無収入のものは一番抵抗力が無いわけだ」

と官僚統制を重視した戦争経済の見通しを忍び込ませている(書簡120)。

獄中の尾崎は手紙を書くことに心血をそそいでおり、検閲で不許可になって家族にとどかないことを危惧し、特に死刑判決が下ってからは、書簡に番号を付け、知らない間に没にされないようにした。重病で死期を宣告された正岡子規の『病牀六尺』や中江兆民の『一年有半』なども読んで、なんとか語り残そうとする思いを深めたようである。この時期には書簡の文字は極めて小さくなり、文章がぎっしり詰まってくる。獄中書簡には昭和の年号を用いるが、封緘葉書に書く行数が、昭和一八年五月一日の書簡**32**の五八行が、同年末の書簡**71**では七七行、昭和一九年の八月四日の書簡112では九四行となっている。最後の葉書は巻頭の口絵に入れた。

獄中書簡を年別に見ると、昭和一六年が五通、昭和一七年が二九通、昭和一八年が一〇九通。そして昭和一九年は処刑の日までちょうど一〇〇通である。年ごとの中扉の裏に、裁判関係の事項に関連の重要事件を加えたごく簡単な年表を付した。

巻末には、本書に収録する一二六通と獄中書簡全体との関係が判るよう、「獄中書簡一覧」を入れた。世界評論社版の七三通や、青木書店版にない四通、また官製葉書を用いたものも判るようにした。

最初の世界評論社版も、収録書簡を増やした三笠文庫版も、敗戦から間もない混乱期の出版で、何かと不足がちのなか、友人たちの協力も得て筆写や整理が進められた。しかも書簡の内容は家族と日常生活のことから社会経済や宗教、さらには日本と中国の歴史など、諸事万般にわたっている。こうした仕事の困難さを考慮すると、かなりよく校訂されてはいるが、若干の誤りや不備もあった。その後、誤りはかなり訂正されたが、ちょっとした写し違いや脱落はわりと残った。とくに禅に関するところは、編者が読みこなせなかった誤りがそのままになっていた。またこれまでの版は、読みやすさを考慮して、原文の簡単な漢字は仮名に改め、漢字も標準的なものに統一する書き換えが行なわれ、原文の持ち味が変って感じられる点もある。世界評論社版は旧字体、旧仮名遣い、三笠文庫版以降は新字体、新仮名遣いである。

この新版の校訂では、書簡の現物に当たって文章を全面的に点検した。上記の点をふくめて誤りはもちろん、写し違いや脱落などにも気をつけて訂正した。文章は新字体、新仮名遣いに直したが、尾崎の意図や文章の持ち味を生かすように、原文の文字遣いや日付の書き方などはできるだけ尊重する方針をとった。日付は外側の差出人の横にも年月日で書かれているが、本文の末尾の日付をとった。尾崎の書きぐせも、すぐ読めるものはそのまとし、読みにくいものだけを直した。最初と後とで文字遣いなどが変っている場合も、統一せずに元のままとした。「支那」もそのままとした。書名のカギは不統一だったが、編者がカギを補い、著訳者名などを付した。書簡中に出てくる書物は当時出版されたものが多く、当時大学生だった私にもかなり心当たりがあるが、禅の知識はなく、俄か勉強なので、不充分な点もありそうである。

以上で編集と校訂についての説明を終えるが、その過程で気づいたことを、本の批評を中心に述べておこう。

いうまでもなく当時の獄中から書簡で自己の意思を伝えるには、多大の困難があった。尾崎は差し入れられた『ネール自叙伝』について、実にすばらしいもので、こんな面白い本を読んだことはありません、とほめ、「この自伝は獄中で書かれたものです。……執筆の出来る印度の(それは欧米型によるもの)監獄は羨ましいですね」と暗に日本の刑務所を批判する。そして「しかしこうして手紙が書け本は読める現在の日本の刑務所も、封建時代のそれを思いあわせればどれ程有難いことかわかりません」とみずから慰める(書簡**48**)。

獄中で本が読め手紙が書けるとはいっても、検閲による厳しい制限があった。尾崎が頼んだ本は、英子夫人の努力と友人たちの協力で本人も驚くほどよく差し入れられていたが、それらがすべて検閲を通って「舎下げ」され、尾崎の手元に届くとは限らなかった。『ネール自叙伝』も、同じジャワハルラル・ネールの『娘インディラへの手紙』(現在の訳書名は『父が子に語る世界歴史』)も、下巻は不許可だった(書簡**98**・**99**)。

所内では、新聞は読めず、差入れの『週刊朝日』『サンデー毎日』(のち『週刊毎日』)などの週刊誌に頼るしかなかった。情報局編集の『週報』と講談社の『現代』だけは購入できたようだ。ラジオは教誨放送があり、戦況ニュースなどは案外早く知ることができた。

手紙も、主に本人の近況や思いと、妻と娘への助言や獄中生活に必要な用事を伝えることなどに限られ、少しでもさしさわりがあると検閲で抹消され、時には手紙そのものが没収された。所内の状況を知らせることは、厳しく禁止された。尾崎は、獄中では食べることと本を読むことが生活の全部だが、食事は「中の生活を書くと削られるおそれがあるので書きません。従って多くの本のことを語ることになるのです」(書簡**70**)と書いている。手紙の書き方にも工夫が必要だった。内外情勢や学問的なことは、差入れの本や官本を読んだ感想として書くとか、妻や娘に教えるという形で書かれている。手紙に本の感想を書き、その本が宅下げになって家族らが読むと、限られた手紙の内容が広がる。

獄中書簡はシーボルト事件に幾度もふれ、「当時の国防保安法違反」ともしている(書簡**42**・**44**・**118**)。この事件では、日本にオランダ医学を普及させたシーボルトが一八二八(文政一一)年帰国の際に高橋作左衛門景保から贈られた禁制の日本地図などが発見され、高橋らは重刑、シーボルトは日本追放となった。だが『シーボルト江戸参府紀行』を訳出した呉秀三は、彼が日本研究に成果をあげ、やがて学界・政界に活躍する門下生を輩出し、日本の開国にもオランダで尽力したことを序に記し、『クルウゼンシュテルン日本紀行』(書簡**42**)の訳者で尾崎の友人でもある羽仁五郎は、高橋もシーボルトからオランダ海外領土全図やこの本を譲り受け、すぐに青地林宗に翻訳させ高橋自ら校訂したことをあげ、研究の相互交流を強調する。

尾崎の判決と量刑については、横浜弁護士会国家秘密等情報問題対策委員会『ゾルゲ事件判決を読む』(一九九七年)が詳細に検討している。そこでは国防保安法が、国家機密を探知または収集して外国に漏泄または公にする者に対して、死刑を含む当時としても異常な重刑を規定していたことや、機密とはいえない多数の事実を分析、評価、総合して結論を出した場合も「収集」とされたことが指摘されている。

死刑判決の後、尾崎は「僕の裁判(特に求刑)当時の心構え……は少し呑気すぎてやや甘くなっていたようです。だがそれについては全然理由が無かったともいわれないと思います。(今説明は致しませんが。)」と書き、「しかし最後に決定したものは「政治性」だったのです」と述べる(書簡**66**)。謎めいた興味ある発言であるが、まだ究明されてはいないようである。

尾崎は国際情勢の動向につよい関心をもっており、親友の松本慎一がつぎつぎと出版した国際経済やインド・中国関係の著訳書を入手するたびに、丹念に目を通して批評した。一九四四(昭和一九)年一月に、日本国際問題調査会編『世界年鑑』昭和一八年版、一五〇〇頁の大冊の差入れを受けると、尾崎はこの大事業の継続に感激し、「最初の世界状勢の概観は流石に堂々たるものです」と絶賛する(書簡**73**)。序編「世界政治の展望」は松本の執筆で、松本は註で最初の二五頁が削除になり、年鑑の発行中止に至ったと述べているが、差入れ本は削除されていない。後にそこが問題にされたことを削除と考えたのであろう。

この序編では、戦争は、枢軸国の膨大な戦争準備の蓄積と、ソ連を除く反枢軸諸国の著しい準備不足ないし無準備をもって開始された。枢軸国が緒戦で電撃的に巨大な戦果を収めえた最大の理由はこの点にあったが、英米両国は打撃を受けながらも、無際限ともいうべき潜在戦力を現実化する時間の余裕を得た。一九四二(昭和一七)年の夏には現実化された反枢軸国の戦力が前線に登場し、枢軸軍は攻勢から防御に、反枢軸軍は防御から反攻に転じた。その要となったのは、とりわけ米国とソ連における武器生産の躍進で、やがてフランスの分裂、イタリアの屈服、また他方で米英ソ対立の発展など、世界政局の変化が惹き起こされたとする。尾崎が編集した満鉄東京支社調査室発行『東京時事資料月報』も、こうした角度から第二次世界大戦の前途を展望していた。まさに我が意を得たのであろう。

尾崎は一九四二年四月一四日の第二七回検事訊問調書でも、日本は南方作戦で英米の海軍力を制圧し英米蘭の要地を占拠して約半年後には有利な地歩を占めるであろうが、その間英米の頑強な抵抗や日本本土への空襲も受け、その後には日本に不利な諸情勢が発展し始めるのではないかと陳述した(『ゾルゲ事件 上申書』岩波現代文庫、二〇〇三年、二一五頁)。まさにその四日後に米空母発進のドウリットル航空隊が日本の諸都市を空襲し、六月五日のミッドウェー海戦では日本海軍は最初の大敗を喫した。

獄中書簡でも「日本の大東亜建設の理想」を謳歌し「英米と戦いかつこれに勝つことは現世紀の日本の課題でした」としながらも、「英米との戦いは大方の日本人が考えているよりは遥かに困難です」と切り返している(書簡25)。『世界年鑑』の書評でも、東亜の一体化は重要だが、その目的は東亜の自主性の確立にあるので、あらゆる外国勢力の排除ではない、東亜はあくまで世界の一環なので、孤立化は願わしくない、この頃の議論には英米勢力の排撃について多少行き過ぎがあるとする(書簡73)。相手の主張をいったん受け入れた上で、これを切り返すのが、尾崎の論法である。

尾崎は、一九四三(昭和一八)年の夏休みには「きっと今に日本が英米を支配する日が来るでしょう。そうしたら尚のこと英語は必要となるわけです」と娘に英語の勉強を勧めた(昭18・7・29書簡)。そして翌四四年五月の自らの誕生日の後には、「戦後世界はたしかに一層狭くなると思っています。そのわけは、第一に戦争を通じて技術や交通が急速に進むこと、第二に植民地の国々が擡頭して来(これは東亜で現に日本もそれを第一の使命としてかかげています)、それらの国々が世界の舞台で国際関係を緊密化する役割をつとめるでしょう。第三は喧嘩した後で仲よくしようとするのは自然な勢いだからです」(書簡88)。こう戦後を展望して外国語の習得を勧める。

同じ一九四四年五月には、やがて大陸打通作戦となる日本軍の河南進撃に注目し(書簡89)、六月八日には、欧州の第二戦線の成り行きに深い関心をもって注視していますと書き、続けて書いた八行を自ら抹消している(書簡96)。連合軍のノルマンディー上陸は六月六日だから、ニュースへの反応は極めて早い。

一〇月には、いよいよこれからがたいへんだ、欧州での戦争が一段落した後に本当に英米対日本の世紀の大決戦がおこなわれるのだ、今までは戦争の準備にすぎないとする（書簡122）。尾崎は世界的スケールで戦争を考えている。この時期から米軍の進撃が急ピッチになり、戦争がいよいよ本格的な段階に入るとする。一一月一日にはマリアナ基地のB29が東京を初偵察し、「警報頻る頻々」の一一月七日に尾崎は処刑を迎える。

鶴見俊輔は「翼賛運動の設計者」（思想の科学研究会編『共同研究・転向』中巻、平凡社、一九六〇年）のなかで、尾崎の人柄と行動様式に立ち入って、この獄中書簡に行き届いた理解を示している。尾崎の立場は柔の哲学のなかに移し植えられたマルクス主義で、遠い政治目標ではコミュニストであるが、戦争の拡大に歯止めをかけ、軍部を抑える国民再組織を図ろうとするなど、時々の課題を多面的にとらえ、さまざまな人たちと柔軟に結びつくことを可能にしたとする。手紙にめだつ、人生を楽しむ快楽主義や、刹那刹那を力の限り生きようとする禅への宗教的回心がもつ意味にもふれている。

禅に関連して尾崎は面白い発見もしている。本居宣長が『玉勝間』で、北条時頼が臨終の偈で「葉鏡高懸、三十二年、一槌打破、大道坦然」と述べたのを小賢しいことだと批判したのを、尾崎はもっともだとするが（昭18・11・30書簡）、その後、南天棒の禅話では最初が「業鏡」となっており、こちらの方が正しそうで、『玉勝間』岩波本の誤植だろうとする（書簡103）。だが岩波文庫の『玉勝間』は今も「葉鏡」である。これは『玉勝間』の文化版本の通りであるが、さかのぼって『吾妻鏡』を検討すると、寛永版本は「葉鏡」で、別の版本は「業鏡」となっている。業鏡は「衆生の善悪の業を照らす地獄の鏡」(諸橋轍次『大漢和辞典』)で、時頼の偈としては、尾崎のいうように「業鏡」のほうが正しいのだろう。

尾崎の出生は、戸籍上では一九〇一(明治三四)年五月一日である。実際はその二日前の四月二九日だったが、皇太子の第一皇子、のちの昭和天皇と同日の生まれだったため、それを憚って届出を二日遅らせたといわれる。尾崎は誕生日からして、大日本帝国の頂点に立つ昭和天皇の誕生日と、世界の労働者が手を結ぶ祭典で日本では一九三六年以降は禁圧されるメーデーという二つの対抗するシンボルに結びつけられていた。尾崎はこれを気にしていたようで、このことに幾度もふれている(書簡**32**・**66**・**85**)。妻や松本の要望に押されて一九四四年二月末に出した第二の上申書では、珍しくも同じ日に生まれたので陛下のお役にたちたいと述べるが(前掲『ゾルゲ事件　上申書』一五六頁)、やがて迎える最後の誕生日には、すばらしいお天気でさわやかな風の流れる五月一日の「よき日に生れた僕は幸でした」と書く(書簡**87**)。

その後、尾崎は村上知行の『北京の歴史』を宅下げする際に、読み残してしまったので、すぐもう一度入れてほしい、と注文する(書簡**111**)。村上は尾崎とは対照的に、市井で独学し中国小説の翻訳で知られているが、尾崎は村上の中国と中国人を語る文章をとりわけ楽しみに読み、幾冊も差入れを頼んでいる。検挙直前に書いた最後のコラム「北京興亡史の教訓」(『都新聞』一九四一・一〇・五)でも、この本にふれて亡国の劇的な瞬間を論じた(『尾崎秀実著作集』第五巻、一九七九年、二二九頁)。機会があったら北京を訪ねるよう娘に勧めた時も、「私のかねて尊敬している中江丑吉先生」も「懐しい友人の村上知行君」も住んでおいでです、と述べている(書簡107)。

この本には耶律楚材と文天祥のことも出てくる。元の中国統一に当たって、ジンギスカン(太祖)は金を亡ぼして、金の遺臣で捕虜となった耶律楚材を起用して宰相とし、秩序ある統治体制を作らせた。ついで忽必烈《フビライ》(世祖)は南宋を攻略すると、宋の遺臣で捕えられた文天祥を起用して江南統治に役立てようとしたが、文はこれに応ぜず土牢の中で三年を送り、忽必烈の最後の誘いも拒絶して刑死した。尾崎は、耶律楚材が降ったのは文化を救うためで、彼は東洋史上最大最高の政治家であろうと評価する。だがやはり文天祥の生き方がすっきりしていていい、文天祥の「正気歌」をあらためて誦してみると、なんともいえない共感を覚える、これは藤田東湖の「正気歌」とはちがうとする(書簡111)。藤田東湖のそれは、天地正大気は粋然として神州に集まるとし、固有の伝統的な価値への忠誠と献身を謳いあげる。文天祥の正気は、雑然として万象を流れめぐる、特定の王朝や国家を超越した普遍的な価値で、艱難の時期には節操の士を呼び起こし、土牢でも奮い立たせる。

尾崎は、体制に働きかける政治的な改革に志を寄せながらも、国家を超えて世界情勢を動かそうと、死を賭ける情報活動に加わった。帝国主義と戦うアジアの革命を主導し、反戦・反ファシズムを呼びかけるコミンテルンに、艱難な時期での「正気」の発現を見て、それへの協力(堀川弁護士宛て書簡)に殉じる自己の運命に挽歌を奏でたように思える。

校訂と解題に当たっては多くの方がたから、ご教示をいただいた。一々お名前は挙げないが、謝意を表する。

本書は、岩波現代文庫のために新たに編集された。「夜明けの近きを信じつつ」「尾崎秀実について」は『愛情はふる星のごとく』(世界評論社、一九四六年九月五日第一刷)より、「尾崎の獄中書簡について」は同書の一九五〇年二月一〇日第一三刷より収録した。

編集付記

一、漢字は新字体に、仮名遣いは現代仮名遣いに改めた。

一、尾崎の意図、文章の持ち味をなるべく生かすよう、原文を尊重し、字句の統一は最小限度にとどめ、文字遣いは明らかな誤用のみを正した。

一、世界評論社版以降の松本慎一(松本)、尾崎英子(署名なし)の注はそのまま生かした。今回の編者注は本文中に〔　〕で活字を小さくして入れた。

一、編集にあたって、『愛情はふる星のごとく』(世界評論社、一九四六年刊)、『尾崎秀実著作集(第四巻)』(勁草書房、一九七八年刊)、『愛情はふる星のごとく(上下)』(青木書店、一九八五年刊)を参照した。

一、現在の観点からすると差別等にかかわる不適当な語句があるが、原文の時代性、資料性を考慮し、そのままとした。

獄中書簡一覧

㋩ハガキ
＊世界評論社版所収のもの
＃青木書店版にないもの

	発信年月日	本書収録書簡番号
昭和16年		
1	11月 7日	**1***
2	11月18日	**2***
3	12月 1日	**3***
4	12月12日㋩	
5	12月23日	**4**
昭和17年		
6	1月19日㋩	
7	1月30日㋩	**5**
8	2月13日㋩	**6***
9	2月26日㋩	
10	3月10日㋩	
11	3月19日㋩	
12	3月30日㋩	**7***
13	4月 9日㋩	
14	4月21日㋩	**8**
15	5月23日㋩	**9**
16	6月 2日㋩	**10***
17	6月13日㋩	
18	6月23日㋩	
19	7月 4日㋩	**11***
20	7月14日㋩	
21	7月25日㋩	
22	8月 7日㋩	
23	8月18日㋩	
24	8月29日㋩	**12***
25	9月 8日㋩	**13***
26	9月19日	**14***
27	9月30日㋩	
28	10月14日	**15***
29	11月 2日	**16***
30	11月12日	
31	11月25日	**17***
32＃	12月 7日	**18**
33	12月18日	**19***
34	12月26日	**20**
昭和18年		
35	1月 4日	**21***
36	1月12日	
37	1月16日	
38	1月21日	**22***
39	1月26日	
40	1月30日	
41	2月 1日	
42	2月 4日	
43	2月12日	
44	2月15日	
45	2月19日	

46	2月26日	
47	3月 1日	23*
48	3月 5日	24*
49	3月 8日	25
50	3月10日	26
51	3月13日	27*
52	3月15日	28*
53	3月19日	
54	3月24日	29*
55	3月29日	30*
56	3月31日	
57	4月 2日	
58	4月 8日	31*
59	4月10日	
60	4月12日	
61	4月15日	
62	4月17日	
63	4月22日	
64	5月 1日	32*
65	5月 3日	
66	5月 6日	
67	5月 8日	
68	5月11日	
69	5月15日	
70	5月17日㊇	
71	5月25日	33
72	5月29日	
73	6月 1日	34*
74	6月 5日	35*
75	6月10日	36*
76	6月15日	37*
77	6月17日	38
78	6月19日	
79	6月24日	
80	6月29日	
81	7月 1日	
82	7月 3日	
83	7月 6日	39*
84	7月 8日	
85	7月10日	40*
86	7月13日	
87	7月15日	
88	7月17日	
89	7月20日	41*
90	7月22日	42
91	7月24日	
92	7月27日	
93	7月29日	
94	7月31日	
95	8月 5日	43
96	8月 7日	
97	8月10日	
98	8月15日	
99	8月17日	44
100	8月19日	
101	8月21日	45*
102	8月24日	
103	8月26日	
104	8月28日	
105	8月31日	46
106	9月 4日	47*
107	9月 7日	48

108	9月 9日	
109	9月 11日	**49***
110	9月 14日	**50**
111	9月 27日	**51***
112	10月 1日	**52***
113	10月 4日	**53***
114	10月 6日	**54**
115	10月 8日	**55***
116♯	10月 11日	**56**
117	10月 13日	**57***
118	10月 15日	**58***
119	10月 23日	**59***
120	10月 26日	**60**
121	10月 28日	**61***
122	10月 30日	
123	11月 2日	**62**
124	11月 5日	
125	11月 8日	**63**
126	11月 10日	**64**
127	11月 12日	**65***
128	11月 15日	**66**
129	11月 17日	
130	11月 19日	
131	11月 22日	
132	11月 25日	
133	11月 27日	
134	11月 30日	
135	12月 2日	**67***
136	12月 4日	**68**
137	12月 8日	
138	12月 11日㊇	
139	12月 16日	
140	12月 18日	**69***
141	12月 21日	**70***
142	12月 23日	
143	12月 29日	**71**

昭和19年

144	1月 6日	**72**
145	1月 8日	
146	1月 13日	**73***
147	1月 15日	
148	1月 20日	**74***
149	1月 22日	
150	1月 27日	**75**
151	2月 1日	
152	2月 5日	
153	2月 8日	
154	2月 21日	
155	2月 25日㊇	
156	2月 28日	**76**
157	3月 6日	
158	3月 10日	**77***
159	3月 13日	
160	3月 17日	
161	3月 20日	
162	3月 23日	**78***
163	3月 25日㊇	
164	3月 28日㊇	
165	3月 30日	**79***
166	4月 5日	**80***
167	4月 7日	**81***

168	4月12日	**82***
169	4月14日	**83***
170	4月21日	**84***
171	4月24日	**85***
172	4月26日	**86**
173	5月1日	**87**
174	5月3日	**88***
175	5月5日	
176	5月8日	
177	5月10日	**89***
178	5月12日	
179	5月15日	**90**
180#	5月15日㊇	
181	5月17日	
182	5月22日	**91***
183	5月26日	**92**
184	5月31日	**93***
185	6月2日	**94**
186	6月5日	
187	6月7日	**95**
188	6月8日㊇	
189	6月8日	**96**
190	6月14日	**97**
191	6月16日	**98**
192	6月19日	**99**
193	6月21日	**100***
194	6月28日	**101**
195	6月30日	**102**
196	7月3日	
197	7月5日	**103**
198	7月7日	**104**
199	7月10日	**105**
200	7月12日	**106***
201	7月14日	**107**
202	7月17日	**108***
203	7月21日	
204	7月24日	**109***
205	7月28日	**110**
206	7月31日	**111**
207	8月2日	
208	8月4日	**112**
209	8月7日㊇	
210	8月11日㊇	
211	8月14日㊇	**113**
212	8月16日㊇	
213	8月18日㊇	
214	8月21日㊇	
215	8月23日㊇	**114***
216	8月25日㊇	**115***
217	8月28日㊇	
218	8月30日㊇	**116**
219	9月1日㊇	**117**
220	9月4日㊇	**118**
221	9月6日㊇	
222	9月8日㊇	**119**
223	9月11日㊇	
224	9月13日㊇	
225	9月15日㊇	**120***
226	9月18日㊇	
227	9月20日㊇	
228	9月22日㊇	
229	9月28日㊇	

230	9月30日㋩	
231	10月 3日㋩	**121**
232	10月 5日㋩	
233	10月 7日	**122***
234	10月10日㋩	
235#	10月12日	
236	10月17, 18日	**123***
237	10月20日	**124***
238	10月25日㋩	
239	10月27日	**125***
240	10月30日㋩	
241	11月 1日㋩	
242	11月 4日㋩	
243	11月 7日㋩	**126***

新編 愛情はふる星のごとく

2003年 4月16日 第1刷発行
2020年12月 4日 第4刷発行

著 者 尾崎秀実《おざきほつみ》

編 者 今井清一《いまいせいいち》

発行者 岡本 厚

発行所 株式会社 岩波書店
〒101-8002 東京都千代田区一ツ橋2-5-5

案内 03-5210-4000 営業部 03-5210-4111
https://www.iwanami.co.jp/

印刷・精興社 製本・中永製本

ISBN 4-00-603076-2 Printed in Japan

岩波現代文庫創刊二〇年に際して

　二一世紀が始まってからすでに二〇年が経とうとしています。この間のグローバル化の急激な進行は世界のあり方を大きく変えました。世界規模で経済や情報の結びつきが強まるとともに、国境を越えた人の移動は日常の光景となり、今やどこに住んでいても、私たちの暮らしは世界中の様々な出来事と無関係ではいられません。しかし、グローバル化の中で否応なくもたらされる「他者」との出会いや交流は、新たな文化や価値観だけではなく、摩擦や衝突、そしてしばしば憎悪までをも生み出しています。グローバル化にともなう副作用は、その恩恵を遥かにこえていると言わざるを得ません。

　今私たちに求められているのは、国内、国外にかかわらず、異なる歴史や経験、文化を持つ「他者」と向き合い、よりよい関係を結び直してゆくための想像力、構想力ではないでしょうか。

　新世紀の到来を目前にした二〇〇〇年一月に創刊された岩波現代文庫は、この二〇年を通して、哲学や歴史、経済、自然科学から、小説やエッセイ、ルポルタージュにいたるまで幅広いジャンルの書目を刊行してきました。一〇〇〇点を超える書目には、人類が直面してきた様々な課題と、試行錯誤の営みが刻まれています。読書を通した過去の「他者」との出会いから得られる知識や経験は、私たちがよりよい社会を作り上げてゆくために大きな示唆を与えてくれるはずです。

　一冊の本が世界を変える大きな力を持つことを信じ、岩波現代文庫はこれからもさらなるラインナップの充実をめざしてゆきます。

（二〇二〇年一月）

岩波現代文庫［社会］

S276
ひとり起つ
―私の会った反骨の人―
鎌田 慧

組織や権力にこびずに自らの道を疾走し続けた著名人二二人の挑戦。灰谷健次郎、家永三郎、戸村一作、高木仁三郎、斎藤茂男他、今も傑出した存在感を放つ人々との対話。

S277
民意のつくられかた
斎藤貴男

原発への支持や、道路建設、五輪招致など、国策・政策の遂行にむけ、いかに世論が誘導・操作されるかを浮彫りにした衝撃のルポ。

S278
インドネシア・スンダ世界に暮らす
村井吉敬

激変していく直前の西ジャワ地方に生きる市井の人々の息遣いが濃厚に伝わる希有な現地調査と観察記録。一九七八年の初々しい著者デビュー作。〈解説〉後藤乾一

S279
老いの空白
鷲田清一

〈老い〉はほんとうに「問題」なのか？ 身近な問題を哲学的に論じてきた第一線の哲学者が、超高齢化という現代社会の難問に挑む。

S280
チェンジング・ブルー
―気候変動の謎に迫る―
大河内直彦

地球の気候はこれからどう変わるのか。謎の解明にいどむ科学者たちのドラマをスリリングに描く。講談社科学出版賞受賞作。〈解説〉成毛 眞

岩波現代文庫[社会]

S281
ゆびさきの宇宙
福島智・盲ろうを生きて
生井久美子
盲ろう者として幾多のバリアを突破してきた東大教授・福島智の生き方に魅せられたジャーナリストが密着、その軌跡と思想を語る。

S282
釜ケ崎と福音
―神は貧しく小さくされた者と共に―
本田哲郎
神の選びは社会的に貧しく小さくされた者の中にこそある！　釜ケ崎の労働者たちと共に二十年を過ごした神父の、実体験に基づく独自の聖書解釈。

S283
考古学で現代を見る
田中琢
新発掘で本当は何が「わかった」といえるか？　考古学とナショナリズムとの危うい関係とは？　発掘の楽しさと現代とのかかわりを語るエッセイ集。〈解説〉広瀬和雄

S284
家事の政治学
柏木博
急速に規格化・商品化が進む近代社会の軌跡と重なる「家事労働からの解放」の夢。家庭という空間と国家、性差、貧富などとの関わりを浮き彫りにする社会論。

S285
河合隼雄の読書人生
―深層意識への道―
河合隼雄
臨床心理学のパイオニアの人生に影響をおぼした本とは？　読書を通して著者が自らの人生を振り返る、自伝でもある読書ガイド。〈解説〉河合俊雄

2020.11

S286
平和は「退屈」ですか
―元ひめゆり学徒と若者たちの五〇〇日―
下嶋哲朗
沖縄戦の体験を、高校生と大学生が語り継ぐプロジェクトの試行錯誤の日々を描く。社会人となった若者たちに改めて取材した新稿を付す。

S287
野口体操入門
―からだからのメッセージ―
羽鳥操
「人間のからだの主体は脳でなく、体液である」という身体哲学をもとに生まれた野口体操。その理論と実践方法を多数の写真で解説。

S288
日本海軍はなぜ過ったか
―海軍反省会四〇〇時間の証言より―
澤地久枝
半藤一利
戸髙一成
勝算もなく、戦争へ突き進んでいったのはなぜか。「勢いに流されて――」。いま明かされる海軍トップエリートたちの生の声。肉声の証言がもたらした衝撃をめぐる白熱の議論。

S289-290
アジア・太平洋戦争史(上・下)
―同時代人はどう見ていたか―
山中恒
いったい何が自分を軍国少年に育て上げたのか。三〇年来の疑問を抱いて、戦時下の出版物を渉猟し書き下ろした、あの戦争の通史。

S291
戦下のレシピ
―太平洋戦争下の食を知る―
斎藤美奈子
十五年戦争下の婦人雑誌に掲載された料理記事を通して、銃後の暮らしや戦争について知るための「読めて使える」ガイドブック。文庫版では占領期の食糧事情について付記した。

2020. 11

S292
食べかた上手だった日本人
—よみがえる昭和モダン時代の知恵—
魚柄仁之助

八〇年前の日本にあった、モダン食生活のユートピア。食料クライシスを生き抜くための知恵と技術を、大量の資料を駆使して復元!

S293
新版 報復ではなく和解を
—ヒロシマから世界へ—
秋葉忠利

長年、被爆者のメッセージを伝え、平和活動を続けてきた秋葉忠利氏の講演録。好評を博した旧版に三・一一以後の講演三本を加えた。

S294
新島襄
和田洋一

キリスト教を深く理解することで、日本の近代思想に大きな影響を与えた宗教家・教育家、新島襄の生涯と思想を理解するための最良の評伝。〈解説〉佐藤 優

S295
戦争は女の顔をしていない
スヴェトラーナ・アレクシエーヴィチ
三浦みどり訳

ソ連では第二次世界大戦で百万人をこえる女性が従軍した。その五百人以上にインタビューした、ノーベル文学賞作家のデビュー作にして主著。〈解説〉澤地久枝

S296
ボタン穴から見た戦争
—白ロシアの子供たちの証言—
スヴェトラーナ・アレクシエーヴィチ
三浦みどり訳

一九四一年にソ連白ロシアで十五歳以下の子供だった人たちに、約四十年後、戦争の記憶がどう刻まれているかをインタビューした戦争証言集。〈解説〉沼野充義

2020.11

S297
フードバンクという挑戦
―貧困と飽食のあいだで―
大原悦子

食べられるのに捨てられてゆく大量の食品。一方に、空腹に苦しむ人びと。両者をつなぐフードバンクの活動の、これまでとこれからを見つめる。

S298
いのちの旅
「水俣学」への軌跡
原田正純

水俣病公式確認から六〇年。人類の負の遺産「水俣」を将来に活かすべく水俣学を提唱した著者が、様々な出会いの中に見出した希望の原点とは。〈解説〉花田昌宣

S299
紙の建築　行動する
―建築家は社会のために何ができるか―
坂　茂

地震や水害が起きるたび、世界中の被災者のもとへ駆けつける建築家が、命を守る建築の誕生とその人道的な実践を語る。カラー写真多数。

S300
犬、そして猫が生きる力をくれた
―介助犬と人びとの新しい物語―
大塚敦子

保護された犬を受刑者が介助犬に育てるという米国での画期的な試みが始まって三〇年。保護猫が刑務所で受刑者と暮らし始めたこと、元受刑者のその後も活写する。

S301
沖縄　若夏の記憶
大石芳野

戦争や基地の悲劇を背負いながらも、豊かな風土に寄り添い独自の文化を育んできた沖縄。その魅力を撮りつづけてきた著者の、珠玉のフォトエッセイ。カラー写真多数。

S302
機会不平等
斎藤貴男

機会すら平等に与えられない〝新たな階級社会の現出〟を粘り強い取材で明らかにした衝撃の著作。最新事情をめぐる新章と、森永卓郎氏との対談を増補。

S303
私の沖縄現代史
—米軍支配時代を日本〈ヤマト〉で生きて—
新崎盛暉

敗戦から返還に至るまでの沖縄と日本の激動の同時代史を、自らの歩みと重ねて描く。日本〈ヤマト〉で「沖縄を生きた」半生の回顧録。岩波現代文庫オリジナル版。

S304
私の生きた証はどこにあるのか
—大人のための人生論—
H.S.クシュナー
松宮克昌訳

私の人生にはどんな意味があったのか？ 人生の後半を迎え、空虚感に襲われる人々に旧約聖書の言葉などを引用し、悩みの解決法を提示。岩波現代文庫オリジナル版。

S305
戦後日本のジャズ文化
—映画・文学・アングラ—
マイク・モラスキー

占領軍とともに入ってきたジャズは、アメリカそのものだった！ 映画、文学作品等の中のジャズを通して、戦後日本社会を読み解く。

S306
村山富市回顧録
薬師寺克行編

戦後五五年体制の一翼を担っていた日本社会党は、その誕生から常に抗争を内部にはらんでいた。その最後に立ち会った元首相が見たものは。

S307
大逆事件
—死と生の群像—
田中伸尚

天皇制国家が生み出した最大の思想弾圧「大逆事件」。巻き込まれた人々の死と生を描き出し、近代史の暗部を現代に照らし出す。〈解説〉田中優子

S308
「どんぐりの家」のデッサン
漫画で障害者を描く
山本おさむ

かつて障害者を漫画で描くことはタブーだった。漫画家としての著者の経験から考えてきた、障害者を取り巻く状況を、創作過程の試行錯誤を交え、率直に語る。

S309
鎖塚
—自由民権と囚人労働の記録—
小池喜孝

北海道開拓のため無残な死を強いられた囚人たちの墓、鎖塚。犠牲者は誰か。なぜその地で死んだのか。日本近代の暗部をあばく迫力のドキュメント。〈解説〉色川大吉

S310
聞き書 野中広務回顧録
御厨貴
牧原出 編

二〇一八年一月に亡くなった、平成の政治をリードした野中広務氏が残したメッセージ。五五年体制が崩れていくときに自民党の中で野中氏が見ていたものは。〈解説〉中島岳志

S311
不敗のドキュメンタリー
—水俣を撮りつづけて—
土本典昭

『水俣—患者さんとその世界—』『医学としての水俣病』『不知火海』などの名作映画の作り手の思想と仕事が、精選した文章群から甦る。〈解説〉栗原　彬

岩波現代文庫[社会]

S312
増補 隔離
―故郷を追われたハンセン病者たち―
徳永進

らい予防法が廃止され、国の法的責任が明らかになった後も、ハンセン病隔離政策が終わり解決したわけではなかった。回復者たちの現在の声をも伝える増補版。〈解説〉宮坂道夫

S313
沖縄の歩み
国場幸太郎
新川明・鹿野政直編

米軍占領下の沖縄で抵抗運動に献身した著者が、復帰直後に若い世代に向けてやさしく説き明かした沖縄通史。幻の名著がいま蘇る。〈解説〉新川明・鹿野政直

S314
ぼくたちはこうして学者になった
―脳・チンパンジー・人間―
松本元
松沢哲郎

「人間とは何か」を知ろうと、それぞれ新たな学問を切り拓いてきた二人は、どのような生い立ちや出会いを経て、何を学んだのか。

S315
ニクソンのアメリカ
―アメリカ第一主義の起源―
松尾文夫

白人中産層に徹底的に迎合する内政と、中国との和解を果たした外交。ニクソンのしたたかな論理に迫った名著を再編集した決定版。〈解説〉西山隆行

S316
負ける建築
隈研吾

コンクリートから木造へ。「勝つ建築」から「負ける建築」へ。新国立競技場の設計に携わった著者の、独自の建築哲学が窺える論集。

2020.11

S317
全盲の弁護士　竹下義樹
小林照幸
視覚障害をものともせず、九度の挑戦を経て弁護士の夢をつかんだ男、竹下義樹。読む人の心を揺さぶる傑作ノンフィクション！

S318
一粒の柿の種 ―科学と文化を語る―
渡辺政隆
身の回りを科学の目で見れば…。その何と楽しいことか！　文学や漫画を科学の目で楽しむコツを披露。科学教育や疑似科学にも一言。〈解説〉最相葉月

S319
聞き書 緒方貞子回顧録
野林健
納家政嗣 編
「人の命を助けること」、これに尽きます――。国連難民高等弁務官をつとめ、「人間の安全保障」を提起した緒方貞子。人生とともに、世界と日本を語る。〈解説〉中満泉

S320
「無罪」を見抜く ―裁判官・木谷明の生き方―
木谷明
山田隆司
嘉多山宗 聞き手・編
有罪率が高い日本の刑事裁判において、在職中いくつもの無罪判決を出し、その全てが確定した裁判官は、いかにして無罪を見抜いたのか。〈解説〉門野博

S321
聖路加病院　生と死の現場
早瀬圭一
医療と看護の原点を描いた『聖路加病院で働くということ』に、緩和ケア病棟での出会いと別れの新章を増補。〈解説〉山根基世

2020.11

岩波現代文庫［社会］

S322

菌世界紀行

—誰も知らないきのこを追って—

星野保

大の男が這いつくばって、世界中の寒冷地にきのこを探す。雪の下でしたたかに生きる菌たちの生態とともに綴る、とっておきの〈菌道中〉。〈解説〉渡邊十絲子

2020.11